아이언맨
수트는 얼마에
살 수 있을까?

ESTABLISHED 1963 · VOLUME 002   SEPTEMBER 5, 2016

아이언맨
수트는 얼마에
살 수 있을까?

대중문화 속 경제를 바라보는
어느 오타쿠의 시선

박병률 지음

애플북스

경제학은
일상을 연구하는 도구이다

어린왕자는 왜 자기 별로 돌아가려고 했을까? 인어공주는 정말 목소리를 버려야 했을까? 토르와 헐크는 왜 힘을 합쳐야 했을까?

나는 삐딱한 탓인지 동화를 읽으면서, 만화책을 보면서 끊임없이 이런 질문을 던졌다. 일상은 선택의 연속이다. 대부분은 자질구레한 선택이지만, 때로는 중요한 결정을 해야 할 때도 있다. 크든 작든 모든 선택에는 이유가 있다. 나는 그 이유를 경제학으로 풀고 싶었다. 하필이면 왜 경제학이냐고?

경제학은 인간의 선택을 합리적으로 해석하려는 학문이기 때문이다. 경제학을 만든 마샬은 "경제학이란 일상을 연구하는 도구"라고 했다. 그 도구를 잘 활용하기 위해 이 책은 경제학의 교과서라 불리는《맨큐의 경제학》을 교과서로 삼았다.

챕터 1에서는 경제학의 시작인 '희소성' '수요와 공급의 법칙' '기회비용과 매몰비용' '공유 자원' '보안재와 대체재' 등으로 시작했다. 챕터 2에서는 반드시 알아야 할 경제이론을 담았다. '절대 우위와 비교 우위' '국내총생산' '독점과 과점' '인구론' '인플레이션' 등이다. 그리고 마지막 챕터에서는 심리를 통해 경제를 볼 수 있도록 했다.

이 책은 2014년 출판된 《진짜 궁금했던 경제학 상식》이 밑바탕이 됐다. 나는 2014년 한국언론진흥재단의 지원을 받은 행운아였지만 그때는 제작 시간에 쫓겨 미완성인 채 책이 발간됐다. 그래서 국공립 대학도서관에는 비치가 됐지만 미처 대중 앞에는 선보이지 못했다. 당초 3개월이면 수정판이 나올 수 있을 것이라 생각했지만 무려 2년이나 지난 것이다. 시간이 많이 걸린 것은 나 자신의 게으름 탓이지만, 완전 개정판 수준으로 원작을 뜯어고치느라 그만큼 품이 많이 든 것도 사실이다.

이 책은 중·고등학생도 쉽게 볼 수 있도록 하려고 애썼다. 이제 막 경제를 시작하려는 사회 초년생, 예비 직장인, 주부에게도 유용할 것이라고 기대한다. 이 책이 나올 때까지 정말 많은 분의 도움을 받았다. 그들의 은혜를 갚는 길은 이 책이 많은 사람에게 유용했다는 평가를 받는 것이리라. 두근두근하는 마음으로 책 보따리를 세상에 푼다.

2016년 8월, 세종 기획재정부 기자실에서
박병률

CONTENTS

6

HOW MUCH IS THE IRON MAN SUIT?

CHAPTER 1

경제는 문화에서 시작된다!

어린왕자는 왜
자기 별로 돌아갔을까?

《어린왕자》 속에 숨겨진 희소성

　　마침내 소혹성 B-612호가 보인다. 집으로 돌아온 것이다! 집을 떠난 지 딱 1년, 사막에서 만났던 맘씨 좋은 아저씨와의 이별은 아쉬웠지만 그래도 내 집이 좋다. 지구에서는 사막에 떨어지는 바람 때문에 고생도 많이 했다.

　　무엇보다 소혹성에 두고 온 꽃이 제일 걱정이었다. 어린왕자는 지구에서 그 꽃의 이름이 '장미'라는 것을 알게 되었다. 장미가 잘 지낼 수 있도록 소혹성을 깨끗이 청소하고 왔지만 1년은 긴 시간이니까 (아마도 집에 반려동물을 남겨 놓고 휴가를 떠난 경험이 있는 여행자라면 어린왕자의 심정을 이해할 수 있을 것이다).

　　어린왕자는 생각한다. '장미는 내가 떠날 때 울음을 삼켰었는

데……틀림없이 나를 반겨 주겠지?'

"앗! 따가워."

어린왕자가 B-612호에서 발을 내딛자마자 따끔한 가시가 발가락을 찔렀다.

한 장미가 말했다.

"얘, 너 누구니? 발 조심해. 나를 밟고 있잖아!"

어린왕자가 고개를 들어 보니 주변이 장미로 가득했다. 가시를 머금은 넝쿨이 빨간 꽃을 따라 사방으로 퍼져 있었다. 발 디딜 틈도 없었다. 넝쿨은 화산을 타고 올라가 분화구를 꽉 막고 있었고, 숨이 막힌 화산은 폭발 직전이었다. 화산이 폭발하면 이 소혹성은 산산이 조각날지도 모른다. 바오밥나무는 아예 보이지도 않았다.

어린왕자는 소리쳤다.

"장미야, 이게 어떻게 된 일이야?"

넝쿨을 헤집고 머리를 내민 장미가 소리쳤다.

"어머, 돌아온 거야? 반가워! 얼마나 기다렸다고."

"이게 어떻게 된 거야? 내가 깨끗하게 치우고 떠났는데."

"아, 그게 있잖아, 네가 유리덮개를 해 주지 않고 떠났잖아? 그사이 수많은 나비와 쐐기벌레들이 나를 찾아왔어. 나비들은 다른 별에서 꽃가루를 묻혀 왔고, 그 바람에 난 수정을 하게 된 거지. 몇 달 뒤 씨앗이 생겨나 땅바닥으로 스며들었고, 씨앗에서 새싹이 나고, 다시 꽃을 피우고 나비가 찾아들면서 다시 씨앗이 생겨났어. 그래서 이렇게 된 거야. 딱 1년 만의 일이지."

어린왕자는 울상이 됐다.

"나는 네가 여기에 있는 유일한 꽃인 줄 알았단 말이야."

"장미가 많아졌다고 내 의미가 달라지는 것은 아니잖아. 너랑 추억을 쌓은 것은 나뿐이라고."

"그건 그렇지만, 그래도 이렇게 많은 꽃들이 있으니 이상해. 마치 지구의 온실에서 봤던 5천 송이의 장미가 떠올라."

"매에~."

그때였다. 어린왕자가 가져온 가방 안에서 양이 울었다. 그러더니 말릴 틈도 없이 가방 밖으로 튀어나와 장미 넝쿨과 꽃을 마구 먹기 시작했다. 그제야 어린왕자는 지구에서 만난 비행기 조종사 아저씨가 양에게 해 줄 입마개를 그리지 않은 것이 생각났다.

"으악, 양이야."

장미들이 질겁했다.

하지만 장미는 보지 못했다. 어린왕자가 회심의 미소를 짓고 있음을.

'양아, 얼른 장미를 다 먹어 치워라. 그래야 내 장미가 다시 소중해지지.'

"네 장미꽃을 그렇게 소중하게 만든 것은 그 꽃을 위해 네가 소비한 시간이란다." _《어린왕자》중에서

세상 모든 것은 유한하고,
인간의 욕심은 끝이 없다

"저거 사 줘!"

"안 돼! 너무 비싸."

대형 할인마트에서 한 아이가 요즘 가장 인기가 좋은 장난감인 '카봇'을 사달라고 떼를 쓴다. 잠시 난처한 표정을 짓던 엄마는 아이를 달랜다.

"다음에, 네 생일날 사 줄게. 이건 너무 비싸."

엄마는 울상인 아이를 어르고 달래며 매장 밖으로 끌고 나간다.

원하는 걸 포기해야 하는 게 어찌 아이뿐일까. 어른들도 마찬가지다. 집과 자동차 등 갖고 싶은 건 너무 많지만 다 가질 수 없다. 세상의 모든 물건은 수량이 정해져 있기 때문이다. 심지어 시간도 하루 24시간, 1년 365일로 유한하다. 아무리 풍성해 보여도 수량의 차이만 있을 뿐 결국은 한정돼 있는 것이다. 서비스도 마찬가지다. 수학 선생님이 우리 반을 가르치면 옆 반은 가르칠 수 없고, 요리사가 내가 주문한 음식을 만드는 동안 옆 테이블의 손님은 기다려야 한다.

한 사회가 가지고 있는 자원도 유한하다. 경제학자는 이를 '희소성'이라 부른다. 세상의 각종 재화와 서비스가 한정돼 있으니 문제가 생기기 마련인데 분배, 즉 '어떻게 나눌 것인가'가 중요하다. 제대로 분배되지 않으면 갈등이 생기는 법. 인간은 탐욕스러워 물질에 대한 욕구가 끝이 없다. 누군가는 더 가지려고 하고, 그 때문에 누군가는 덜 갖게 된다. 빵은 하나인데 형도 동생도 먹으려 한다. 사이좋게 반씩 나눠 먹으면 되지만 형의 배는 절반의 양으로는 채워지지 않는다. 그래서 더 먹고 싶어 한다. 동생도 가만있을 수는 없다. 가만있다가는 굶어 죽을 판이다.

물질은 언제나 부족하다. 세계 최고의 경제 대국이라고 할지라도 모든 국민에게 최고의 삶을 보장해 주지는 못한다. 누구는 100억 원짜리 집에서 자고, 누구는 노숙을 한다. 선진국이라 일컬어지는 미국과 영국의 지하철역에도 홈리스가 넘쳐난다.

이런 문제를 보고만 있을 수는 없다. 그래서 지식인들은 '한정된 재화와 서비스를 어떻게 잘 나눌까?'를 고민하기 시작했고, 이를 학문적으로 고민하는 것이 바로 경제학이다. 즉 경제학은 희소성 때문에 생겨났다고 해도 과언이 아니며, 희소성은 경제학의 가장 근원이 되는 개념이라 할 수 있다.

인간의 욕망이 가치를 결정한다
희소성과 희귀성

한정된 재화는 희소성에 따라 가격이 결정된다. 희소하면 가격이 비싸고, 덜 희소하면 가격이 싸다. 그런데 주의할 게 있다. '희소성'이 단순히 많고 적음에 따라 결정되지는 않는다는 것이다. 희소성은 인간과의 관계, 즉 인간의 욕망에 더 큰 영향을 받는다. 희소성이란 '사람들이 갖고 싶어 하는 정도'로 볼 수 있다. 많은 사람들이 갖고 싶어 하면 희소성이 높고, 별로 관심을 보이지 않으면 희소성이 낮다. 수량이 적어서 귀하게 된 것은 '희귀성'이라고 한다. 희귀할수록 희소할 가능성은 크다. 사람들은 귀한 것일수록 더 갖고 싶어 하니까.

다이아몬드가 진주보다 비싼 이유는 뭘까? 예뻐서? 단단해서? 그보다는 생산량에서 이유를 찾을 수 있다. 다이아몬드는 매장량이 적다. 다이아몬드는 석탄이 수만 년 동안 엄청난 압력을 받아서 만들어진 것이다. 진주는 진주 조개를 길러서 얻을 수 있지만 다이아몬드는 다르다. 더구나 다이

다이아몬드는 극도의 희귀성 때문에 희소성이 높아졌다.

아몬드는 남아프리카공화국 등 몇몇 곳에서만 채굴된다. 나만이 가질 수 있다는 것, 인간 세상에서는 대단한 매력이다. 다이아몬드는 극도의 희귀성 때문에 희소성이 높아졌다. 그래서 '다이아몬드는(가치가) 영원하다(A Diamond is Forever)'라는 광고 문구가 생겨난 것이다.

하지만 희귀하다고 반드시 희소한 것은 아니다. 사람들이 싫어하면 아무리 귀한 것이라도 외면당한다. 한우와 말고기를 예로 들어 보자. 한국에서 말고기는 한우보다 생산량이 적다. 그런데도 말고기는 한우보다 싸다. 왜일까? 한우를 찾는 사람이 말고기를 찾는 사람보다 훨씬 많기 때문이다. 한국인은 한우를 좋아한다. 반면 조선시대 이래로 말고기는 거의 먹지 않았다. 지금도 말고기는 그다지 소비되지 않는다. 말고기는 '희귀'하지만, 사람들이 찾지 않으니 '희소'하지는 않다. 즉 말고기는 희귀성이 높지만 희소성은 낮다. 한우는 희귀성은 낮지만 희소성은 높다.

희소성과 희귀성의 관계는 4가지로 나눌 수 있다. 희소성은 '사람들이 얼마나 갖고 싶어 하는가'로, 희귀성은 '수량이 얼마나 되는가'로 보면 쉽게 이해할 수 있을 것이다.

① 희소성과 희귀성 둘 다 높다

다이아몬드가 대표적이다. 결혼하는 연인들은 다이아몬드로 영원한 사랑을 맹세한다. 나의 짝과 영원히 함께할 것을 약속하는 자리에 가장 진귀한 것으로 징표를 삼는 것이다. '다이아몬드 포에버, 마이 메리지 포에버'다.

올림픽 금메달도 희소하면서 희귀하다. 많은 운동선수가 금메달을 따고 싶어 하지만 전 세계에서 단 한 사람만이 목에 걸 수 있다. 더구나 기회는 4년에 한 번뿐이다. 운동선수들의 전성기가 짧다는 것을 생각하면, 올림픽 금메달을 딸 기회는 평생 단 한 번밖에 없을지도 모른다.

강남 아파트도 강남에 살고 싶다는 '희소성'과 강남으로 한정된 '희귀성'이 영향을 미친 결과물이다. 오죽했으면 싸이가 '강남 스타일'을 외쳤겠는가.

② 희소성은 높지만 희귀성은 낮다

삼겹살은 많은 사람들이 좋아하는 부위이긴 하지만 희귀하다고 볼 수는 없다. 한우도 사람들이 좋아하지만 생산량이 적은 것은 아니다.

대학교 졸업장은 많은 사람들이 갖고 싶어 하지만 더 이상 희귀하지는 않다. 2015년 기준 20대의 70%가 대학을 다니고 있다. 대학 졸업자가 너무 많아서 문제라고 하는데도 매년 입시생들은 그야말로 소리 없는 입시전쟁을 치르고 있다. 소위 말하는 SKY 대학은 희소성이 높기 때문이다.

③ 희소성은 낮지만 희귀성은 높다

타조고기는 한국 사람들이 그다지 찾지 않지만, 파는 곳이 없으니 귀하다. 동네 이장님이 쓴 일기는 세상에서 단 한 권뿐이지만 동네 주민들은 읽고 싶어 하지 않는다. 깊은 바다에 사는 심해어들은 매우 귀하다. 하지만 맛이 없어 어부는 굳이 잡으려 하지 않는다.

④ 희소성도 낮고 희귀성도 낮다

흔해서 가치를 모르는 것들이다. 예를 들어 물, 공기, 햇빛은 워낙 많아서 희귀성이 낮다. 당연히 제공되는 거라 믿으니 더 갖고 싶은 생각도 없다. 음식물쓰레기 역시 넘쳐나지만 이를 갖고 싶어 하는 사람은 없다.

로빈슨 크루소도
희소성은 안다

일주일째 사막을 헤매는 사람에게는 수백 캐럿의 다이아몬드보다 생수 한 병이 더 절실한 법이다. 경제학적으로 말하자면 "사막에서는 생수의 희소성이 다이아몬드보다 높다"고 말할 수 있다. 이를 경험한 사람이 로빈슨 크루소다. 난파를 당한 로빈슨 크루소는 간신히 어느 무인도에 도착했다. 배 안은 금화와 지폐로 가득했지만 그의 태도는 심드렁하다.

"너(금화)를 어디에 쓸까. 이제 값어치라고는 없구나. 소장할 가치도 없게 됐어. 이 칼 한 자루만도 못해. 나는 너희와 아무 관련이 없으니 그대로 서랍 속에 머물러 있거라. 구조받을 가치도 없으니 바다 밑으로 가라앉는 것이 마땅할 것 같구나."

로빈슨 크루소가 난파된 것은 1659년 9월 30일. 경제학이 탄생하기 200년 전이지만 사람들은 '희소성'의 존재를 이미 알고 있었다.

영화 〈타이타닉〉을 보자. 억만장자인 칼은 구명보트에 타기 위해 승무원에게 뇌물을 준다. 승무원은 처음에는 그 돈을 덥석 받는다. 배가 심각하게 기울고 생명의 위협을 느끼는 순간이 오자 칼은 "나를 먼저 태워 달라"며 다른 사람들을 밀친다. 이를 지켜보던 승무원은 돈을 바다로 집어던진다. 평소에 돈은 '희소성'이 높지만 재난의 상황에서는 희소성이 급격히 낮아진다. 침몰한 배에 올라탄 사람들에게는 수천만 원이 든 돈 가방보다 낡은 구명보트가 더 절실하다. 돈의 희소성은 떨어지고, 구명보트의 희소성은 높아진 것이다.

밀은 사람에게 희소성이 크다. 빵을 만들어 먹을 수 있기 때문이다. 하지만 빵을 먹을 수 없는 동물에게는 희소성이 없다. 소설 《어린왕자》 속 여우는 어린왕자에게 밀밭이 왜 희소성이 없는지를 다음과 같이 설명한다.

"난 빵을 먹지 않아. 그래서 밀은 내겐 아무 소용도 없는 거야. 밀밭은 나에게는 아무것도 생각나게 하지 않아."

빵을 먹지 않는 여우에게 밀가루는 있어도 그만, 없어도 그만이다. 쥐를 놓고 다른 여우와 싸울 수는 있어도 밀밭을 두고 싸울 일은 없다.

사랑만 변하니?
희소성도 변해!

2002년 월드컵이 시작될 무렵 한국 경기를 제외한 다른 경기는 인기가 없었다. 혹시나 표가 팔리지 않을 것을 걱정한 정부는 공무원, 교사들에게 강제로 표를 사라고 할당했다. 특히 8

강전과 4강전 판매량이 저조했다. 지금까지의 기록으로 봤을 때 한국이 그 정도까지 올라갈 가능성이 높지 않았기 때문이다. 그런데 한국이 16강에 올라가자 상황이 달라졌다. 사람들이 표를 구하러 몰려든 것이다. 한국이 16강을 통과하자 8강전, 4강전 표 값은 천정부지로 뛰었다. 한국이 또 언제 월드컵에서 8강과 4강에 오르겠는가. 희소성이 급상승한 것이다.

조선시대에는 한 줌의 보리쌀이 맑은 물, 맑은 공기보다 더 소중했을 것이다. 왕의 가장 큰 고민 중 하나는 '어떻게 하면 봄에 백성들이 배를 곯지 않도록 할 수 있나'였다. 보리쌀의 희소성이 맑은 물과 공기보다 컸다. 하지만 2016년 대한민국 대통령은 국민에게 보리쌀보다 맑은 물과 공기를 공급하는 게 중요할지 모른다. 쌀은 넘쳐나는 반면 깨끗한 물과 공기는 부족하기 때문이다. 환경 보호에 대한 목소리가 갈수록 커지는 것은 이 때문이다. 희소성은 정책의 우선순위를 결정하는 토대가 된다.

나이에 따라 희소성도 다르다. 아이는 구슬이나 딱지를 갖고 싶어 하는 반면 어른은 집이나 차를 갖고 싶어 한다. 구슬과 딱지는 아이에게 희소성이 높고, 어른에겐 자동차와 집이 희소성이 높다. 디즈니 애니메이션 〈토이 스토리〉를 보자. 6살 '앤디'는 보안관 장난감 '우디'와 우주인 '버즈'를 너무 좋아하지만, 고등학생이 되자 우디를 까맣게 잊어버린다. 중고등학생이 되면 우디 같은 장난감보다는 친구가 희소성이 커진다. 앤디가 자신과 놀아주지 않자 장난감은 슬퍼한다. 하지만 어쩔 수 없다. 사랑은 변하는 거다. 왜? 희소성이 변하니까.

인간은 '희소성'이 큰 쪽으로 움직인다. 어린왕자가 소혹성 B-612호로 돌아가는 이유도 마찬가지다. 지구를 여행하던 어린왕자는 소혹성에 홀로 남겨둔 장미의 중요성을 깨닫는다. 어린왕자는 처음 지구에 왔을 때 장미가 5천 송이나 되는 것을 보고 울음을 터트린다. 자신의 별에 있을 때는 장미가 '오직 하나뿐'이라고 생각했는데 지구에 오니 너무 많았던 것이다(친구가 같은 장난감을 갖고 있는 것을 보고 울음을 터뜨리는 아이가 종종 있는데, 그 심리와 같다). 지구에서는 흔한 장미를 그토록 애지중지한 것이 화가 났다. '희귀'하지 않다 보니 '희소'하지도 않게 된 것이다.

생각이 바뀐 것은 여우 때문이다. 여우는 이렇게 말한다.

"네가 나를 길들인다면 우리는 서로 필요한 존재가 되는 거야. 나에게 너는 세상에서 유일한 존재가 되고, 너에게 나는 세상에서 유일한 존재가 되는 거야."

길들인다는 것은 특별한 의미를 불어넣는다는 얘기다. 누구나 특별한 의미를 가진 것을 갖고 싶어 한다. 예를 들어 문방구에서 파는 축구공과 한국이 월드컵에서 첫 번째 우승할 때 사용했던 축구공은 의미가 다르다. 사람들은 월드컵 첫 승리를 안겨 준 공을 갖고 싶어 한다. 희소성 때문이다.

이승엽 선수의 400호 홈런구가 가치 있는 것은 단 한 개뿐이기 때문이다. 삼성 라이온즈 류중일 감독은 이승엽의 400호 홈런구의 값에 대해 "10억 원쯤 될 것이고 이승엽이 은퇴하면 그 공의 가치는 더 올라갈 것"이라고 말했다. 일개 야구공일 뿐이지만 '한국의 대표적 홈런왕인 이승엽 선수의 400호 홈런구'라는 의미가 희소성을 높였다.

세상에 여우는 많지만 자신이 애정을 주며 길들인 여우는 찾기 어렵다. 어린왕자는 비로소 '희소성'의 의미를 깨닫는다.

"무슨 말인지 이해가 가. 꽃 한 송이가 있는데…… 그 꽃이 나를 길들인 것 같아."

어린왕자는 자신의 별에 있는 장미를 위해 직접 물을 주고, 유리덮개를 씌워 주고, 벌레를 잡아 줬다. 어린왕자가 정성을 쏟은 유일한 장미였다. 여우가 덧붙인다.

"너의 장미를 그토록 소중하게 만든 것은 그 꽃을 위해 네가 소비한 시간이란다."

희소성이 극대화 되는 원리를 이렇게 명쾌하게 설명할 수 있을까! 여우는 어린왕자의 경제 선생님이다.

시인 김춘수는 시 〈꽃〉을 통해 희소성을 이렇게 설명한다.

"내가 그의 이름을 불러 주기 전에는 / 그는 다만 / 하나의 몸짓에 지나지 않았다. / 내가 그의 이름을 불러 주었을 때 / 그는 나에게로 와 / 꽃이 되었다."

희소성이 없다면 경제학은 존재하지 않는다. 분배를 놓고 싸울 일이 없기 때문이다. 공산주의는 공산당이 주도하는 계획경제다. 정부가 정해 준 물량만큼만 생산하고 소비된다. 정부가 "올해 사용할 비누는 몇 개, 자동차는 몇 대, 올해 배급할 쌀은 얼마, 그리고 각각 얼마씩 배급된다"라고 규정한다. 희소성이 규정된 사회에는 분배를 놓고 경쟁할 일이 없다. 자원이 무한한 사회에서도 경제학은 필요 없다. 사방천지가 바나나밭인 아프리카에 사는 흑인은 굳이 바나나를 더 가져야겠다는 생각을 하지 않는다.

마케팅,
희소성을 주목하다

희소성이 높아지면 찾는 사람이 많고, 찾는 사람이 많으면 상품의 가치가 올라간다. 마케터들이 이를 놓칠 리 없다. '100개 선착순 한정 판매' '브라질월드컵 기념 한정 판매' 등의 의미를 붙이는 것은 희소성을 높이기 위한 마케팅 전략이다. 상품이 100개밖에 없고, 브라질 월드컵 때만 나오는 것이라 다시는 살 수 없다는 것을 강조한다.

'별에서 온 그대, 도민준이 묵은 호텔방'이라는 광고 문구도 희소성을 높이기 위한 방법이다. 도민준이 묵은 호텔방이 많지 않기 때문에 팬들은 그 호텔에서 자고 싶어 한다. 즉 희소성을 공략한 마케팅 전략이다.

개인이 느끼는 희소성의 차이는 '거래'를 만들었다. 나에게 덜 희소한 것은 팔고, 더 희소한 것을 구하려다 보니 교환이 생겼다. 교환은 무역으로 이어졌다. 족발은 한국에서 인기 먹거리지만 덴마크에서는 육류 쓰레기다. 한국은 족발을 살 수 있어 좋고, 덴마크는 팔 수 있어 좋다.

금리도 희소성의 결과다. 돈의 희소성이 높을수록 금리가 높고, 낮을수록 금리도 낮다. 높은 이자를 주고라도 반드시 돈이 필요한 사람은 높은 이자를 감수해야 한다.

경제학은 희소성 여부에 따라 재화를 나눈다. 바로 '자유재'와 '경제재'다. 자유재란 양이 많아 사람들이 굳이 갖고 싶어 하지 않는 재화다. 즉 희소성이 없는 상품과 서비스를 말한다(햇빛, 공기, 물). 엄마가 매일 아침 아침밥을 해 줘도 이를 먹지 않는 청소년이 많다. 언제나 엄마의 밥을 먹을 수 있을 것이라 생각하니 희소성이 낮은 것이다(사실 이건 대단한 착각이다. 엄마는 영원히 곁에 있어 주지 않는다). 이런 자유재는 경제학자가 다루지 않는다. 사람들이 갖고 싶어 하지 않아 분배할 필요가 없고, 그래서 갈등도 생기지 않기 때문이다.

사람들이 갖고 싶어 하지만 양이 한정돼 희소성이 있는 재화가 경제학의 분석 대상이다. 이를 '경제재'라 부른다. 희소성이 변하는 것처럼 자유재와 경제재도 성질이 변할 수 있다. 햇빛, 공기, 물도 오염이 되기 시작하면 희소성이 높아진다. 생수는 이미 경제재가 됐다. 한라산에서 채취했느냐, 백두산에서 채취했느냐에 따라 물의 가격도 달라진다. 만약 엄마가 아파서 더 이상 밥을 못 해 준다고 생각하면 그 역시 희소성이 높아진다.

어떻게 하면 돈을 많이 벌 수 있을까? 그 답도 희소성에 있다. 희소성이 높은 직업을 택하면 연봉이 높아지고, 그 반대라면 연봉이 낮다. 류현진 선수나 박지성 선수의 연봉이 엄청난 것은 이들 선수를 대체할 수 있는 선수가 적기 때문이다. 감독이라면 누구나 이런 선수를 쓰고 싶어 한다. 즉 희소성이 매우 높다는 얘기다. 의사, 변호사, 변리사, 세무사 등의 연봉이 높은 것도 희소성 때문이다. 원하는 사람에 비해 이런 직업을 가진 사람이 적다 보니 몸값이 높아졌다. 또 높은 임금을 얻고, 사회적 명망도 얻을 수 있다 보니 이 직업을 원하는 사람도 많다. 이래저래 희소성이 높은 것이다.

최근에는 빅 데이터 전문가, 전기자동차 정비사 등 새로운 직업에 대한 관심이 높아지고 있다. 전문가가 많지 않아 희소성이 높기 때문이다. 신기술은 새로운 희소성을 만든다.

밤하늘에 수많은 별이 있지만 그중에서도 특별한 별이 있다. 어린왕자는 지구를 떠나면서 '나에게 말한다.

"내가 별들 중 하나에서 웃고 있을 거예요. 당신만의 웃을 줄 아는 별을 하나 갖게 되는 거죠."

'희소성'이 높다는 말은 '특별하다'는 말과 같다. 별은 희소하거나 희귀하지 않지만 '나의 별'은 희소하고 희귀하다. 어린왕자가 있기 때문이다.

지구에 사는 60억 명의 인구 중 언제나 나를 위해 웃고 있는 몇 명의 사람들이 있다. 부모님과 가족, 그리고 친구이다. 항상 옆에 있는 것 같아서 차마 말을 꺼내지 못했다면 오늘은 말해 보자. 당신은 나에게 희소성이 높다고. 그리고 희귀성도 높다고. 그래서 "사랑한다"고.

출생률이 낮아지니
희소성이 높아지네?

2013년 태어난 출생아 수는 43만 명으로 1970년 관련 통계 작성 이후 두 번째로 적었다. 1970년대만 해도 한 해 100만 명씩 태어나던 아이들이 2000년 이후에는 절반도 태어나지 않는 셈이다. 아이 수가 적어지면 영유아용품 판매량도 같이 떨어진다. 수요가 줄면 시장 규모도 축소될 수밖에 없다.

그런데 관련 시장 매출은 되레 커지고 있다. 롯데마트의 2015년 1분기 매출을 보면 전년 대비 매출이 3% 정도 떨어졌지만 유아 관련 상품은 7.5% 늘어났다. 특히 아이의 건강과 관련 있는 '유기농 유아 간식'은 전년 같은 분기 대비 26%, '유아용 위생용품'은 30%, '유아용 식기'는 13%씩 판매가 증가했다. '일반 서적'도 11% 판매가 감소했는데, '유아 교육 서적'은 25% 판매가 신장됐다. 아이는 줄어드는데 왜 유아용품 판매는 늘어날까.

롯데마트 측은 "출생률이 낮아지면서 아이가 하나만 있는 가구가 증가했다"며 "부모가 아이에게는 지출을 아끼지 않기 때문인 것 같다"라고 말했다. 즉 아이 수가 줄어들면서 희소성이 커졌다는 의미다. 하나밖에 없는 아이에게 부모는 뭐든지 해 주려 한다. 1,000원 쓸 것이라면 1만 원을 쓰고, 1만 원 쓸 것이 면 10만 원을 쓴다는 것이다.

중국에서 한국산 우유가 잘 팔리는 것도 같은 이유다. 한 자 녀가 많은 중국 가정은 '믿을 수 있는' 한국산 생우유를 선호한 다. 국내에서 리터당 2,000원 하는 우유가 중국에서는 3배 비싼 7,000원에도 '불티나게' 팔리는 이유다.

인구가 감소한다고 모든 기업의 매출이 줄어드는 것은 아니 다. 유아용품 판매 증가는 기업의 불황 탈출 해법이 희소성 높 이기에 있다는 것을 시사한다.

아이언맨 수트는
얼마에 살 수 있을까?

〈아이언맨〉 속에 숨겨진 수요와 공급의 법칙

미국 캘리포니아 말리부. 한국 국방부에서 파견된 '선글라스맨'이 비밀리에 토니 스타크를 찾았다.

"전망이 참 좋은 곳이군요. 용건부터 말하겠습니다. 한국 정부는 아이언맨 수트를 구매하고 싶습니다."

토니 스타크는 상대에게 위스키 잔을 높이 치켜들었다.

"뭐가 그리 급합니까. 멀리서 오셨는데, 일단 목부터 축이시죠. 건배~."

토니 스타크로부터 술잔을 넘겨받은 선글라스맨이 말했다.

"아시다시피 한국은 북한과 휴전 중이고 중국, 일본 등 강대국에 둘러싸여 있습니다. 핵무기를 쓸 수는 없으니 아이언맨으로 지키는 것이 좋을 것 같습니다. 미국 정부도 아이언맨 수트 구매를 허가했습니다."

"네. 미 국방부로부터 전달받았습니다. 저희도 아이언맨이 한국에서 인기가 많다는 것을 압니다. 〈어벤져스2〉는 한국에서 찍기도 했죠. 한국에 아이언맨을 팔게 되서 기쁩니다."

토니 스타크의 말에 선글라스맨의 얼굴이 환해졌다.

"그럼 얼마에 파실 건가요?"

"사실 저희는 아이언맨을 미국 외 다른 국가에 판매한 적이 없습니다. 딱히 얼마라고 말씀드리기 어렵군요. 어쨌든 기종에 따라 가격이 다릅니다. 어떤 기종을 원하시죠?"

선글라스맨 잠시 뜸을 들인 뒤 말했다.

"저희는 마크 3를 원합니다."

"마크 3는 1억 1,900만 달러(한화 1,200억 원) 정도 합니다. 생산가가 그렇죠. 시중에 판매되는 가격은 다릅니다. 또 각종 부품 조달비용과 아이언맨 조종 교육비도 감안하셔야죠."

"헉, 생각보다 비싸군요. 저희는 향후 10대 가량 구매할 예정입니다. 판매가를 조금 낮출 수는 없을까요?"

토니 스타크는 곤란한 표정을 지었다.

"글쎄요. 최근 세계적으로 분란 지역이 많습니다. 특히 IS(이슬람 국가)가 문제죠. 그렇다고 생산량을 한꺼번에 늘리기도 어렵습니다. 공급은 적고 수요가 많은 상황입니다."

선글라스맨의 얼굴이 다시 굳어졌다.

"공급은 적고 수요가 많다면 가격은 더 오를 수도 있겠군요."

토니 스타크가 씩 웃었다.

"그렇습니다. 아이언맨은 수요가 있다고 마구 팔 수도 없습니다. 행여 악의 손에 넘어가면 지구의 평화가 깨지기 때문이죠. 그래서 저희도 미국과 아주 우의가 깊은 국가가 아니라면 판매하지 않습니다. 하지만 한국은 오랜 동맹이니 특별히 판매하려는 겁니다."

"감사합니다. 하지만 저희도 국방예산은 국회의 동의를 얻어야 하는 부분이라 많이 확보하긴 어렵습니다. 조금 더 합리적인 가격에 구매할 수 없을까요?"

잠시 생각하던 토니 스타크가 위스키를 한 잔 마신 뒤 말했다.

"장기 계약을 맺고 대량으로 사 가신다면 좀 가격을 낮출 수 있겠죠. 최소 기준은 100대입니다만……"

아이언맨도 수요와 공급의 법칙을 벗어날 수는 없다

경제학자들이 가장 많이 쓰는 단어를 꼽으라면 단연 '수요'와 '공급'이다. 경제학이 '한정된 자원을 가장 효율적으로 분배하는 학문'이라면 이를 과학적으로 가장 잘 설명할 수 있는 단어가 '수요와 공급'이기 때문이다. 수요와 공급이 만나는 점은 사람들이 원하는 만큼 살 수 있고, 생산자가 팔고 싶은 만큼 팔 수 있는 최적의 지점이다. 수요와 공급은 자유시장경제를 움직이는 원동력이다. 수요와 공급을 정확히 알 수 있다면 시장에서 벌어질 일을 잘 예측할 수 있다(역사학자인 토머스 칼라일은 "앵무새에게 '수요와 공급'이라는 말을 가르치면 당신은 경제학자를 소유하고 있는 것"이라고 말했을 정도다).

역설적으로 이 수요와 공급의 법칙은 경제 공부를 멀리 하게 되는 원인이기도 하다. 숫자가 나오고 그래프가 나오고 거기서 정답을 찾는 일은 경제학에 질리게 만든다. 하지만 수요와 공급의 법칙을 경제학이 강조하는 데는 이유가 있다. 모든 거래의 시작과 끝이기 때문이다.

수요와 공급이 제대로 작동하기 위해서는 전제되어야 할 것이 있다. 시장이 '완전경쟁시장'이어야 한다. 완전경쟁시장이란 첫째, 판매되는 상품이 똑같고 둘째, 소비자와 판매자가 너무 많아서 한두 명의 소비자와 판매자가 시장에 영향을 미치지 않아야 한다. 셋째, 수요자와 공급자는 상품에 대한 정보를 동등한 수준으로 갖고 있어야 한다. 만약 대량 소비하는 소비자가 존재하거나 독점 생산하는 판매자가 존재하면 수요와 공급이 제대로 작동되지 않는다. 이들이 가격 결정권을 가지기 때문이다. 즉 아무리 시중에 물건이 많아도 독점 판매자가 가격을 일방적으로 매기면 소비자는 그 돈을 주지 않을 방법이 없다. 그러지 않으면 물건을 구할 수 없기 때문이다. 또 상품 판매자가 원료 가격이 크게 떨어졌다는 정보를 혼자만 알고 있다고 생각해 보자. 원료 가격이 떨어지면 판매 가격도 떨어져야 하지만, 이를 무시하고 현행 가격을 유지할 수 있다. 소비자는 원가가 떨어졌다는 것도 모르고 계속해서 비싼 물건을 살 수밖에 없다.

현실에서의 시장은 다양한 형태로 존재한다. 수백만 명의 소비자와 수천 명의 생산자가 존재하는 완전경쟁시장도 있고, 소비자는 수백만 명인데 생산자는 한두 명밖에 없는 완전독점 상태도 있다. 산업이 점점 대량화, 세계화되면서 많은 시장은 완전경쟁과 완전독점의 중간 즈음에서 결정되는 경우가 많다. 완전경쟁도 아니면서 완전독점도 아닌 상태다. 다국적 기업이 주도하는 농산물 가격이나 중국의 소비 비중이 큰 국제 원자재 시장이 대표적이다. 생산자인 다국적 기업과 소비자인 중국이 가격 결정에 상당한 영향을 미치고 있다. 또 생산자가 정보를 독점하는 경우가 많아서 소비자는 업계의 돌아가는 얘기를 세세히 알기 어렵다.

그럼에도 수요와 공급은 시장 거래의 분석 툴로는 훌륭하다. 완벽하지는 않아도 어지간하면 들어맞기 때문이다. 수요가 많으면 가격이 올라가고, 공급이 많으면 가격이 내려간다는 것만은 변함이 없다.

아이언맨 수트 가격도 수요와 공급의 법칙 안에서 매겨진다.

(이미지 출처: GOLFX / Shutterstock.com)

아이언맨 수트의
가격은?

영화 〈아이언맨〉 '덕후'의 눈에 아이언맨 수트는 매력적인 아이템이다. 덕후들은 코스튬 파티에 참석하기 위해 아이언맨 수트를 사 입기도 한다. 만약 진짜 아이언맨 수트를 현실에서 제작할 수 있다면 얼마를 주면 살 수 있을까? 이런 궁금증을 그냥 비켜 갈 미국의 덕후들이 아니다. 미국의 인터넷 경제지인 머니수퍼마켓닷컴(www.moneysupermarket.com)을 보면 아이언맨 수트의 가격을 추정한 기사가 있다. '아이언맨 3의 가격은 얼마일까?The cost of being Iron Man 3'라는 제목의 기사다. 기종에 따라 가격을 잘 정리해 놨다(참 섬세하다. 진정한 '덕후'라면 이 정도는 돼야 한다).

먼저 마크 1은 0달러다. 사실 토니 스타크가 처음 만든 아이언맨은 '깡통 로봇'에 가깝다. 〈오즈의 마법사〉에 나오는 양철나무꾼을 연상하면 딱이다. 테러리스트에게 납치당한 상황에서 고철을 덕지덕지 용접해 만들었는데, 깡통 로봇이라고 우습게 봐서는 안 된다. 마크 1은 자동소총을 견딜 수 있고, 화염방사기를 무기로 갖추고 있다. 그리고 하늘로 날 수도 있다(물론 얼마 못 날고 곧 추락하지만). 재활용 고철로 만들었으니 시장가격을 평가하기 힘들 수 있지만, 그래도 테러리스트를 제압하는 능력을 생각하면 공짜는 너무해 보인다.

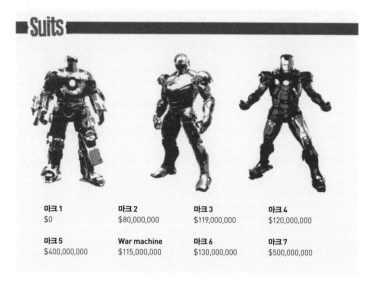

마크 1	마크 2	마크 3	마크 4
$0	$80,000,000	$119,000,000	$120,000,000

마크 5	War machine	마크 6	마크 7
$400,000,000	$115,000,000	$130,000,000	$500,000,000

아이언맨 수트 가격 역시 수요가 많으면 가격이 올라가고, 공급이 많으면 가격이 내려간다.

(이미지 출처: 머니수퍼마켓닷컴www.moneysupermarket.com)

　　이제 마크 2를 보자. 마크 2에는 '8,000만 달러' 딱지가 붙어 있다. 한화 약 800억 원이다. 마크 2는 구사일생으로 미국으로 돌아온 토니 스타크가 집에 처박혀서 처음 만든 수트다. 마크 2 수트를 입으면 첨단 홀로그램 디스플레이가 눈앞에 펼쳐지면서 전투를 돕는다. 대기권까지 상승할 수도 있다. 하지만 마크 2는 직접 실전에 투입되지는 않는다. 재질이 철인데, 대기권 아래까지 상승하면 몸통이 얼어붙어 추진력이 떨어지기 때문이다.

　　토니 스타크는 새로운 합금을 찾는다. 바로 금과 티타늄의 합금이다. 이 모델은 탱크의 포격도 견뎌낼 수 있다. 이렇게 업그레이드 된 것이 마크 3이다. 마크 3는 새로운 무기도 장착했다. 탱크 미사일과 유도탄이 팔과 어깨에 숨어 있다. 또 손바닥을 펼치면 중력장을 쏠 수 있다. 토니 스타크는 자신이 좋아하는 빨간색으로 수트를 도색한다. 금색 마스크에 빨간색 몸통의 아이언맨은 이때 완성된다. 마크 3는 1억 1,900만 달러다. 우리 돈으로 1,190억 원. 특수합금을 쓰고 탱크의 공격에도 견딜 수 있을 만큼 강화되다 보니 가격이 대폭 오른 것 같다.

실전에 사용하기에는 마크 3로도 충분해 보인다. 탱크나 장갑차와 싸우면 되지 외계인이나 로봇과 싸울 일은 없으니까 말이다.

〈아이언맨 2〉에 나오는 마크 4는 1억 2,000만 달러다. 한화 1,200억 원이다. 마크 3와는 고작 100만 달러(10억 원) 차이다. 사실 마크 3와 마크 4는 기능면에서 큰 차이가 없다. 〈아이언맨 2〉의 주력 기종은 마크 5다. 머니수퍼마켓닷컴에서 매긴 가격은 4억 달러, 한국 돈으로 4,000억 원이다. 마크 4보다 3배 이상 비싸다. 왜 이렇게 비싼 걸까? 마크 5는 마크 4와는 격이 다르다. 휴대용 수트이기 때문이다. 평소에는 서류가방 모양이지만, 발로 툭 차면 아이언맨 수트로 변신해 자동적으로 입혀진다. 당연히 비쌀 수밖에 없다.

마크 5가 너무 비쌌던 탓일까. 마크 6는 다시 가격이 내려간다. 1억 3,000만 달러, 한국 돈으로 약 1,300억 원이다. 마크 4와 가격이 비슷하다. 수트케이스 변신형이 아니기 때문인 것으로 파악된다. 가슴에 있는 원형 아크리액터가 삼각형 리액터로 업그레이드되면서 힘이 강해진 것이 특징이다. 비행 속도도 빨라져 3~4마하로 날 수 있다.

마크 7으로 가면 가격은 다시 오른다. 추정 가격은 5억 달러, 무려 5,000억 원이다. 마크 7은 〈어벤져스〉에 나온다. 토니의 팔찌 신호에 따라 자동적으로 아이언맨 수트 조각이 어디선가 날아와 착용된다. 무선으로 날아와 입혀지기까지 하니 당연히 가격이 껑충 뛸 수밖에. 잠시지만 대기권 밖 우주에서도 견딜 수 있다. 비싼 만큼 값을 한다.

그렇다면 머니수퍼마켓닷컴이 추정한 아이언맨 수트 가격을 다른 군사무기와 비교하면 어느 정도 수준일까? 한국 공군이 차기 전투기FX 사업의 단독후보로 선정한 록히드마틴의 F35A 대당 가격은 1,850억 원이다. 그러니까 F35A와 마크 3의 가격이 비슷하다. 마크 3는 공중에서는 전투기와 대결이 가능하고, 육상에서는 탱크와 대적할 수 있다. 같은 값이면 마크 3가 F35A보다 더 유용할 것 같다.

마셜의 십자가,
수요와 공급 법칙

어쨌든 대충 가격이 나왔다. 그렇다면 선글라스맨은 이 가격에 아이언맨 수트를 살 수 있을까? 천만에! 진짜 가격 결정은 지금부터다. 머니수퍼마켓닷컴이 제시한 가격은 시장가격이 아닌 원가에 가까운 가격일 뿐이다. 선글라스맨은 토니와 구매 협상을 벌여야 한다. 가격 흥정은 수요와 공급 법칙의 영향을 받는다. 수요가 많고 공급이 적다면 가격은 올라간다. 반면 수요가 적고 공급이 많다면 가격은 떨어진다.

수요와 공급 법칙은 경제학의 가장 기본적인 개념이다. 이 법칙은 경제학의 아버지라 불리는 알프레드 마셜이 20년의 연구 끝에 만들었다. 그래서 수요와 공급 법칙을 마셜의 십자가라 부르기도 한다. 수요와 공급 법칙에서 Y축은 언제나 가격을, X축은 수요량 혹은 공급량을 나타낸다. 가격에 따라 물량이 달라지기 때문에 가격이 기준이 된다.

먼저 수요 곡선을 보자. 수요 곡선에서 Y축은 가격, X축은 수요량이다. 수요량이란 소비자가 값을 치르고 구입할 의사나 능력이 있는 재화의 양이다. 가격이 오르면 수요가 줄어든다. 그래서 그래프는 왼쪽에서 오른쪽으로 내려간다. 가격과 수요량은 반대로 움직인다.

공급 곡선은 Y축이 가격, X축은 공급량이다. 공급량이란 판매자가 팔 의사와 능력이 있는 재화의 양이다. 가격이 오르면 공급량이 늘어난다. 그래프는 왼쪽에서 오른쪽으로 올라간다. 가격과 공급량은 같은 방향으로 움직인다. 수요 곡선과 공급 곡선이 만나는 점이 균형 가격이고, 그때 거래량이 균형 거래량이다.

가격과 수요와 공급의 상관관계를 나타나는 가장 간단한 그래프는 직선이다. 그런데 왜 곡선이라 부르는 것일까? 현실에서는 수요와 공급이 가격에 비해 완전 비례해 움직이지 않기 때문이다. 예를 들어 1만 원 하던 아이언맨 피규어가 1만 1,000원으로 올랐다. 이때는 수요량이 그다지 줄지 않는다. 그런데 1만 2,000원, 1만 3,000원까지 올라가면 구매자는 점차 부담스러워한다. 대략 1만 3,000원 시점부터 구매를 망설이게 되고, 1만 5,000원을 넘어서면 '가격이 왜 이렇게 올랐어?'라며 구매를 꺼린다. 어떤 한계점을 넘으면 수요가 급격하게 줄어드는 것이다. 그러다 1만 8,000원, 1만 9,000원으로 가면 반드시 필요한 사람은 또 사게 된다. 그러다 보니 수요량의 기울기 역시 완만하게 감소한다. 수요선이 직선인 \이 아니고 'ㄴ'에 가까운 곡선이 되는 것은 이 때문이다.

공급 곡선도 마찬가지다. 생산자는 가격이 조금 오른다고 해서 공급을 확 늘리지 않는다. 더 공급해야 할지 말아야 할지를 눈치를 보며 기다린다. 그러다 가격이 계속 오르면 생산자들은 본격적으로 물량을 추가 공급한다. 공급 곡선의 기울기도 눈에 띄게 가팔라진다. 공급량이 '」'에 가까운 형태가 되는 이유다.

마셜의 수요 공급 곡선을 들여다보면 가격 변화에 따른 수요 공급 변화를 예측하기가 쉽다. 이 곡선만 이해한다면 소비자와 판매자는 거래할 때 고민할 필요가 없다. 그래프를 따라 형성된 양만큼 공급하면 적정 시장가격이 나온다.

수요 공급 곡선은 거래가 가격과 수량과의 관계만으로 결정된다는 가정에서 출발한다. 다른 변수는 없다. 가정을 매우 단순화시킨 것이다(경제학에서는 이러한 상황을 '세테리스 파리부스Ceteris Paribus'라고도 한다. '모든 조건이 동일하다면'이라는 의미의 라틴어이다).

어떻게 사랑이,
아니 수요 공급 곡선이 변하니?

그런데 현실에서 물건을 팔아 보면 그렇게 단순하지 않다. 왜일까? 가격과 수량 말고도 거래에 영향을 미치는 변수가 많기 때문이다. 예를 들어 가격은 그대로인데 날씨가 무더워지면 아이스크림의 수요량은 늘어날 것이다. 혹은 새로운 아이스크림 프랜차이즈 가게가 문을 열었다면 가격은 똑같아도 공급은 늘어날 것이다. 이런 변수는 가격에 따라 형성된 수요량과 공급량을 변화시킨다. 경제학에서는 이를 '수요 공급 곡선을 이동시킨다'고 표현한다. 가격을 제외한 모든 변수는 수요와 공급 곡선을 왼쪽, 혹은 오른쪽으로 이동시킨다.

수요 곡선의 가격 외 변수로는 소득, 취향, 미래에 대한 기대, 구입자 수, 연관재의 가격 등이 있다. 소득을 예로 들어 보자. 만약 소득이 증가하면 사람들은 여유가 생겨 물품을 더 구입할 것이다. 판매 가격은 그대로여도 물건에 대한 수요량이 늘어난다. 오른쪽이 수요량이 늘어나는 쪽이니까 수요 곡선은 오른쪽으로 이동한다.

공급 곡선도 가격 외 변수로 인해 이동한다. 공급 곡선에는 생산하는 제품의 원료 가격, 세금, 기술, 미래에 대한 기대, 판매자 수가 영향을 미친다. 공급하는 물건의 양을 증가시키는 일이

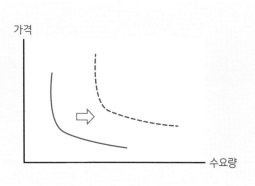

| 수요량이 늘면 수요 곡선은 오른쪽으로 이동한다.

발생하면 공급 곡선은 오른쪽으로, 물건을 감소시키면 왼쪽으로 이동한다. 만약 판매자의 수가 늘어나게 된다고 가정해 보자. 그러면 공급량이 늘어날 것이다. 공급 곡선은 오른쪽으로 이동한다. 그러면 같은 가격에 시장에 나오는 물건의 수량은 많아진다. 이는 같은 공급량이라면 가격이 떨어진다는 말도 된다. 원료 가격이 인하됐거나 세금이 떨어진 경우도 마찬가지다. 생산비용이 떨어진 생산자는 같은 가격에 물건을 판매한다면 더 많은 수익을 남길 수 있다. 그러니 물건을 더 생산해서 시장에 내놓게 된다.

자 이제, 선글라스맨이 마크 3를 구입하려 한다. 그런데 갑자기 IS 때문에 중동에서 전쟁이 터졌다. 사우디아라비아가 긴급히 아이어맨 수트 100대를 구매하겠다고 나섰다. 이럴 경우 수요 공급 곡선은 어떻게 이동할까? 먼저 수요 곡선을 보자. 전쟁

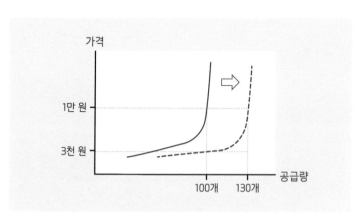

| 판매자의 수가 늘어 공급량이 증가하면 공급 곡선은 오른쪽으로 이동한다.

이 터졌으니 수요가 늘어날 것이다. 수요 곡선은 수요량이 증가하는 쪽으로 움직인다. 오른쪽이다. 가격이 오를 수밖에 없다.

그런데 여기서 유의할 점이 있다. 마크 3를 만들 수 있는 사람은 토니 스타크뿐이다. 공급량의 변화가 없다는 얘기다(수요와 공급의 법칙에서 공급선이 세로로 서게 된다). 공급량에 변화가 없으니 가격은 급격히 상승한다. 1,190억 원이던 마크 3의 가격이 2,380억 원으로 껑충 뛰었다.

어디까지나 이런 거래는 시장경제가 정상적으로 작동한다는 가정 하에서 가능하다. 독점 체제가 되거나 정부가 판매를 인위적으로 제한하면 '보이지 않는 손'은 작용하지 않는다. 이때는 그냥 부르는 게 '값'이 된다. 국가 안보가 걸려 있는 국방무기의 경우는 더욱 그렇다. 아무리 웃돈을 주고 구입하고 싶어도 정부

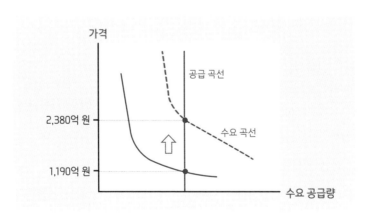

| 공급량의 변화 없이 수요만 증가하면 가격은 극격히 상승한다.

가 판매를 금지하면 무기를 구입할 수 없다. 그러나 2차 세계대전 이후 전쟁 시대가 끝나자 군수산업체들은 살아남기 위해 경쟁을 벌이고 있다. 이러한 경쟁의 결과로 무기도 수요 공급 법칙에서 벗어나지 못하게 됐다. 한국 공군의 차기 전투기인 F35A의 공급 가격은 1,850억 원이다. 하지만 미국 록히드마틴은 2019년 쯤이면 F35A의 대당 가격이 현재의 절반인 900억 원 수준으로 내려갈 것이라고 전망했다. 록히드마틴은 2017년에 전투기 양산 체제를 갖출 계획인데 이렇게 되면 대량 생산이 이뤄지기 때문이다. 지금은 F35A를 연 42대 생산하지만 2017년이 되면 179대를 생산할 수 있다. 수요가 일정하다는 가정 하에 공급량이 증가하면 가격은 떨어진다.

류현진도 피해 가지 못하는
수요 공급 법칙

수요와 공급은 부동산 시장에서도 중요하다. 수요와 공급을 줄여 '수급'이라고 부르기도 한다. 주택의 수급에 따라 부동산 가격이 오르기도, 내리기도 한다. 집을 살 사람은 10명인데 집이 20채가 공급되면 집값은 떨어진다. 반대로 살 사람은 20명인데 집이 10채밖에 없으면 집의 가치는 오르게 된다. 2013~2014년

급등했던 집값이 2017년 이후에는 하락할 거라고 예상하는 사람이 많다. 2014~2015년 분양을 받은 사람들이 2017년부터 입주를 시작하기 때문이다. 2014~2015년 당시 분양이 사상 최대를 기록했던 만큼 2017년 이후 입주도 사상 최대가 될 가능성이 큰데 이럴 경우 시장에서 추가 매수자가 사라진다는 것이다.

외환시장에서의 수급은 환율로 나타난다. 서울 외환시장에서 달러에 대한 수요가 많으면 달러는 강세를 보인다. 원화는 약세로 돌아선다. 즉 1달러당 1,000원 하던 환율이 1,200원, 1,300원이 된다. 달러 강세(원화 약세)는 원 달러 환율 상승을 의미한다. 반대로 달러에 대한 수요가 줄어들면 달러는 약세가 되지만, 원화가 강세다. 1달러당 1,000원 하던 환율이 900원, 800원이 된다.

연예인들은 왜 많은 돈을 벌까? 박지성과 류현진은 왜 높은 연봉을 받았을까. 스타의 몸값은 수요 공급 법칙이 가장 잘 적용되는 시장이다. 연예 시장은 완전경쟁이 이뤄지는 시장이다. 슈퍼스타가 되고 싶어 하는 수많은 지망생들이 있다. 하지만 그 지망생 중에서 '뜨는 별'은 소수에 불과하다. 수요는 많은데 공급(스타 연예인)은 한두 명이니 그들의 몸값이 천정부지로 치솟는다. 수지나 설현이 많은 돈을 버는 것도 이 때문이다. 류현진도 마찬가지다. 메이저리그는 이런 수준의 선수를 많이 원하지만 한국에서 류현진과 맞먹는 수준의 투수는 쉽게 구할 수가 없다. 메이저리그에도 그 정도 급의 선수는 많지 않다. 더구나 메이저리그는 프로야구에 대한 수요가 KBO리그보다 크다. 수요는 더 큰데, 공급은 딸리니 류현진의 몸값이 비싸질 수밖에.

정상재와
열등재

소득에 따른 수요 변화를 기준으로 상품을 구분할 수 있다. 통상 소득이 증가하면 수요도 증가한다. 소득이 감소하면 수요도 감소한다. 아무래도 월급을 많이 받으면 쓰는 돈도 많아지기 마련이고, 수입이 줄면 소비 지출도 줄어든다. 이런 상품을 정상재Normal good라고 한다. 대부분의 상품이 정상재다. 특히 문화오락비의 경우 소득의 영향을 가장 많이 받는 상품에 속한다. 외식이나 야외활동비도 소득의 영향을 크게 받는다.

그 반대의 경우도 있다. 소득이 증가하면 수요가 줄어드는 상품이다. 반대로 소득이 감소하면 수요가 증가한다. 이런 상품을 열등재Inferior good라고 한다. 버스나 지하철이 대표적이다. 소득이 증가하면 택시를 타기 때문에 대중교통을 덜 탈 수 있다. 열등재는 불황에 강하다. 라면의 경우 소득이 줄어드는 경기 불황기에 오히려 판매량이 늘어난다. 싼 가격에 가볍게 한 끼를 때울 수 있기 때문이다. 소주나 담배도 열등재에 가깝다. 경기가 나쁘면 술과 담배로 시름을 달래는 서민이 많기 때문이다.

국방비의 경우 정상재 혹은 열등재로 규정하기 어렵다. 소득이 얼마이건 간에 필요하면 반드시 구입해야 하기 때문이다. 다만 전시가 아니라면 정상재에 가깝다고 봐야 한다. 국가경제가 크고 예산이 많은 나라일수록 무기를 구입할 여력도 커지기 때문이다. 국방력 증강도 경기가 어렵다면 여론을 설득하기 쉽지 않다.

〈아이언맨 2, 3〉에서 미국 정부와 토니 스타크의 경쟁자들은 아이언맨 수트를 양산하는 데 성공한다. 아이언맨 제작은 더 이상 토니 스타크의 전유물이 아니다. 토니도 경쟁하듯 많은 수트를 만들어낸다. 과잉 생산이 우려된다. 외계인의 침공이라는 초대형 수요가 생기지 않는다면 수트 가격은 떨어질 것이 확실하다. 그렇다면 마크 3를 언제 사야 가장 합리적인 가격에 구매하는 것이 될까? 선글라스맨의 머리가 복잡해지기 시작했다.

풍요의 시대가 낳은
풍년의 역설

    모든 농부는 풍년을 기다린다. 한 해 열심히 일해 풍성한 가을걷이를 하는 것은 농사를 짓는 사람이라면 누구나 꾸는 꿈이다. 풍년이 들면 팔 것이 많아 농부는 부자가 될 것이다. 그런데 정말 그럴까? 시장경제로 들어오면 얘기가 달라진다. 이른바 '풍년의 역설'이다.

    대풍은 공급량을 대폭 늘린다. 만약 소비자가 쌀을 많이 먹어 주지 않는다면 공급 과잉이 된다. 공급 과잉은 가격을 떨어뜨린다. 생산된 양이 많을수록 가격 하락폭도 클 것이다. 심지어 농작물을 팔아 봤자 수익이 나지 않을 정도다. 이쯤 되면 화가 난 농민들이 힘들게 키운 농작물 밭을 갈아엎는 상황이 생긴다.

    2015년 쌀 생산은 432만 톤으로 2009년 이후 최고치를 기록했다. 태풍이 없었고, 일조량도 좋았다. 하지만 1인당 쌀 소비량은 65kg으로 역대 최저를 기록했다. 생산은 늘었는데 소비가 줄어드니 공급 과잉이 됐고 가격은 폭락했다. 정부는 내심 농토를 줄여 쌀 생산을 줄이고 싶지만 쉽지 않다. 쌀은 '식량 안보'

차원에서 접근할 필요가 있기 때문이다. 식량 안보란 재난, 전쟁 등을 고려하여 항상 얼마간의 식량을 확보하는 것을 말한다. 지금은 공급 과잉이지만 어느 해 기근이 몰려오면 식량 부족이 생길 수 있다. 밥은 안 먹을 수 없는 것이라 쌀 가격 폭등은 사회 불안으로 이어질 수도 있다.

1980년대 이전만 해도 풍년은 환영받는 이벤트였다. 만성적인 쌀 부족에 시달릴 때라 쌀을 많이 생산할수록 좋았다. 풍년이 되면 농민의 주머니도 넉넉해졌다. 하지만 관개시설이 정비되고 쌀 품종에 대한 연구가 진척되면서 쌀 생산량이 크게 늘고, 우리 식탁에서 밀가루가 차지하는 비율이 커지면서 상황이 달라졌다. 풍년의 역설은 풍요로운 시대가 낳은 역설이기도 하다.

빙하 타고 온 둘리는
누구에게 차비를 내야 할까?

〈아기공룡 둘리〉 속에 숨겨진 공유지의 비극

"딩동, 딩동~ 계십니까?"

"누구세요?"

낮잠을 자던 고길동 씨가 부스스한 얼굴로 문을 열었다. 문밖에는 말쑥한 차림의 매부리코 외국인 두 명이 있었다.

"누구시죠?"

"저희는 러시아에서 나왔습니다. 저는 미스터 아이스버거스키라고 합니다."

깜짝 놀란 고길동 씨는 위아래로 러시아 사람들을 훑어보며 불안한 듯 물었다.

"러시아에서 여기까지 무슨 일로 오셨나요? 혹시 둘리가 또 사고를 쳤나요?"

"아, 네. 큰 사고를 친 것은 아니고요. 둘리가 고 선생님 집에 올 때 빙하를 타고 왔는데 아직까지 빙하 이용료를 안 내고 있습니다. 계속 납부를 거부하시면 선생님 집이 차압될 수도 있습니다."

"네? 차압이라고요? 안 돼요. 제가 10년 동안 직장에 붙잡혀 일한 뒤 간신히 마련한 집인데. 아직 은행 빚도 1억 원이나 남았단 말이에요."

고길동 씨는 거의 울먹였다.

"사정은 알겠지만 둘리가 빨리 이용료를 내지 않으면 저희도 어쩔 수 없습니다."

옥상에서 대화를 엿듣던 둘리와 도우너, 또치가 미끄러져 마당으로 떨어졌다.

"야, 조심하라고 했잖아. 숙녀가 이게 무슨 꼴이야!"

또치가 머리를 마당에 박고 있는 둘리와 도우너를 흘겨봤다. 간신히 정신을 차린 둘리가 비틀비틀 미스터 아이스버거스키 앞으로 가서 말한다.

"에이, 아저씨 억지 부리지 마세요. 북극해는 아직 주인이 없어요. 경제학적으로 보자면 공유자원이라는 거죠. 빙하도 당연히 공유자원이고요. 주인 없는 공유자원인데 누구에게 돈을 주나요. 먼저 쓰는 사람이 임자죠. 아저씨 경제학 공부 좀 하세요!"

그러나 미스터 아이스버거스키는 물러서지 않았다.

둘리가 타고 온 것은 북극 빙하. 북극은 주인이 없는 땅이다.

(이미지 출처: ⓒdoolynara)

"맞습니다. 하지만 당신처럼 빙하를 펑펑 써 버리면 결국 빙하가 사라질 겁니다. 빙하가 사라지면 지구온난화도 심해질 텐데, 그땐 당신이 책임질 겁니까! 지구온난화를 막기 위해서라도 우리는 꼭 빙하 사용료를 받아야 합니다!"

그때였다.

"그 돈은 저희가 받아야 합니다. 미스터 아이스버거스키 씨!"

아이스버거스키 뒤로 덩치 좋은 노신사가 서 있었다.

"저는 데니쉬라고 합니다. 덴마크에서 왔죠. 저희 연구에 따르면 둘리가 타고 온 빙하는 그린란드에 있는 빙산에서 떨어져 나왔습니다. 그러니까 소유권은 저희에게 있습니다. 러시아는 빠져 주시죠."

두 사람의 말싸움을 지켜보던 둘리가 알 듯 말 듯 중얼거렸다.

"아이 참…… 빙하를 타면 공짜라고 생각했는데……."

주인 없는 땅은
황폐화해진다

모든 물건과 서비스에는 '값'이 있다. 그래서 물건을 사거나 서비스를 이용하려면 돈을 내야 한다. 그런데 때로 '값'을 치르지 않아도 소비할 수 있는 상품이나 서비스가 존재한다. 대기 중의 공기를 돈 주고 마시는 사람은 없다.

둘리는 빙하 속에 갇혀 있다 빙하가 녹으면서 떠내려왔다. 그 빙하의 진원지가 어디인지에 대해서는 의견이 엇갈린다. 북극이라는 의견도 있고 남극이라는 의견도 있다. 1983년 원작과 1987년 애니메이션 판에는 북극인지 남극인지를 밝히지 않았다. 이야기는 빙하가 떠내려와서 한강 다리에 걸리는 것으로 시작된다. 2009년 애니메이션에서는 펭귄이 뛰어놀고, 애니메이션에 나오는 TV 뉴스 앵커가 "남극에서 온 빙하"라고 밝힌다.

하지만 과학적으로는 둘리의 고향이 북극이라는 게 더 설득력 있다. 남극에서 온 빙하라면 적도를 지나야 한반도로 올 수 있다. 적도를 지나는 과정에서 빙하는 녹아 버린다(그랬다면 둘리는 피지나 인도네시아에서 발견됐을 것이다). 북극에서 내려와야 빙하가 녹지 않고 한강까지 흘러올 수 있다. 빙하 속에 갇힌 둘리는 한강을 따라 도봉구 쌍문동 우이천까지 떠내려온다. 비가 오는 날 영희는 우이천에 쓰러져 있는 둘리를 발견한다.

미스터 아이스버거스키는 둘리를 찾아 쌍문동 고길동 씨 집으로 왔다. 그는 둘리에게 '빙하 이용료' 그러니까 일종의 교통비를 내놓으라고 요구했다.

북극에서 한국까지
교통비는 3억 5,000만 원?

북극에서 한국까지 뱃삯은 얼마일까? 해양수산부 자료를 보면 유럽에 위치한 러시아 우스트루가에서 북극을 지나 한국까지의 거리는 1만 2,700km, 배로 올 경우 24일이 걸린다. 운항비만 88만 달러, 우리 돈으로 8억 8,000만 원(1달러=1,000원 기준)이다. 물론 어디서 출발했느냐에 따라 운항 거리는 달라질 수 있다. 북극 끄트머리인 베링 해에서 출발했다면 5,735km 거리로 한국까지 10일이 걸린다. 거리에 비례한 가격으로 운항비를 따져 보면 3억 5,000만 원 정도다. 둘리가 배를 빌렸다면 지불해야 할 금액이다. 물론 둘리의 수중에 이런 돈이 있을 리 없다.

다행히 둘리에게는 반전 카드가 있다. 둘리가 타고 온 것은 북극 빙하. 북극은 주인이 없는 땅이다. 북극이나 남극, 우주 등은 어느 국가도 소유할 수 없다. 북극에 대한 주요 정책은 북극 이사회Arctic Council가 결정한다. 미국, 캐나다, 러시아, 핀란드 등 북극을 둘러싼 8개국이 이사국이다. 한국은 정식 옵서버 국가다. '정식 옵서버 국가'란 북극과 인접하지 않은 국가 중에서 북극이 사회에 참여해 북극 개발에 대한 의견을 제시할 수 있는 자격이 있는 나라를 말한다. 한국이 옵서버 국가가 될 수 있는 것은 북극이 인류 공동의 자원이라는 인식이 있기 때문이다.

빙하 면적은 30년 전에 비해 40% 이상 줄었다고 한다. 지구 온난화로 빙하가 녹고 있기 때문이다. 녹은 빙하는 떨어져 나가 바다에 떠다니게 되는데 이렇게 흘러 다니는 빙하를 유빙(流氷)이라고 부른다. 둘리가 타고 온 빙하도 그중 하나다.

사적 재화, 자연 독점, 공유자원 그리고 공공재

경제학에서는 재화의 유형을 경합성과 배제성에 따라 4가지로 나눈다. 바로 사적 재화, 자연 독점, 공유자원, 공공재 등이다. 경합성이란 한 사람이 해당 상품을 소비하면 다른 사람이 쓸 수 없는 것을 말한다. 그러니 사람들은 서로 먼저 쓰기 위해 '경합'을 벌이게 된다. 배제성이란 대가를 지불하지 않는 사람이 해당 상품을 소비하지 못하도록 막는 것이다. '누구는 이 물건을 쓸 수 없어!'라며 배제시킬 수 있다는 것이다.

재화의 네 가지 유형

	경합성 있음	경합성 없음
배제성 있음	**사적 재화** · 장난감 · 아파트 · 파는 생수	**자연 독점** · 케이블 TV와 종편 · 무제한 뷔페 · 도시가스, 상수도
배제성 없음	**공유자원** · 참치와 갈치 · 남북극의 광물자원 · 지하수	**공공재** · 공중파 TV, EBS · 국방, 복지정책, 국민건강보험 · 기초과학 연구, 개방형 OS

① 배제성과 경합성이 동시에 있다 – **사적 재화**private goods

일상에서 만나는 대부분의 상품과 서비스는 '사적 재화'다. 내가 사용하면 다른 사람이 사용할 수 없다. 예컨대 내가 장난감을 구입하면 다른 사람은 살 수 없다. 내가 A 아파트의 101동 1003호에 살고 있으면 다른 사람은 살 수 없다. 소유권을 지닌 사람에게 그 물건을 독점적으로 사용할 권한을 주는 것이다.

② 배제성은 있지만 경합성이 없다 – **자연 독점**natural monopoly

남들이 사용하지 못하도록 막을 수는 있지만, 내가 쓴다고 다른 사람들이 쓰지 못하는 것은 아닌 상품이나 서비스다. 케이블 TV의 경우 돈을 내지 않으면 볼 수 없지만, 내가 가입한다고 해서 타인이 보지 못하는 것은 아니다. 무제한으로 제공되는 뷔페도 마찬가지다. 돈을 낸 사람만 먹을 수 있지만, 내가 많이 먹는다고 음식이 떨어져 다른 사람이 못 먹는 것은 아니다. 자연 독점은 생산자 입장에서 본다면 추가적으로 생산물을 공급할 때 추가비용이 별로 들지 않는 상품과 서비스가 이에 해당된다. 이른바 '규모의 경제'다. 케이블 TV 회사는 한번 통신망을 구축해 놓으면 열 명, 스무 명이 가입한다고 시설비가 추가로 투입되지 않는다. 상수도나 공공 교통, 도시가스도 마찬가지다. 댐부터 상수도관까지 상수도망을 설치하는 데는 많은 돈이 들지만, 이를 사용하는 사람이 많아진다고 해서 비용이 커지지는 않는다.

③ 경합성은 있지만 배제성이 없다 – 공유자원common resources

내가 쓰면 남은 쓸 수 없지만, 남들 보고 쓰지 말라고 할 수 없는 서비스나 상품을 말한다. 바다 속 참치와 갈치 같은 생선을 예로 들어 보자. 내가 잡으면 남이 잡을 수 없지만, 다른 사람에게 '잡지 말라'고 할 수는 없다. 그래서 어부들은 바다의 고기를 '먼저 잡는 사람이 임자'라고 말한다. 극지방의 광물자원도 마찬가지다. 소유권이 없다 보니 먼저 쓰는 사람이 임자다. 지하수를 내가 써 버리면 다른 사람은 쓸 수 없지만, 나에게 '쓰지 말라고' 할 사람은 없다. 즉 소유권을 가진 사람은 없지만 양이 제한될 경우다.

④ 배제성도 없고, 경합성도 없다 – **공공재**public goods

특정인에게 쓰지 말라고 할 수도 없고, 그들이 쓴다고 다른 사람이 피해를 보지도 않는 재화나 서비스다. 소유권을 가진 사람이 없어 누구나 자유롭게 쓸 수 있고, 양도 무한정 있는 경우다. 공기와 햇빛이 대표적이다. 다른 사람에게 공기를 마시지 말라고 말할 수도 없고, 다른 사람이 쓴다고 내 공기가 줄어드는 것도 아니다. 국방과 안보 서비스도 공공재다. 정부가 탱크를 구입하고 전투기를 구입해 대한민국 영토를 지키면 모든 사람이 혜택을 본다. 나는 북한의 공격으로부터 안전해지는데, 옆집 김 씨는 위험해지는 경우는 없다. 개방형 OS인 안드로이드는 삼성 갤럭시에도 사용되지만 샤오미 핸드폰에도 사용된다. 누구도 삼성과 샤오미에 OS 사용료를 달라고 하진 않는다. EBS 교육방송이나 TV 공중파도 내가 청취한다고 이웃집이 청취하지 못하는 것이 아니다. 기초노령연금이나 무상보육도 자격만 되면 타인의 사용 여부와 상관없이 나도 혜택을 받을 수 있다.

북극 빙하의 주인은
누구일까?

4가지 재화로 볼 때 북극 빙하는 어디에 속할까? 빙하는 '먼저 쓰는 놈이 임자'가 되는 공유자원이다. 공유자원은 소유권이 없기 때문에 누구나 사용할 수 있다. 북극이 러시아 땅이 아닌 이상 둘리는 러시아에 돈을 지불할 필요가 없다.

문제는 공유자원이 무한정 제공되는 상품이 아니라는 점이다. 누군가 써 버리고 나면 결국 고갈돼 나중에는 누구도 쓸 수 없게 된다. 그것이 '공유자원의 비극The tragedy of the commons'이다. '공유자원의 비극'은 '공유지의 비극'이라고도 한다(공유자원이나 공유지나 같은 말이다).

'공유지의 비극'은 하딘G. J. Hardin이 1968년 사이언스지에 발표한 논문이다. 마을 중간에 소유권이 없어 누구나 쓸 수 있는 목초지가 있다. 농부들은 이 땅에 서로 많은 소를 키우려 했다. 소를 키워서 생기는 이득이 모두 자신의 것이기 때문이다. 모든 농부들이 경쟁적으로 더 많은 소를 목초지로 끌고 나왔다. 목초지는 급속도로 사라졌다. 점점 풀이 줄더니 마침내 황폐해졌다. 이젠 누구도 소를 키울 수 없게 됐다. 모두가 피해자가 된 것이다.

농부는 풀이 사라지면 결국 자신이 피해를 입을 것임을 안다. 그럼에도 소를 목초지로 끌고 나오는 이유는 자신이 소를 끌고 나오지 않는다고 해서 다른 농민도 그럴 거라 확신할 수 없었기 때문이다. 소를 키워서 얻는 수익은 100% 자신이 가져가지만, 풀이 사라지면서 입는 피해는 전 농민들이 나눠 부담한다는 생각도 했을 것이다. 그 끝은 황폐화였다. 공유지의 비극은 무한정 자신의 이익을 추구할 경우 모두가 피해를 입게 된다는 것을 보여 준다.

이런 공유지의 비극은 현실에서도 벌어지고 있다. 가장 대표적인 예로 어류 남획을 들 수 있다. 우리나라 동해안에는 명태가 많았지만 남획으로 인해 지금 국내산 명태는 거의 찾아볼 수 없게 되었다. 석유고갈론과 지구온난화도 같은 맥락이다. 개발을 위해 경쟁적으로 석유 석탄 자원을 쓰다 보니 이산화탄소가 넘쳐났고, 결국 지구의 온도를 끌어올리고 있다. 공유지의 비극을 방치하면 인류의 비극이 올 수 있다.

둘리에게 교통비를
받을 수 있을까?

그렇다면 어떻게 해야 공유지의 비극을 막을 수 있을까? 먼저 사유화를 생각해 볼 수 있다. 주인을 정해 주자는 것이다. 내 소유가 되면 잘 관리한다. 아리스토텔레스는 "사람들은 여러 사

무분별한 개발로 인해 생긴 지구온난화는 북극의 빙하를 녹여
생태계를 위협하고 있다.

람과 함께 쓰는 재산은 잘 간수하지 않는다. 다른 사람과 함께 쓰는 물건보다 자기 물건에 관심을 갖기 때문이다"라고 말했다. 고대 그리스에서도 '내 것 챙기기'를 인간의 본성으로 생각했다는 말이다. 바다를 가장 잘 간수할 수 있는 방법은 배타적 경제수역EEZ을 확대해 주는 것이다. 각 나라마다 자기 소유의 바다가 생기면 그 영역 안에서만큼은 확실히 관리를 하게 된다. 해양 환경보호도 좀 더 열심히 하고, 어류 방류 사업이나 어족 관리 사업을 적극적으로 하게 된다.

둘째, 재산권을 인정해 주는 것도 대안이 될 수 있다. 이산화탄소 배출을 줄이기 위해 탄소 배출권을 각국에 부여한 게 좋은 예다. 탄소 배출권이란 국제기구가 탄소 배출할 양을 각 나라별로 정해 준 것을 말한다. 만약 한국이 연간 100톤의 탄소를 배출할 권리를 갖고 있다고 가정해 보자. 100톤보다 더 많은 탄소를 배출하려면 다른 나라에 돈을 주고 탄소 배출권을 사 와야 한다. 반대로 연간 90톤만 배출했다면 10톤은 다른 나라에 팔 수도 있다. 탄소를 배출하는 것은 어떻게 측정할 수 있을까? 공장마다 탄소 발생 측정기를 달아야 할까? 탄소는 석탄이나 석유 등을 태워 에너지를 만들 때 발생한다. 한 해 석탄 석유 사용량, 즉 전기 생산량을 보면 탄소 배출량을 측정할 수 있다.

셋째, 세금이나 벌금을 매길 수도 있다. 서울시는 20년째 남산 터널에 혼잡통행료를 부과하고 있다. 도심에 차를 몰고 오지 못하도록 하기 위해서다. 스톡홀름, 뉴욕, 런던 등 주요 도시들도 혼잡통행료를 징수한다. 무료 도로는 누구나 쓸 수 있지만 너무 많은 사람들이 이용하면 정체가 생긴다. 하지만 통행료를 매기면 고민하기 시작한다. 운전자는 돈을 내고 이 도로를 이용할지, 아니면 돌아갈지, 혹은 아예 이용하지 않을 것인지를 판단해야 한다.

넷째, 국제기구를 통한 공동 협조도 공유지의 비극을 막는 데 활용된다. 주인 없는 땅, 남극에 대한 개발 경쟁이 불붙으려 하자 1961년 12개국은 공동 서명을 통해 남극조약을 발효시켰다. 미국의 아이젠하워 대통령이 제안한 남극조약은 평화 목적으로만 남극을 이용하고 연구해야 하며, 상업적 목적의 개발은 불가능하다는 내용을 담고 있다. 1991년에는 '남극 환경보호 의정서Madrid Protocol'가 결의됐다. 이 의정서에 따르면 50년간 남극 지하자원 개발이 금지된다. 국제적인 약속이기 때문에 한두 나라가 쉽게 깨기 어렵다. 북극도 인근 8개 국가들이 주도하는 북극이사회가 보호를 주도하고 있다. 1996년 만들어진 북극이사회는 북극의 환경 변화를 연구하고 생물의 다양성을 유지하는 등 북극을 보호하고 항로와 자원 개발을 공동으로 하고 있다.

둘리는 북극의 빙하를 타고 왔다. 둘리 문제는 북극이사회가 공동으로 다뤄야 할 문제다. 러시아나 덴마크가 단독으로 둘리에게서 교통비를 받을 수 없다는 얘기다. 근본적으로 들어가자면 둘리가 '누구의 것'인가도 논란이 될 수 있다. 둘리는 북극 빙하 속에 갇혀 있었기 때문이다. 다행히 한국은 2013년 5월 북극 이사회의 영구 옵저버가 됐다. 8개 회원국에는 들지 못했지만 영구 옵저버 자격을 얻음에 따라 둘리 논쟁이 벌어지더라도 제 목소리를 낼 수는 있게 되었다.

사유화의 비극을
조심하라!

그렇다면 공유자원을 사유화 시키고, 재산권을 인정해 주고, 세금이나 벌금을 세게 매기면 효율적으로 이용할 수 있게 될까? 공유자원의 무분별한 사유화는 또 다른 문제를 낳게 되는데, 이른바 '사유화의 비극'이다.

물, 전기, 수도, 공공교통 등은 충분한 대가를 받지 않고 특정인에게 넘겨주면 인수자는 엄청난 불로소득을 얻게 된다. 독점권을 갖게 되기 때문이다. 독점권을 획득한 인수자는 사용 가격을 마음대로 정할 수 있다. 만약 가격을 크게 올린다면 사용자는 실제 시장가격보다 높은 가격으로 공유자원을 사용해야 한다. 특히 공유자원은 가격을 높이더라도 사용할 수밖에 없는, 가격 탄력성이 낮은 품목이 많다. 때문에 그 가격을 올려 버리면

서민의 고통이 매우 커진다.

　사유화의 다른 이름은 민영화다. 공공기관 민영화를 반대하는 쪽은 이 같은 '사유화의 비극'을 우려한다. 의료 민영화를 반대하는 사람은 병의원이 영리를 추구하면 공공 의료 시스템이 무너질 것이라 생각한다. 한국인이라면 누구나 의료 서비스를 받을 권리가 있지만, 민영화된 병원이 돈 있는 사람의 치료에만 집중할 우려가 크다는 것이다. 병원이 돈이 되는 치료에만 집중하면 가난한 사람을 위한 공공 서비스가 부족해져 의료비 지출이 늘게 된다는 것이 반대론자의 얘기다. 이는 수도 민영화, 철도 민영화, 전력산업 민영화 등에도 같이 적용된다. 민영화가 되면 수도요금, 철도요금, 전기요금이 대폭 오를 것이라는 우려가 있다.

　지적 재산권에 대한 과도한 사유화도 이런 비극을 부른다. 만약 안드로이드가 개방형 운영체계o.s가 아니었다면 스마트폰 시장이 단시간에 급격히 커지기 어려웠을 것이다. 누구나 안드로이드를 O.S로 탑재할 수 있도록 하면서 스마트폰 후발주자가 애플에 맞서 새 제품을 낼 수 있었다. 자사 O.S인 심비안을 고집하다 쇠락의 길을 걷게 된 노키아와 대비된다.

　영화 〈빌리와 용감한 녀석들〉에는 초원의 동물이 민간 회사가 운영하는 댐을 폭파하러 몰려가는 장면이 나온다. 이 회사가 댐을 만들면서 초원이 마르고, 동물은 극심한 고통을 겪게 됐기 때문이다. 댐을 민영화하면 해당 기업이 수자원을 잘 관리하겠지만, 독점을 믿고 물 가격을 인상해 버리면 돈 없는 사람은 물을 구하기가 어려워진다.

사유화의 비극이 발생하는 것은 인간의 탐욕 때문이다. 사유화를 근거로 더 많은 것을 갖고 싶어 하면서 비극이 발생한다. 결국 인간이 탐욕을 다스리지 못하는 한 공유자원의 효율적 사용에 대한 정답은 없는 셈이다.

다시 둘리 이야기로 돌아가 보자. 원작자 김수정의 말에 따르면 둘리는 1980년대 만화에 대한 심의를 피하기 위해 고민하다 만들어진 캐릭터다. 당시 만화 속 아이들은 건방져서도 안 되고, 나쁜 말을 써서도 안 됐다. 어른을 골탕 먹일 수 있는 아이를 그리는 것이 불가능한 시절이었다. 그래서 대안으로 생각한 것이 동물이다. 사람이 아닌 동물을 의인화하면 심의를 피할 수 있었다고 한다. 이왕 동물을 주인공으로 할 것이라면 흔하지 않은 것으로 하자는 고민을 하게 됐고, 그래서 공룡이 등장한 것이다.

그래서인가 〈아기공룡 둘리〉에는 아이들의 상상력을 자극하는 요소가 많다. 우주, 공룡시대, 무인도, 심해 등 활동무대에 제한이 없다. 마치 프랑스 여행 작가 쥘 베른의 '경이의 세계' 시리즈를 보는 듯하다. 쥘 베른은 《해저2만리》《달에서 지구까지》《15소년 표류기》 등을 써내면서 공상과학소설의 지평을 연 소설가다. 내가 가지 못한 미지의 세계는 그 자체로 꿈과 희망을 준다. 둘리가 자유분방, 천방지축 모험의 나라로 떠날 수 있는 것은 누구에게도 속하지 않는 공유자원이기 때문은 아닐까.

텅 빈 공유지,
텅 빈 바다

찰스 클로버는 저서 《텅 빈 바다》를 통해 전 세계 바다에서 벌어지는 수산물 남획의 실태와 해양 생태계 파괴의 실상을 짚었다. 20여 년간 영국에서 환경 전문 언론인으로 활동한 클로버는 이 책을 쓰기 위해 10년간 미국, 캐나다, 영국, 일본 등 전 세계를 돌며 취재했다.

그에 따르면 전 세계 곳곳에서 어획량이 기하급수적으로 줄고 있다고 한다. 미국 뉴잉글랜드의 스코샤뱅크에서 대서양대구는 150년 전 139만 톤이 잡혔지만 지금은 5만 톤만 잡힌다. 산업화가 된 이후 산란종 대구의 96%가 사라졌다. 오메가3 지방산을 얻기 위해 심해까지 들어가면서 심해물고기도 씨가 마르고 있다.

이번도 인간의 탐욕이 문제다. 인간은 멸종 위기의 물고기로 기름을 만들거나 발전소에서 전기를 만든다. 참치 통조림 한 캔을 만들기 위해 수많은 해양생물이 희생된다. 참치만 잡지 않고 다른 생물들도 함께 잡는 혼획 때문이다.

더 큰 문제는 인간들이 해양 생태계 파괴에 대해 위기의식조차 갖지 않는다는 점이다. 클로버는 "대다수 사람들은 바다에서 일어나는 일을 지상에서 일어나는 일과 다르게 바라본다"며 "해양 생태계를 파괴한다는 미안한 마음 없이 해산물을 먹고 싶을 때는 양껏 먹을 수 있어야 한다는 생각을 갖고 있다"고 말했다.

인간의 탐욕은 부자 나라와 가난한 나라를 해양 파괴의 공범으로 만든다. 아프리카의 앙골라는 유럽연합에서 3,200만 달러(약 343억 원)를 받고 다랑어와 새우, 저서어(바닥고기) 어선 85척의 조업을 허용했다. 양측이 합의했다는 점에서 부자 나라의 약탈이라고 몰아붙이기도 곤란하다.

대안은 무엇일까. 클로버는 "어획량을 지금보다 현격히 줄여야 하고 "특히 규제가 힘든 남극해 같은 공해의 어장 소유권은 민간에 할당해서 관리해야 '공유지의 비극'을 막을 수 있다"고 밝혔다. 이를 위해 해양 보호구역을 설정하고 해산물을 소비할 때에도 생태윤리를 고민해야 한다고 덧붙였다. 그는 "멸종 위기종을 먹다가 들키는 것이 진짜 모피 의류를 걸친 모습을 캡처 당하는 일보다 더 부끄러운 순간이 올 것"이라고 말했다.

인어공주는 왜
목소리를 버렸을까?

《인어공주》 속에 숨겨진 기회비용과 매몰비용

인어공주가 수화로 왕자에게 따졌다.

"왕자님! 어떻게 저를 못 알아볼 수가 있어요? 제가 왕자님을 구했는데……"

왕자는 입맛을 쩝 다셨다.

"그때는 내가 정신이 없었잖아. 나는 그 여인의 음성이 아름답다고 기억했는데, 넌 목소리를 잃어버렸으니."

"왕자님이 제 목소리를 기억할 거라고는 상상도 못했어요. 그럴 줄 알았으면 절대로 마녀에게 목소리는 주지 않았겠죠."

왕자는 몽롱한 눈빛으로 하늘을 올려다본다.

"그녀의 목소린 정말 아름다웠어. 천사 같았지."

인어공주가 다시 수화로 물었다.

"자, 이제 제가 당신을 구한 사람이라는 것을 알게 됐으니 저랑 결혼할 거죠?"

왕자가 갑자기 당황한다.

"아, 물론 살려준 건 고마워. 하지만 말이야, 네가 나를 구한 건 이미 과거의 일이잖아? 난 이제 이웃나라 공주와 결혼해야 해. 조금 나이가 많긴 하지만, 커다란 왕국의 공주라고. 그녀를 포기할 수는 없어. 잃을 게 너무 많거든."

어럽쇼! 인어공주는 머리가 띵 해 온다.

"말도 안 돼요. 저는 왕자님을 구하느라 목소리를 잃었고, 집에서도 나왔단 말이에요. 우리 아빤 몸져누웠어요."

"정말 미안하게 됐어. 그러게 왜 공주 자리는 버렸어. 난 왕자인데 평민과 결혼할 수는 없어. 구해 준 것은 고맙지만 그건 지나간 일이야. 지나간 것은 잊을 수밖에. 너랑 결혼하게 되면 내가 잃어야 할 기회비용이 너무 커졌어."

참다못해 인어공주의 감정 컨트롤 본부에 있는 '버럭'이 폭발했다.

"흥, 하나만 알고 둘은 모르는군요. 저를 배신하면 엄청난 대가를 치를 거예요! 모든 선택에는 대가가 따른다는 것은 알고 있겠죠!"

인어공주의 서슬에 왕자는 그제야 모기 같은 목소리로 실토했다.

"저⋯⋯. 실은 엄마가 우리 결혼을 반대해. 엄마는 거친 며느리가 싫대. 엄마 말 안 들으면 야단맞는다고."

엥? 인어공주는 아버지의 뜻을 거스르고 인간이 된 여장부. 하지만 그녀가 사랑하는 왕자는 마마보이였다. 이 일을 어찌 할까⋯⋯.

공짜 점심은
없다

"내 마음을 송두리째 빼앗아 간, 내가 세상에서 가장 사랑하는 왕자님! 분명 기꺼이 내 일생을 맡길 수 있는 분이겠지. 그분과 함께할 수만 있다면 나는 어떤 위험도 감수할 수 있어. 언니들이 궁전에서 춤을 추는 동안 나는 바다 마녀를 찾아가겠어. 그녀라면 나를 도울 수 있을 거야."

인어공주는 당차게 바다 마녀를 찾아간다. 인간만 될 수 있다면, 그래서 왕자와 사랑할 수 있다면 모든 것을 다 버려도 좋다. 어디 인어공주만 그럴까. 사랑에 빠진 연인의 심정은 다 똑같다. 로미오와 줄리엣이 그랬고, 막돼먹은 영애 씨도 그랬다. 그 사람을 위해서라면 무슨 일이든 할 수 있다. 한참 사랑할 때는 눈에 보이는 게 없다. 뭐든 다 줄 수 있을 것 같고, 뭐든 다 포기할 수 있을 것 같다. 심지어 친구와의 우정마저도(김건모의 '잘못된 만남'이 생각난다. '잘못된 만남'의 가사는 애인을 친구에게 빼앗긴 이야기다. 공식적으로만 280만 장의 앨범을 팔았으며, 이는 국내 최고 앨범

"네가 간절히 원한다면 넌 할 수 있어. 하지만 넌 하고 또 하고 또 해야 해."
_ 영화 〈인어공주〉 중에서

판매 기록으로 남아 있다. 멜로디가 좋았지만 가사에도 그만큼 많은 사람이 공감했다는 게 아닐까?).

어디 사랑에만 대가가 있을까. 경제학에서는 '공짜 점심은 없다'라고 말한다. 모든 선택에는 대가가 따른다는 뜻이다. 자원은 한정되어 있고, 따라서 하나를 선택하면 반드시 다른 하나를 포기해야 하는 일이 생긴다. 이때 버리거나 희생해야 하는 것이 '대가'다. 경제학 교과서로 불리는 《맨큐의 경제학》에서는 이를 경제학의 10대 기본 원리 중 첫 번째로 꼽기도 했다.

'대가'를 경제학에서는 '기회비용opportunity cost'이라고 부른다. 합리적인 사람이라면 선택해서 얻을 것과, 포기할 것을 계산해 본 뒤 그래도 얻는 게 더 많은 선택을 유지할 것이다(나중에 설명하겠지만 슬프게도 종종 손해 보는 선택도 한다. 인간이 갖고 있는 '감정' 때문이다).

기회비용에는 두 가지, 명시적 비용과 암묵적 비용이 있는데 이 둘을 합치면 기회비용의 총합이 된다. 명시적 비용이란 특정 선택을 위해 직접 쓴 비용이다. 바로 드러나기 때문에 장부에 기록할 수 있다. 암묵적 비용은 기존 선택을 포기함으로써 발생하는 가상의 비용이다. 예를 들어 보자. 도민준은 한류 스타의 콘서트를 보기 위해 일당 5,000원 하는 아르바이트를 빠지기로 했다. 도민준이 한류 스타의 콘서트를 보기 위해 포기해야 하는 기회비용은 얼마일까? 우선 콘서트 표 값이 있다. 1장에 1만 원이라고 가정하자. 이것이 명시적 비용이다. 도민준이 만약 콘서트를 가지 않고 아르바이트를 했다면 5,000원을 벌었을 것이다. 그런데 콘서트 때문에 포기했으니 이 돈을 벌 수 없다. 이것이 암묵적 비용이다.

계산해 보자. 아르바이트를 하지 않고 콘서트를 보러 가는 데 드는 기회비용은 명시적 비용(1만 원)과 암묵적 비용(5,000원)을 합쳐 1만 5,000원이 된다. 명시적 비용은 직접 지불되는 비용이기 때문에 '회계사의 비용'이라고도 한다. 반면 암묵적 비용은 추산한 가격이기 때문에 '경제학자의 비용'이라고 부른다.

자, 이제 도민준이 판단을 할 때다. 콘서트를 보면서 느끼는 만족감이 1만 5,000원을 넘는다면 아르바이트를 빠지게 될 것이다. 만약 1만 5,000원 이하라면 콘서트에 가지 않고 아르바이트를 선택하게 될 것이다.

목소리는 인어공주가 포기한 명시적 기회비용

인어공주가 사랑하는 왕자를 만나기 위해서는 사람이 되어야 한다. 자신이 갖고 있는 꼬리지느러미 대신 두 다리가 필요하다. 인어공주가 그 대가로 포기해야 할 기회비용은 무엇일까? 마녀는 약을 만들어 주면서 인어공주에게 목소리를 요구한다.

"특효약에 대한 보답으로 나는 네가 가지고 있는 것 중에 가장 좋은 것을 갖고 싶어. 그건 바로 너의 목소리야."

인어공주의 목소리는 정말 아름답다. 바다 안팎에서 인정한 음성이다. 오죽했으면 의식을 잃은 왕자까지 기억했을까. 인어공주는 인간이 되는 약을 대가로 목소리를 지불하니까, 목소리는 '명시적 비용'이 된다. 또 인어공주는 인간이 되는 조건으로 300년간 살 수 있는 수명을 포기한다. 이것이 '암묵적 비용'이다. 결국 인어공주에게 발생한 기회비용은 '목소리+300년의 수명'이다.

인어공주는 고민한다. 이런 엄청난 기회비용에도 불구하고 인간이 되기를 택할 것인가. 그녀는 마침내 선택한다.

"네. 위험을 감수하겠어요."

암묵적 비용을 어디까지 잡을지 논란이 일어날 때가 있다. 사람마다 손실에 대한 평가가 다를 수 있기 때문이다. 국립공원에 케이블카를 놓는다고 치자. 케이블카 설치로 발생하는 수익과 이 때문에 잃는 환경에 관한 논란이 예상된다. 수익은 케이블카 방문객과 표 판매량으로 쉽게 계산할 수 있다. 문제는 환경비용이다. 환경비용은 어떻게 산정하느냐에 따라 그 규모가 크게 달라진다. 케이블카가 설치된 지역만 따질지, 케이블카 주변까지 확대할지 논쟁할 수 있다. 또 자연 파괴 대상을 잘려 나가는 수목만 따질지, 인근에 서식지를 둔 동물까지 포함할지도 애매하다.

회계사는 기회비용을 계산할 때 암묵적 비용은 따지지 않는다. 실제 발생한 비용이 아니기 때문이다. 회계사는 회계장부에 직접 발생한 비용만을 기록한다. 계산이 깔끔하기는 하지만 한계가 있다. 미래 가치나 숨겨진 가치를 제대로 평가하지 못하기 때문이다. 사실 미래 가치도 중요하다. 만약 지금 100억 원의 수익을 남겼지만 내년에 팔 제품이 없는 기업과 올해는 적자지만 내년에 대박이 날 상품을 갖고 있는 기업이 있다면 어느 쪽에 투자해야 할까?

선택할 때마다 포기해야 하는 것이 생기는 이유는 자원이 한정돼 있기 때문이다. 하나를 선택하는 순간, 다른 것은 택하지 못한다. 가령, 1만 원을 영화 보는 데 쓴다면 1만 원어치 밥 먹을 기회는 잃게 된다. 시간도 한정된 존재다. 영화를 보면 공부하지 못할 것이고, 공부하면 영화를 보지 못한다.

출생률을 높이려면
출산의 기회비용을 낮춰라

기회비용을 잘 이용하면 각종 사회적 문제를 효과적으로 풀 수 있다. 한국인들은 왜 갈수록 아이를 적게 낳을까? 출산을 위해 부모가 써야 할 기회비용이 너무 크기 때문이다. 과거에는 아이에 대한 교육비가 많이 들지 않았다. 아이들은 집안일을 거들었고, 자라면 부모를 봉양했다. 아이를 기르는 데 드는 기회비용은 작고, 그 아이들이 컸을 때 얻는 수익은 컸다. 하지만 사회가 변하면서 아이를 기르는 데 드는 비용이 대폭 증가했다. 반면 자식이 부모에게 줄 수 있는 것은 작아졌다. '캥거루족'처럼 커서도 독립하지 않으려는 아이가 많아지면서 부모의 부담은 더 커졌다.

무상보육과 공교육 강화는 부모의 기회비용을 줄이기 위한 정책이다. 육아에 드는 비용과 교육비 부담을 줄여서 아이를 많이 낳도록 유도하겠다는 것이다.

많은 사람들이 해외로 여행을 떠나는 것은 국내 여행을 포기할 때 발생하는 기회비용이 크지 않기 때문이다. 국내 여행의 숙식비나 교통비를 따져 보면 해외 여행의 비용과 큰 차이가 나지 않는다. 예컨대 제주 여행은 동남아로 여행을 가는 것만큼 돈이 들지만, 해외 관광지만큼 새롭지는 않다. 들인 돈에 비해 느끼는 만족감이 적은 것이다. 이런 상황이라면 국내 여행을 포기하더라도 아쉬울 것이 없다. 반면 동남아 여행은 가성비(가격 대비 품질)가 뛰어나다. 즉 제주도 여행을 선택하고 동남아 여행을 포기할 때 기회비용이 크다. 여행객에게 제발 국내 관광을 하라며 애국심에 호소할 것이 아니라 국내 여행의 기회비용을 높이는 조치가 필요하다. 그것은 저렴한 숙박료일 수도 있고 서비스의 질을 높이는 것일 수도 있다. 어쨌든 '국내 여행 안 가면 당신이 손해'라는 기분을 심어 줘야 한다.

인어공주에게는 마지막 기회가 있었다. 왕자가 이웃나라 공주와 결혼한 날 밤, 언니들이 인어공주를 찾아온다. 언니들은 자신들의 머리카락을 바다 마녀에게 주고 칼을 받는다.

"이 예리한 칼날을 봐! 해가 뜨기 전에 이 칼을 왕자의 가슴에 꽂아야 해. 왕자의 따뜻한 피가 네 발에 떨어지면 다시 꼬리로 변할 거야. 너는 다시 인어가 되어 바다로 돌아올 수 있어. 우리와 함께 물거품이 될 때까지 300년을 사는 거라고."

인어공주는 왕자를 죽이러 그의 침실에 들어가지만 차마 칼로 찌르지 못한다. 인어공주는 칼을 바다로 던지고, 자신도 던진다. 그리고 물거품이 된다. 인어공주는 원래대로 돌아갈 수 있는 기회를 포기했다. 차마 사랑하는 왕자와 기회를 맞바꿀 수는 없었던 것이다. 그녀는 왕자의 죽음으로 발생할 기회비용이 더 크다고 봤다. 자신이 죽을지언정 왕자 없는 세상은 살기 싫었다. 치명적인 사랑이란 이런 것이다. 자신의 생명마저도 포기할 수 있는.

엎질러진 물,
미련을 버려라!

모든 선택의 순간에는 기회비용(대가)이 발생하지만 일단 선택하면 '매몰비용'이 발생한다. 매몰비용 Sunk Cost이란 '엎질러진 물'을 말한다. 써 버려서 이제는 회수할 수 없는 비용이다.

매몰비용에 집착해 만든 것이 타임머신이다. 영화 〈터미네이터〉에서 '스카이넷'은 터미네이터를 1984년으로 보내 존 코너의 어머니를 죽이려 한다. 미래 세계에서 존 코너는 스카이넷을 파괴하고 지구를 지키는 인류의 지도자다. 그를 상대하기 벅찼던 스카이넷은 꼼수를 쓴다. 존 코너가 태어나기 전, 혹은 어릴 때라면 상대해 볼 만하다는 것이다. 하지만 경제학적으로 보자면 스카이넷의 선택은 어리석었다. 경제학자는 "매몰비용은 잊으라"고 말한다. 엎질러진 물, 후회해 봤자 소용없다. 엎질러진 물에 계속 집착하다가는 새로운 물을 뜰 기회마저도 날려 버릴 수 있다. 성인이 된 존 코너를 어떻게 상대할 것인가를 고민하는 게 훨씬 더 합리적이다. 인간 군대에 첩자를 심거나 더욱 강한 터미네이터를 만들면 된다. 이렇듯 과거에 집착해 새 기회를 잃는 것을 '매몰비용의 오류 sunk cost fallacy'라고 말한다.

예를 들어 보자. 가치가 1만 5,000원인 영화가 있는데 그 표를 1만 원에 샀다. 몹시 기뻐하며 화장실에 다녀온 사이 표를 잃어버렸다. 표를 다시 사서 보러 가야 할까, 아니면 포기하고 집에 가는 게 나을까. 표를 한 장 더 사면 1만 원을 더 쓰게 된다. 이미 써 버린 1만 원과 합치면 2만 원을 쓴 셈이다. 2만 원을 들여 1만 5,000원 가치의 영화를 보는 셈이다. 그러면 영화를 보지 말아야 할까?

경제학자들은 "매몰비용은 고려하지 않아야 한다"며 다시 표를 끊어 영화를 볼 것을 권고한다. 잃어버린 1만 원짜리 영화표는 지나가 버린 것이니 고려하지 말라는 것이다. 분실한 표에 대한 미련을 버린다면 영화에 대한 가치(1만 5,000원)가 여전히 영화표 값(1만 원)을 앞선다.

대표적인 매몰비용으로는 광고비가 있다. 광고를 하기 위해 쓴 돈은 어떻게 해도 되돌아오지 않는다. 만약 그동안 광고를 한 것이 아까워서 팔리지도 않는 상품의 광고를 또 하더라도 잘 팔리게 될 가능성은 크지 않다. 그 대신 다른 곳에 쓸 광고비만 줄어들게 된다. 팔리지 않는 광고에 집착하느라 새로운 상품을 광고할 기회를 잃은 셈이다.

연구개발R&D비용도 매몰비용이다. 개발이 됐든 되지 않았든 이미 써 버렸으면 되돌릴 수 없다. 기업의 고정비용도 매몰비용이다. 공장을 운영하기 위해 토지를 사고 건물을 짓고 기계를 사 들였다. 이제는 기업이 생산을 중단한다고 해도 투자한 돈을 회수할 수는 없다. 지금부터는 여기에 원자재와 근로자를 투입해 얻는 수익 여부만을 고민하는 게 옳다. 그러나 적자가 지속된다면 초기에 얼마를 투자했든 사업을 중단하는 것이 맞다. "지금까지 쓴 돈이 얼마인데……" 하는 아쉬운 마음에 계속 공장을 가동하면 적자만 늘어날 수도 있다.

대규모 국책사업에서 이런 일이 종종 벌어진다. 많은 돈을 투입해 다리를 짓고 도로를 만들고 댐과 보를 만들었으니 어쨌든 완공해야 한다고 주장한다. 국책사업이 완공되고 나면 가동해야 한다고 밀어붙인다. 많은 추가비용이 든다고 해도 어쨌든 운영을 하고 본다. 이런 현상은 1차적으로 해당 사업 자체가 무리였고 나중에 책임 소재를 물을 것이 두려워 회피하기 위한 방안일 가능성이 크다.

4대강 사업이 대표적이다. 22조 원을 들여 전국 곳곳에 보를 설치하고 주변을 정비했지만 매년 2,000억 원의 관리비가 새로 투입되고 있다. 예전에는 그냥 방치하면 됐던 둔치가 이제는 돈을 들여 관리해야 할 공원이 됐기 때문이다. 또 악화되는 수질을 막기 위해서도 추가적인 지출이 필요하다. 잡초만 무성해진 수변공원을 계속 유지해야 할까? 계속해서 수질 악화의 주범이 되는 보는 또 어떻게 할 것인가?

또 다른 예도 있다. 1조 원을 들여 자동차 전용도로를 놓았다. 하지만 예상과 달리 통행량은 적었고, 매년 100억 원의 적자가 난다. 도로를 지을 때 들인 1조 원은 매몰비용이다. 매몰비용이 아까워 계속 운행하면 어떻게 될까? 매년 100억 원을 또 부담해야 한다. 그것은 다른 데 요긴하게 쓸 수 있는 돈이다.

1990년 불황기 때 일본은 많은 돈을 들여 이런 도로를 만들었다. 하지만 적자가 커지면서 지금은 폐쇄하고 있다. 한국도 다르지 않다. 2002년 월드컵을 치르기 위해 만들었던 전국의 월드컵 경기장은 돈 먹는 하마로 전락했다. 서울 상암동 월드컵 경기장을 제외하고는 지자체가 매년 몇 백억 원의 관리비를 쏟아 붓고 있다. 새로운 수익원을 창출하지 않으면 폐쇄하는 시설이 나올지도 모른다. 수천억 원을 투자해 만든 지방 공항도 김해공항, 제주공항 등을 제외하고는 적자다.

매몰비용에 집착하면 합리적으로 판단하기 힘들다. 과거에 투자한 것이 아깝거나 이를 정당화하기 위해 더 깊이 개입할 수도 있다. 그렇게 되면 앞으로 오게 될 새로운 기회를 날리게 된다. 이것이 '매몰비용의 오류'이다.

깨진 유리창, 경제를 살렸을까?

4대강이나 월드컵 경기장, 지방 공항의 유지비로 막대한 돈이 투입되면 꼭 필요한 곳에 돈을 쓰지 못하는 경우가 생긴다. 학생들을 위한 무상급식이나 노인, 장애인 복지에 써야 할 예산이 부족할 수 있다. 이런 식으로 중요한 기회를 놓치는 것을 '깨진 유리창의 오류'라고 부른다.

'깨진 유리창의 오류'는 프랑스 경제학자인 클로드 프레데릭

바스티아가 1850년 에세이 《보이는 것과 보이지 않는 것》을 통해 제기한 이론이다. 어느 동네 10대 아이들이 빵집 유리창을 향해 돌을 던졌다. 유리창이 깨지자 사람들은 아이들을 탓했다. 그런데 한 사람이 "그렇게 볼 것이 아니다"라고 말했다. 빵집 주인이 새 유리를 사서 끼우면 유리창 수리업자는 돈을 벌게 되고, 수리업자가 그 돈을 다른 데 쓰면 또 다른 소득과 일자리가 만들어질 것이니 유리창을 깨는 행위는 도덕적으로 나쁘지만 경제적으로는 좋다는 얘기다. 하지만 과연 그럴까? 빵집 주인은 원래 그 돈을 가지고 옷을 사 입을 생각이었다. 만약 유리창 사는 데 돈을 쓰지 않았다면 새 옷을 샀을 테고, 그러면 양복점 주인이 돈을 벌었을 것이다. 양복점 주인은 그 수입을 다른 곳에 썼을 테니 깨진 유리창이 새로운 소득과 일자리를 만들었다고 보기는 어렵다. 지출의 방향만을 바꿨을 뿐이다. 빵집 주인이 새 옷을 사 입었을 때는 기분 좋게 나들이를 할 수 있었지만 유리창 때문에 즐거운 외출의 기회만 잃었다. 깨진 유리창의 오류는 이처럼 보이는 것(매몰비용)과 보이지 않는 것(기회비용)에 대해서도 생각해 보라고 강조한다.

콩코드사의 오류,
과거를 탓하지 말라!

수학 문제가 너무 어려워 잘 풀리지 않는다. 시험 시간은 60분인데 벌써 20분이 지났다. 나는 어떤 판단을 내려야 할까? 아쉽긴 하지만 포기하고 다른 문제를 푸는 게 정답이다. 그동안 쓴 20분이 아까워 매달리다 보면 남은 40분간 다른 문제를 풀 기회마저 잃게 된다. 안 풀리는 문제는 그냥 넘어가는 것이 답이다. 나에게 주어진 시간이 정해졌기 때문이다.

과거에 대한 집착은 어떤 식이든 현재에 대한 합리적인 판단을 흐리게 한다. 카드나 화투를 칠 때 '낙장불입'이라는 말이 있고, 장기나 바둑에서는 '일수불퇴'라는 말이 있다. 일단 꺼낸 카드 한 장, 놓은 돌은 되돌릴 수 없다는 것으로 매몰비용을 의미한다. 만약 카드 패를 거두고, 다시 낼 수 있도록 해 준다면 어떨까. 자꾸 물릴 생각만 하다 보면 다음 전략을 고민할 시간을 잃게 된다.

매몰비용의 오류는 특히 손실을 본 투자자에게 많은 영향을 미친다. 주당 100만 원에 산 주가가 반 토막이 나 주당 50만 원으로 떨어졌다. 잃어버린 50만 원은 잊어야 하는데 그게 잘 안 된다. 자꾸만 원금에 집착한다. 이럴 땐 과감하게 손절매해서 손해를 확정하고 다음 투자를 생각하는 게 낫지만 그게 잘 안 된다. 미련 때문이다. 그는 그 사이 다른 종목에 투자할 기회를 놓쳤다. 행동경제학에서는 이런 미련을 '손실 회피 성향' 때문이라고 말한다. 사람들은 얻는 것보다 잃는 것을 더 크게 생각하는 경향이 있다. 인간은 누구나 손실 회피 성향을 갖고 있다는 것을 감안하면 매몰비용에 집착하는 것도 이해가 된다.

매몰비용의 오류는 '콩코드사의 오류'라고도 부른다. 초음속 여객기인 콩코드를 개발했던 영국과 프랑스가 겪었던 오류와 닮았기 때문이다. 초음속 여객기 사업은 소음과 대기오염이 심했고 승객이 탑승할 공간이 적어 경제성이 없다는 지적이 많았다. 하지만 그간 투자한 개발비가 아까워 유럽과 뉴욕 간 항로에 계속 취항을 시켰다. 하지만 운영비 적자가 눈덩이처럼 커졌고, 이를 이기지 못한 콩코드사는 결국 운항을 중단했다.

매몰비용의 오류는 "과거 탓을 하지 말라"는 교훈을 준다. 우리 집이 가난해서, 공부할 여건이 안 되서, 나쁜 친구를 만나서 등 살다 보면 내가 잘 되지 않은 이유가 참 많다. 하지만 과거가 어찌 되었던 이미 지나간 일이다. 과거에 집착해서는 미래를 설계하기가 어려워진다. 미래는 앞을 내다보고 달려가는 사람에게 더 많은 기회를 준다.

돈 먹는 하마가 된 국제 스포츠 행사, '매몰비용의 오류'는 계속될 것인가?

인천 아시안게임 주경기장이 '계륵'으로 전락했다. 일단 만들어 놓으면 어디라도 쓸모가 있을 것으로 생각했지만 착각이었다. '도무지 쓸 데가 없다'는 얘기까지 나온다. 대형 마트, 아웃렛, 영화관, 스포츠센터, 예식장 등 수익시설을 유치해 운영하겠다고 했지만 2016년 4월 현재 유치된 곳은 영화관 6개관이 전부다. 지하철이 연결되지 않아 접근성과 편의성이 떨어진다는 지적이 진즉부터 있었다.

문제는 주경기장의 적자가 계속 늘어난다는 점이다. 2015년 1월부터 10월까지 아시안게임 주경기장은 2억 원의 수익을 거뒀지만 30억 원을 썼다. 28억 원이 적자다. 연말까지 연간 30억 원 적자라고 감안해 보면 10년이면 300억 원이 그냥 날아가는 셈이다. 재정 자립도가 높지 않은 인천시로서는 적지 않은 부담이 된다.

주경기장 건설에 들어간 돈은 모두 4,700억 원. 적지 않은 돈이라 철거는 상상도 못한다. 매몰비용이 너무 크다는 것이다. 그렇다고 철거하자니 철거비용이라는 기회비용이 또 생긴다.

2018년 동계올림픽을 준비 중인 평창군도 인천의 전철을 밟을 가능성이 크다. 17일간의 평창 동계올림픽에 쓴 돈은 경기장 건설비용 7,500억 원 등 10조 원이 넘는다. 가리왕산 등 생태 가치가 높은 산도 많이 훼손되었다. 신설되는 6개 경기장 중 남자 아이스하키 경기장과 스피드스케이트 경기장은 이전하거나 또는 민자 사업자 유치가 이뤄지지 않으면 철거하겠다고 미리 방향을 정했다. 두 경기장에는 각각 1,000억 원이 넘는 돈이 투자됐다. 올림픽 개·폐회식장은 대회 뒤 어떻게 할 것인지 결정하지 못했다. 인천 아시안게임 주경기장처럼 돈 먹는 하마로 전락할 수도 있다는 의미다. 인천보다 재정 상황이 나쁜 강원도로서는 동계올림픽 개·폐회식장 유지비용 부담이 더 크게 느껴질 수도 있다. 평창 동계올림픽 이후 경기장의 운명은 어떻게 될까?

왕자는 왜 유리 구두로
신데렐라를 찾았을까?

《신데렐라》 속에 숨겨진 신호 보내기와 역선택

왕자는 마침내 신데렐라를 찾았다. 유리 구두는 그녀의 발에 딱 맞았다.

"오! 드디어 이 유리 구두의 주인공을 찾았구려. 당신이 바로 나와 춤을 췄던 그 여인이란 말이오?"

신데렐라는 부끄러워 고개를 숙였다. 그녀의 옷은 누추했다. 계모가 화장실 청소를 시켰던 터라 행색이 말이 아니었다.

"네, 맞습니다. 왕자님."

"내가 얼마나 그대를 찾는지 아시오? 눈만 감으면 당신이 떠올라 도저히 잠을 이룰 수가 없었소."

"왕자님. 저도 그랬답니다. 하지만 제 신분이 미천하여……. 유리 구두로 저를 찾으신 왕자님께 감사드릴 뿐입니다."

왕자는 함박웃음을 지으며 신데렐라의 손을 잡아끌었다.

"자, 이럴 때가 아니오. 어서 나와 왕궁으로 갑시다. 사람들이 기다리고 있소."

"이게 정말 꿈인가요? 생시인가요. 왕자님, 참으로 행복해요."

"그대가 기쁘다니 나도 정말 반갑소. 일단 메디컬 테스트부터 받읍시다. 닥터 K에게 준비하라고 일러뒀소."

신데렐라의 눈이 동그래졌다.

"메디컬 테스트요? 지금 임금님과 왕비님을 만나러 가는 게 아닌가요?"

"그대가 만날 사람은 닥터 K요. 당신은 그날 밤 12시 종이 울리기 직전에 왕궁을 번개같이 빠져나갔죠. 나는 당신을 열심히 뒤쫓았지만 잡지 못했지요. 몸에 꼭 끼는 코르셋을 입고, 드레스에 하이힐을 신은 채, 그것도 한쪽 하이힐은 벗겨진 채로 어찌 그렇게 빨리 달릴 수 있는지 놀라웠어요. 당신이 뛰어나갈 때 무도회장에는 왕립육상회 부회장이 있었어요. 그가 그럽디다. 당신처럼 빠른 여인은 우리 왕국에 없을 거라고. 그러면서 당신을 꼭 찾아달라더군요. 4년 뒤 우리 왕국에서 올림픽이 열리는 것 알죠? 반드시 금메달 하나는 따내야 해요. 우리는 육상 불모지니까. 부디 조국을 위해서 뛰어 주세요!"

"헐."

유리 구두는
어떤 신호를 보냈나?

"신데렐라는 어려서 부모님을 잃고요, 계모와 언니들에게 구박을 받았더래요."

여자아이들이 고무줄놀이를 할 때 단골 메뉴로 등장한 '신데렐라' 노래. 누가 지었는지, 누가 맨 먼저 불렀는지 출처는 알 수 없지만, 확실한 것은 여자아이들 중에 이 노래를 모르는 아이가 없었다는 것이다. 하도 여자아이들이 부르니 남자아이들도 이 노래를 알게 되었다. 고무줄을 끊고 도망가려다가 여자아이들 주변에서 배회하다 보면 저도 모르게 부르게 되는 노래. 신데렐라는 그만큼 유명했다.

신데렐라 하면 빼놓을 수 없는 것이 유리 구두다. 신데렐라 이야기의 정확한 제목은 '상드리용 또는 작은 유리신Cendrillon ou la petite pantoufle de verre'이다. 상드리용Cendrillon은 '신데렐라'의 프랑스어다. 원 뜻은 '궂은일을 도맡아 하는 여자'다. 그러니까 '신데렐라 또는 유리신'이라는 의미가 된다. 신데렐라와 유리신을 동격에 놓을 정도로 유리신은 이야기 플롯에서 중요한 자리를 차지하고 있다.

왕자는 자신이 무도회에서 만난 아름다운, 그러나 정체를 알 수 없는 여인을 찾는 '신의 한 수'로 유리 구두를 꺼낸다. 왕자는 어떻게 유리 구두라는 기발한 생각을 해 낸 것일까?

경제학의 기본 전제는 '완전경쟁 시장'이다. 경제학은 '모든 경제 주체가 동등한 수준에서 자유롭게 경쟁한다'라는 가정 하에서 작동한다. 완전경쟁을 하기 위해서는 시장 참여자 모두가 같은 수준의 정보를 갖고 있어야 한다. 서로에 대해 속속들이 알고 있을 때에야 '완전경쟁'이 가능하기 때문이다. 하지만 현실에서 모든 경제 주체가 같은 수준의 정보를 갖는다는 것은 거의 불가능하다. 취업하려는 구직자는 인재를 찾는 기업의 인사팀보다 자신에 대한 정보가 더 많다. 구직자는 자신이 어떻게 일하는지, 무엇을 잘 하는지, 어떤 성격의 소유자인지 등을 가장 잘 안다. 반면 기업 인사팀은 처음 보는 구직자가 얼마나 성실한지,

| 왕자는 정체를 알 수 없는 여인을 찾기 위해 유리 구두를 꺼낸다.

무엇을 잘 하는지 구체적으로 알기 어렵다. 이력서나 자기소개서를 받지만 두어 장짜리 서류로 구직 신청자에 대해 다 알기는 어렵다. 자소서가 아닌 자소설(자신의 이야기를 거의 소설처럼 미화한 것)로 써도 이를 가려내기도 어렵다.

도덕적 해이는
누구의 잘못인가

이처럼 두 경제 주체 사이의 정보의 양이 다른 것을 '정보의 비대칭성'이라고 한다. 고용시장뿐 아니다. 정보 비대칭의 사례는 정말 많다. 신차를 출고하는 자동차 회사는 신차의 장단점을 소비자보다 많이 안다. 금융회사는 판매하는 금융상품에 대해 소비자보다 많은 정보를 갖고 있다. 보험에 가입하려는 보험자는 보험회사보다 더 많이 자신에 대한 정보를 갖고 있다.

정보 비대칭은 '도덕적 해이'를 낳는다. 도덕적 해이moral hazard란 경제학자 케네스 애로가 처음 사용한 단어인데, 대리인이 사용자를 위해 어떤 일을 할 때 부정직하거나 바람직하지 못한 일을 하는 경향을 말한다(대리인이란 사용자에게 고용된 사람을 말한다). 도덕적 해이는 감시가 불완전할 때 발생한다. 나를 고용한 사람이 나를 제대로 감시하지 못하고 있다고 생각하면 게으름을 피우거나 딴청을 피울 때가 있다.

도덕적 해이는 불법적 행위라기보다 '최선을 다하지 않는 행위'로 보면 적당하다. 불법적 행위는 범죄 행위이므로 도덕적 해이의 수준을 넘어선다. 예를 들어 편의점에서 일하는 아르바이트생은 사장님이 있을 때는 청소하고, 제품 정리도 하며 열심히 일했다. 하지만 사장님이 점심을 먹으러 잠깐 자리를 비우자 하던 청소를 멈추고 휴대전화를 들여다보고 놀기 시작한다. 자율학습 시간. 선생님이 계실 때는 열심히 공부했는데, 선생님이 잠시 나가니 아이들이 떠들기 시작한다. 이런 것이 바로 도덕적 해이다.

도덕적 해이는 금융시장에서 많이 일어난다. 한 건물주가 화재보험에 가입을 했다고 치자. 불이 나면 화재보험사에서 전액을 배상해 준다. 일단 화재보험에 가입하면 건물주로서는 화재 방지 시설을 할 필요가 없어진다. 어차피 불이 나면 화재보험사가 배상해 주는데 제 돈 들여가며 화재 방지 시설을 설치할 이유가 없는 것이다.

'도덕적 해이'가 낳은 최악의 사건이 2007년 글로벌 금융위기다. 당시 리만브라더스 등 미국의 주요 투자은행[13]은 고객의 돈을 마구 차입했고, 위험도를 생각하지 않고 마구 파생상품을 만들었다. 극대화된 수익은 투자은행의 주머니 속으로 들어갔다. 하지만 이들은 금융시장의 위험도가 커지는 것은 그다지 고려하지 않았다. 설령 파생상품이 잘못된다 하더라도 정부가 도와줄 것이라 믿었기 때문이다. 금융시장이 무너지면 경제 전체가 무너지니 정부가 나서지 않을 수 없을 거라는 속셈이 있었다.

영화 〈월 스트리트 : 머니 네버 슬립스〉에서 "도덕적 해이가 무엇인가요?"라고 묻는 독자에게 게코는 이렇게 말한다.

"누군가 아주머니의 돈을 가져간 뒤 책임을 지지 않는 것입니다."

도덕적 해이는 국가정책에서도 많이 일어난다. 정부가 대형 토목공사나 해외 자원 투자, 포퓰리즘성 복지에 무리하게 돈을 펑펑 쓸 수 있는 것은 내 돈이 아니기 때문이다. 그렇게 쓰고도 '정책적 결정'이라고만 하면 돈을 쓴 관료는 처벌을 받지 않는다. 이를 막기 위해 편익 분석을 하지만 편익 분석도 평가자의 의도에 따라 달라지는 경우가 많아 완벽한 대안이라고 보기 어렵다. 국가정책에서 도덕적 해이가 발생하는 것은, 돈을 쓰는 정부는 정보가 많은 반면 시민은 정부 지출에 대한 정보가 부족한 '정보 비대칭' 때문이다.

정보 비대칭 문제를 해결하기 위한 경제학의 한 분야가 '정보경제학'이다. 조지 애컬로프, 마이클 스펜스, 조지프 스티글리츠 등은 2001년 정보경제학 분야를 개척한 공로로 노벨경제학상을 수상했다.

적극적으로 대시하고
현명하게 골라내라

비대칭 정보를 해결하기 위해 시장은 다양한 방법으로 대응한다. 정보를 가진 쪽은 자신의 정보를 상대방에게 적극적으로 전달하려 하고, 상대방은 그 여러 정보 중에서 합리적인 정보를 골라내려 한다.

정보를 가진 쪽이 다른 사람에게 자신의 사적인 정보를 신빙성 있게 전달하는 것을 신호 보내기signaling라고 한다. 취직할 때 제출하는 이력서와 자기소개서가 대표적인 신호 보내기다. 이력서에는 자신의 출생, 학력에 대한 정보, 상벌, 경력 등이 담긴다. 자소서에서는 이력서보다 더 상세하게 자신에 대한 설명을 이어나간다. 구인 업체에 "나를 뽑아 달라"며 보내는 신호다. 학력 사항은 대표적인 신호다. 어느 대학을 나왔다는 것은 '내가 그만큼 우수하다'라는 것을 내비친다. 학점도 '내가 그만큼 성실하고 똑똑하다'라는 신호를 보내는 것이다. 수학 능력 평가의 점수는 수험생이 대학에 보내는 대표적인 신호다. '내가 이만큼 점수를 받았으니 이 대학에서 공부할 능력이 된다'라는 신호를 대학에 보내는 것이다.

독일 차의 번호판에는 'Proudly made Germany'라고 적혀 있다. '제조업의 강국' 독일에서 만들었다는 신호를 사람들에게 보내기 위해서다. 명품 가방을 사는 행위도 신호 보내기로 해석할 수 있다. '난 이 정도의 가방을 살 수 있는 사람이야'라는 신호를 주변에 전달하는 것이다. 음식집 밖에 붙여 놓은 '00신문이 추천한 집'은 이 집이 언론도 인정한 맛집이라는 차별화된 정보를 소비자에게 전달한다.

그렇다면 모든 사람들이 동등한 신호를 보내지 못하는 이유는 무엇일까? 돈이 들기 때문이다. 상품 광고는 가장 적극적인 신호 보내기다. 광고는 '이런 신제품이 나왔으니 사라'는 정보를 소비자에게 준다. 그러면서 신제품의 장점을 수도 없이 나열한다. 그런데 상품 광고는 누구나 할 수 있는 것이 아니다. TV, 신문, 잡지, 온라인 매체 등에 광고를 하려면 많은 돈이 든다. 광고 효과에 따라 광고료도 달라진다. 'TV 광고를 보세요'라는 말은 TV라는 가장 비싼 매체에도 광고를 했으니, 이 상품은 믿을 수 있다는 의미다. 대학 졸업장을 따기 위해서 대학에서 공부하는 것도 돈이 든다. '좋은 학벌'이라는 신호를 보내기 위한 비용으로 볼 수 있다.

신호를 보낼 때 좋은 상품일수록 돈이 적게 든다. 정말 좋은 상품이라면 입소문만으로도 잘 팔린다. 진짜 맛집은 가만히 있어도 블로거들이 자발적으로 소개해 '대박'이 난다. 하지만 진짜 맛집이 아닐 경우는 블로거에게 돈을 주던가, 지역 광고 매체에 광고비를 줘야 대중에게 알릴 수 있다.

왕자와 신데렐라와의 관계에서도 '정보 비대칭'이 발생한다. 왕자는 신데렐라의 얼굴을 모른다. 어디 출신인지 무엇을 하는 여인인지도 모른다. 여인에 대한 정보가 거의 없다는 얘기다. 반면 왕자의 여인이 되고자 하는 사람은 왕자를 잘 안다. 누군가가 왕자에게 "내가 무도회장의 그 여인입니다"라고 말했을 경우 왕자는 그녀가 신데렐라인지 아닌지 아리송할 수밖에 없다.

신데렐라가 왕자에게 보낸 신호 보내기는 '유리 구두 벗기'였다. 수많은 귀족이 참여하는 궁정의 무도회장. 신데렐라에겐 자신을 차별화하는 신호가 필요했다. 당시 유리 구두는 결코 싸지 않았다. 유리 구두라는 것은 신데렐라의 집안이 그럭저럭 먹고 사는 수준 이상임을 알리는 신호다(소설이나 애니메이션에서 보면 신데렐라가 급히 무도회장을 나가면서 신이 벗겨진 것으로 설명하지만, 저간의 사정으로 볼 때 신데렐라가 의도적으로 구두를 벗었을 것이라는 의혹도 든다). 남겨진 유리 구두 한 짝을 집어 드는 왕자의 얼굴에는 황홀한 눈빛마저 감돈다. 만약 유리 구두가 아닌 고무신이나 짚신이었더라도 왕자의 표정이 저랬을까?

누군가 정보를 보냈으면 이제는 좋은 정보를 골라내야 한다. 정보가 부족한 쪽은 상대방으로부터 사적인 정보를 얻기 위해 노력한다. 이를 골라내기screening라고 한다. 정보가 필요한 쪽에서는 좋은 정보를 선별하는 것이 중요하다. 골라내기를 잘 못하면 잘못된 정보로 부적절한 판단을 할 수 있기 때문이다. 이렇게 되면 시장에서 효율적인 경쟁이 일어나지 않는다. 예컨대 기업이 노동자의 능력을 과대평가한다면 근로자의 능력 이상의 임금을 지불할 수 있다. 기업의 생산성은 떨어지고, 수익은 감소한다. 반대로 노동자의 능력을 과소평가해 임금을 낮게 지급한다면 노동자가 기업을 떠날 수 있다. 우수한 노동력을 잃어버린 기업 역시 수익성이 하락한다. 이렇게 잘못된 정보를 받아들여 불리한 선택을 하는 것을 역선택adverse selection이라고 한다.

'레몬 시장'엔
레몬이 없다

역선택은 중고 자동차 시장이나 보험시장에서 종종 일어난다. 중고차를 파는 사람은 자신의 차에 대한 성능을 잘 아는 반면 사는 사람은 시장에 나온 중고차에 대한 정보가 많이 없다. 파는 사람은 이런 점을 악용해 자신의 실제 차 상태보다 비싼 가격에 중고차를 내놓고, 구매자는 비싼 가격에 중고차를 산다고 가정하자. 이런 일이 반복되면 구매자는 점점 중고차 시장을 찾는 횟수가 줄어들고 결국은 중고차 시장이 붕괴된다. 반대로 구매자가 '질 낮은 중고차'를 의식해 가격을 과도하게 깎으면 좋은 중고차는 개인 거래로 판매되고 나쁜 중고차만 시장에 나올 수 있다. 이는 결국 중고차 시장 붕괴로 이어진다. 중고차 시장에서 거래되는 이런 불량 중고차를 정보경제학에서는 '레몬'이라고 부른다. 이런 레몬만 거래되는 시장을 '레몬시장'이라고 부른다. 레몬시장은 역선택으로 인해 정상적으로 작동하지 않는 시장을 말한다.

"묻지도 따지지도 않고 보험에 가입시켜 준다"라는 광고로 대박을 낸 보험사가 있다. 주로 고연령자 혹은 이미 질병이 있는 사람은 두 손 들어 환영하며 무더기로 가입했다. 일반적인 보험사는 가입이 매우 까다롭다. 나이가 많거나, 위험 직종에서 일할 경우, 과거 중증 질병을 앓은 사람은 가입을 시켜 주지 않는다. 보험사가 시시콜콜 가입 기준을 따지는 것은 '역선택'을 막기 위해서일 수 있다. 보험에 가입하려는 사람은 자신에 대한 건강 정보가 많은 반면 보험사는 보험 가입 희망자에 대한 정보가 많지 않다. 아프거나 아플 가능성이 큰 사람이 대거 가입해 보험금을 많이 타가면 보험료가 전체적으로 인상된다. 높아진 보험료는 건강한 보험 가입자도 같이 부담해야 한다. 높은 보험료 부담에 건강한 사람이 보험 가입을 거부하게 되면 보험시장에는 갈수록 건강이 나쁜 '레몬' 가입자만 남게 된다. 보험사의 수익성은 악화되고, 보험료는 점차 높아져 보험시장이 정상 작동하지 못하게 된다. 물론 가입자의 건강 기준을 과도하게 높이 잡는 것도 문제다. '아픈 사람을 서로 돕는다'라는 부조의 정신에 위배되는 데다 보험사로서는 땅 짚고 헤엄치기 식 장사가 될 수 있기 때문이다.

정보 비대칭을 없애기 위해서는 다양한 방법이 제안된다. 먼저 감시와 감독을 강화하는 방법이 있다. 정부가 쓰는 지출에 대해 언론이나 시민이 정보 공개를 요청해 그 내역을 찬찬히 뜯어보는 것이다. 또 보육 교사가 아이를 함부로 다루는지 여부를 관찰하기 위해 어린이집에 감시카메라를 설치하는 것도 같은 맥락이다.

임금을 높이는 것도 방법이다. 고용자가 근로자의 임금을 높여서 자부심을 키워 주면 근로자는 회사와 자신을 동일시하면서 열심히 일할 수 있다. 반대로 임금 지급을 늦추거나 성과와 연계해 정상 임금을 유보하는 방법도 있다. 회사 성과에 따라 임금을 지급하거나 스톡옵션(낮은 가격에 주식을 살 수 있는 권리를 주는 것)을 부여하면 전문 경영인은 게으름을 피우기 힘들다. 성적이 좋을 경우 용돈을 높여 주겠다고 하면 부모님이 없다고 마냥 놀지는 않을 것이다. 자기 부담을 강화하는 방안도 있다. 최근 자동차 보험은 교통사고가 나 자신의 차를 보험으로 처리하게 될 때 10~20만 원의 자기 부담금을 내도록 하고 있다. 조그만 접촉사고로 난 흠집을 이유로 범퍼나 차 문짝 전체를 바꿔 버리는 도덕적 해이를 막기 위해서다. 이렇게 해야 운전자도 안전 운전을 유지하게 된다.

가죽 구두가 아닌
유리 구두인 이유

역선택을 막기 위한 왕자의 선택은 유리 구두였다. 유리 구두는 신데렐라 발에만 딱 맞기 때문에 다른 사람이 흉내를 낼수 없다. 왕자와 신하가 신데렐라의 유리 구두를 들고 신데렐라의 계모 집을 방문하자 첫째 언니와 둘째 언니가 모두 자신의 신발이라고 주장한다. 신겨 보니 발에 맞지 않아 왕자는 '그날밤 그 여인'이 아니라는 것을 알게 된다. 그림형제의 《신데렐라》에서는 두 언니가 유리 구두에 발을 맞추기 위해 자신의 발가락과 뒤꿈치를 자른다(권력을 위한 인간의 탐욕은 끝이 없다). 발을잘라내 유리 구두에 맞추려는 것은 '내가 그 여자'라는 거짓 신호를 전달하기 위해서다. 하지만 새들이 "가짜, 가짜"라고 떠들면서 탄로가 난다. 결국 왕자는 유리 구두에 발이 딱 맞는 여인을 골라냈고, 그녀가 신데렐라다. 비록 겉모습은 누추했지만 유리 구두는 거짓말을 하지 않았다(신데렐라는 영어로 '재를 뒤집어쓰다'라는 뜻이다).

페로의 〈상드리옹〉은 19세기 사실주의 작가에게서 공격을 받았다. 당시 유리 구두가 만들기 불가능한 신발이라는 이유에서다. 그때는 가죽 신발이 대세였다. 그래서 구전된 원작에서 신데렐라가 신은 구두는 가죽 구두Vair였는데 이게 유리Verre로 오역됐다는 주장도 제기됐다. 페로가 채록할 때 잘못 채록했거나 의도적으로 바꿨다는 것이다. 이유가 무엇이든 '유리 구두'였기에 신데렐라 이야기는 말이 된다. 경제학적으로 볼 때 가죽 구두는 '골라내기' 도구로는 적절치 못하기 때문이다. 가죽 구두는 얼마든지 늘어나거나 줄일 수 있어서 이 신발로 신데렐라를 찾기는 불가능하다. 신데렐라가 왕발이거나 개미발이 아니라면 말이다.

만약 왕자가 무도회날 밤, 신데렐라의 헤어스타일을 기억했다고 치자. 그래서 헤어스타일을 판별의 기준으로 삼았다면 어땠을까? 아마도 모든 여인들이 미장원에서 신데렐라와 같은 머리를 했을 테고, 왕자는 역선택을 할 가능성이 크다. 그러다 "어, 이게 누구야 당신이 아니잖아?"라며 왕자는 잠자리에서 머리를 풀어헤친 여자를 보며 분노했을지도 모른다. 신데렐라의 또 다른 분신인 호박마차도 마찬가지다. 돈과 재력만 있다면 비슷한 호박마차는 얼마든지 만들 수 있다. 보낸 신호를 잘 선별하지 못한다면 언제든 역선택의 함정에 빠질 수 있다.

나를 사랑한다면,
꽃을 꺾어 주세요

신라 향가인 〈헌화가〉를 보면 수로 부인이 벼랑 끝에 핀 철쭉을 꺾어 달라고 하자 아무도 나서지 않는다. 그때 그 옆을 지나던 한 노인이 "자줏빛 바위 끝에, 잡은 암소 놓게 하시고 나를 아니 부끄러워하시면 꽃을 꺾어 바치오리다"라고 답한다. '목숨 걸 만큼 당신을 사랑한다'라는 신호를 노래에 담아 보낸 것이다.

사랑의 대표적인 신호 보내기는 선물이다. 남자가 여자에게 반지를 주는 것은 '나의 연인이 되어 달라'는 신호다. '벼랑 끝 꽃'만큼의 가치가 있는 다이아몬드를 준다면 거의 프로포즈로 봐도 무방하다.

다들 한 번쯤은 생일 때 그녀(혹은 그)가 가장 좋아하는 선물을 주기 위해 고민해 본 적이 있을 것이다. 상대방이 원하는 선물을 주는 것은 '내가 당신에게 관심이 많다'라는 것을 알려 주는 가장 확실한 신호다. 제대로 된 선물 신호를 보내려면 탐색 비용이 든다. 만약 서로의 취향을 잘 안다면 선물 탐색 비용이 적게 들 것이고, 환심을 사야 하는 단계라면 비용이 많이 들 것이다. 그녀(혹은 그)가 어떤 선물을 좋아할까, 고민하는 시간이 많다면 아직 사랑이 덜 익었을 가능성이 크다. 정보경제학으로 보자면 선물은 현금으로 주는 것이 적절치 않다. 생일 선물을 현금으로 줄 경우 '나를 알려는 생각조차 하지 않았구나'라는 신호를 줄 수 있기 때문이다.

현실적으로는 선물로 현금을 선호하는 경우도 많다. 말을 못해서 그렇지 기왕이면 현금 주는 것을 좋아할 수도 있다. 왜 그럴까? 돈만 밝히는 속물이라서? 아니다. 경제학적으로 충분히 설명된다. 선물을 아무리 잘 골라도 여간해서는 받는 사람이 100% 만족하는 것을 고르기 힘들다. 이 격차 때문에 '자중 손실'이 생긴다. 자중 손실이란 자원이 비효율적으로 분배돼 그 자체로 생기는 손실을 말한다. 조엘 월드포겔 펜실베이니아대학 교수는 학생들에게 크리스마스 때 받은 선물이 얼마쯤 되는지 평가해 보라고 했다. 그랬더니 학생들은 자신이 받은 선물의 가격을 구입가의 67~90% 정도로 생각했다. 즉 학생들은 실제로는 100달러 선물을 받아 놓고는 자신들 생각에는 60~90달러 정도 될 것이라 생각했다는 것이다. 월드포겔 교수는 이런 경향을 '크리스마스 선물의 자중 손실'이라 불렀다.

선물의 자중 손실을 없애는 가장 좋은 방법이 현금이다. 현금을 주면 객관적인 가치가 이전되는 것이기 때문에 주는 사람이나 받는 사람이나 같은 값으로 느낀다. 현금을 받으면 자신이 100% 원하는 선물을 살 수 있기 때문에 자중 손실이 생기지 않는다. 재밌는 것은 현금으로 받은 선물은 만족감이 높지만 기억은 잘 나지 않는다는 사실이다. 생일 때, 발렌타인데이 때 받은 초콜릿, 인형, 장난감 등이 평생 동안 기억에 남을 때가 있다. 하지만 현금은 아니다. 연인에게 1억 원을 현금으로 준다고 '당신을 사랑한다'라는 신호가 자중 손실 없이 100% 전달되지 않는

다. 차라리 1억 원짜리 자동차 열쇠를 주거나 다이아몬드를 손
가락에 끼워 주는 것이 상대를 더 감동시킬 수 있다. 그것이 '정
서적 가치'다. 정서적 가치와 자중 손실 간의 교묘한 합의가 상
품권이다. 돈으로 주기는 뭣하고, 상대가 원하는 것이 무엇인지
잘 알기 어려울 때 사람들은 상품권을 선택한다. 상품권으로 원
하는 물건을 살 수 있으니 효용은 높이면서 선물의 의미도 잃지
않은 일석이조의 선택이다.

신데렐라가 될 것인가,
팅커벨이 될 것인가

신데렐라는 도무지 적극성이 보이지 않는 여인이다. 무도회
장을 갈 수 없게 된다며 엎드려 울고, 옷이 누더기로 변하면 왕
자가 자신을 버릴까 겁이 나 도망간다. 왕자가 유리 구두를 들고
찾아와도 숨어서 청소만 한다. 마치 자신의 일생을 변화시켜 줄
사람이 나타나기를 기다리기만 하는 것처럼 보인다. 신데렐라는
신호를 던지고는 선택을 기다린다. 그래서 스스로 자립하기 어
려운 여성이 성공한 남자에 기대 살고픈 심리를 '신데렐라 콤플
렉스Cinderella complex'라고 한다. 미국의 심리학자 코레트 다우링의
저서 《신데렐라 콤플렉스》에서 유래된 말이다.

그렇다면 자신이 적극적으로 인생을 개척하는 여성도 있을까? 물론이다. 피터팬을 좋아하는 요정, 팅커벨이 그 대표적 예다. 스스로가 빛을 내는 요정인 팅커벨은 피터팬을 적극적으로 사랑하면서 온갖 말썽을 일으킨다. 그녀는 자신이 피터팬을 좋아한다는 신호를 수시로 준다. 《피터팬 신드롬》의 저자 댄 카일러 박사는 "소녀 웬디는 신데렐라 콤플렉스의 소유자고, 팅커벨은 자신의 운명을 개척하는 여인이다. 웬디가 되기보다는 팅커벨이 되라"고 조언했다. 상대방이 신호 주기만을 기다린다면 신데렐라, 자신이 적극적으로 신호를 준다면 팅커벨이다. 당신은 어느 쪽인가?

의료 쇼핑을 부른
도덕적 해이

한 환자가 여러 의료기관을 방문하는 '의료 쇼핑'은 국민건강의료보험의 '도덕적 해이' 사례로 종종 거론된다. 진찰료가 싸다 보니 이 병원 저 병원을 돌면서 쇼핑하듯 의료 기관을 방문하는 형태가 발생한다는 것이다. 의료 쇼핑 관행은 2015년에 메르스(중증호흡기질환) 빠른 시간 내 의료기관에 전파시킨 원인으로 꼽히기도 했다.

의료 쇼핑을 줄이기 위한 방법으로는 자기 부담료를 인상하는 방안이 거론되고 있다. 자기 부담료란 병원을 방문했을 때 환자가 지불해야 하는 비용이다. 지금은 1회 병원 방문 때 2,000~3,000원을 내고 있는데 이를 5,000~6,000원으로 올리면 의료 쇼핑이 줄지 않겠느냐는 것이다. 그러나 이렇게 되면 병의원을 방문하는 부담이 커져 국민건강의료보험 가입의 의미가 퇴색될 수도 있다.

국회 보건복지위원회 김희국 의원이 보건복지부 자료를 분석한 결과를 보면 1년 동안 1,000일 이상 외래 진찰을 받은 환자가 2009년 30만 명에서 2011년에는 43만 명으로 증가했다. 한 환자의 경우 한 해 동안 17개 의료기관을 돌며 195회를 내원해 의료 급여 일수가 6,261일에 이르렀다. 투약 일수는 무려 3,971일로 하루에 11일치의 약을 매일 복용해야만 다 먹을 수 있는 분량을 처방받았다. 이 남자는 20대로 건강보험료로 매월 4만 9,350원을 내고 있었다.

김희국 의원은 "상식으로는 이해하지 못할 정도로 의료 쇼핑하는 행태가 벌어지고 있는데 이는 의료기관의 도덕적 해이와 연결돼 심각한 의료 오·남용을 발생시킨다"라고 말했다. 김 의원은 또 "환자 입장에서도 약물 중독으로 인해 건강을 되레 해칠 수 있다"라고 말했다.

의료 쇼핑이 증가하면 건강보험공단이 병의원에 지급하는 보험 급여비 지출도 늘어나게 된다. 지난 2005년 18조 원이던 보험 급여비는 2011년 35조 원으로 늘어났다. 연평균 증가율이 11.7%에 달한다. 이런 추세대로라면 2020년에는 보험 급여비가 약 80조 원에 달할 것으로 전망된다. 국내총생산(GDP) 대비 3.6%에 달하는 엄청난 액수다. 보험 급여비가 늘어나면 건강보험공단은 건강보험료를 올려서 돈을 마련해야 한다. 의료 쇼핑을 하는 사람들 때문에 평범한 시민이 필요 이상의 보험료를 매월 더 부담해야 하는 문제가 생기는 것이다.

HOW MUCH IS THE IRON MAN SUIT?

CHAPTER 2

경제는
현실이다!

토르와 헐크는
왜 힘을 합쳐야 할까?

〈어벤져스〉 속에 숨겨진 절대우위와 비교우위

"모두 쓸어 버리자."

포털을 통해 쏟아져 나오는 외계족을 보며 토르가 소리쳤다.

"나는 천둥의 신이야. 망치를 한 번 땅에 치면 모든 적이 최소 사망이지. 적진 깊숙이 들어가서 망치질을 하겠어."

그러자 헐크가 가슴을 치며 말했다.

"아냐, 이렇게 막무가내로 나가서는 힘들어. 거인족과 난쟁이족을 동시에 상대하기보다는 거인족을 맡을 쪽과 난쟁이족을 맡을 쪽을 정하자."

토르는 어이가 없다는 듯 헐크를 쳐다봤다.

"무슨 소리야. 한방에 날려 버리면 되지. 그럼 누군 힘이 센 거인족만 상대하고, 누군 힘이 약한 난쟁이족만 상대하자고? 그건 불공평하잖아. 나는 신이라서 거인족, 블랙위도우나 호크아이, 캡틴아메리카는 사람이라서 난쟁이족을 상대하겠군."

"그런 의미가 아냐. 각자 능력을 살려서 효율적으로 적을 상대하자는 얘기야. 누구 한 사람에게 부담을 지우자는 얘기는 아냐."

토르도 물러서지 않았다.

"그게 그 말이지 뭐야. 히어로치고 치사하지 않아?"

"그럼 그냥 싸워. 좀스럽게 그게 뭐야."

듣고 있던 블랙위도우가 화를 냈다.

"우리도 치사하다는 얘기 듣기 싫어. 그냥 능력껏 싸우는 거야."

어벤져스 팀의 분란을 지켜보던 쉴드(국제평화유지기구)의 닉 퓨리 국장이 한마디 던진다.

"토르. 자네 능력은 잘 알아. 하지만 아무리 자네라고 한들 모든 것을 잘할 수는 없네. 누구에게나 '비교우위'는 있어. 한 사람이 모든 것에 대해 '비교우위'를 갖는 것은 불가능해. 각자 '비교우위'가 높은 것을 찾아 특화하고, 그런 특화된 힘을 모을 때 '어벤져스 팀'은 최상의 전력을 갖게 되는 거야."

뾰로통해진 토르가 한마디 던진다.

"그렇게 나눠서 싸우면 누가 진정한 히어로인지 표시가 나질 않잖아요?"

퓨리 국장이 웃으며 말했다

"토르. 우리는 팀이야. 어벤져스 팀. 팀의 승리는 모두의 승리이지 특정인의 승리가 아니야. 자, 임무를 주겠다. 토르, 아이언맨은 거인족을 상대하라. 그리고 헐크, 블랙위도우, 호크아이, 캡틴아메리카는 난쟁이족을 맡고. 명령에 대한 이의는 받지 않겠다. 나가라 어벤져스 팀!"

누구에게나 '비교우위'가 있다

마침내 6명의 어벤져스는 힘을 합쳐 외계족들을 물리쳤다. 전투에서 이긴 뒤 토르는 씩씩거리며 퓨리 국장을 찾았다. 거인족을 상대하느라 온몸이 멍투성이다.

"개고생을 했잖아요!"

토르가 버럭 화를 냈다.

"저는 1시간이면 거인족 100명을 무찌릅니다. 또 난쟁이족도 50명을 무찔러요. 그런데 거인족만 상대하라니요. 난쟁이족을 상대하면 숨을 좀 돌리는데 계속 거인족하고만 싸우다 보니 생고생을 했잖아요. 헐크는 1시간 동안 거인족 50명, 난쟁이족 50명을 무찌를 수 있어요. 그런데 헐크에게는 난쟁이만 상대하라니요. 국장님의 오늘 명령은 정말 이해가 안 갑니다."

118

퓨리 국장은 씨익 웃더니 턱을 손에 괴었다. 그러고는 잠시 뜸을 들였다. 토르에게 나직이 물었다.

"자네 비교우위의 법칙을 아나?"

비교우위? 토르는 처음 듣는 얘기다.

"글쎄요, 아직 들어 본 적이 없는데요."

퓨리 국장은 말없이 칠판에다 토르와 헐크의 전투 상황을 표로 그렸다. 각각 2시간 동안 적을 상대했을 때다.

토르와 헐크가 각각 거인족과 난쟁이족을 상대할 때

	거인족	난쟁이족
토르	100명	50명
헐크	50명	50명
합계	150명	100명

토르는 첫 1시간에는 거인족을 상대했다. 다음 1시간은 난쟁이족을 상대했다. 헐크도 각각 그렇게 했다. 그랬더니 토르와 헐크가 물리친 거인족과 난쟁이족은 각각 150명과 100명이다. 그런데 2시간 동안 토르는 거인족만 상대하고, 헐크는 난쟁이족만 상대했다고 치자. 그러면 어떻게 될까?

토르는 거인족만, 헐크는 난쟁이족만 상대할 때

	거인족	난쟁이족
토르	200명	0명
헐크	0명	100명
합계	200명	100명

토르는 첫 1시간 동안 거인족 100명을, 2시간째도 거인족 100명을 섬멸했다. 2시간 동안 거인족 200명을 물리쳤다. 하지만 난쟁이족을 처치할 시간이 없었으니 난쟁이족은 0이다. 헐크는 거인족에 손을 델 시간이 없었으니 0이다. 하지만 난쟁이족은 1시간동안 50명씩, 2시간 동안 100명을 물리쳤다. 결과적으로 토르와 헐크가 물리친 거인족과 난쟁이족은 각각 200명과 100명이다. 거인족 100명을 더 섬멸할 수 있었다. 왜 이럴까?

나는 무엇이든
잘한다?

토르는 '비교우위'라는 개념을 몰랐다. 비교우위를 말하기 위해서는 '절대우위'부터 설명할 필요가 있다.

절대우위란 다른 사람에 비해 적은 생산비용으로 상품을 만들어 낼 수 있는 능력을 말한다. 예를 들어 1시간 동안 한국은 쌀 10가마니를 만드는데 미국은 쌀 2가마니를 만든다고 치자. 쌀 생산에 있어서는 한국이 '절대우위'를 갖는다. 반대로 자동차 생산은 1시간 동안 한국이 3대를 만들어 내는데 미국이 5대를 만들어 낸다고 가정하자. 미국이 '절대우위'를 갖는다. 이럴 경우 1시간 동안 한국은 쌀만 만들고, 미국은 자동차만 만든다. 그런 뒤 한국은 남는 쌀을, 미국은 남는 자동차를 서로 교환하면 된다. 이것이 '절대우위론'이다.

	쌀(가마니)	자동차(개)
미국	2	5
한국	10	3

절대우위론은 애덤 스미스가 주장한 이론이다. 그는 절대우위가 있는 상품만을 각국이 특화해 무역을 하면 서로의 부가 늘어날 수 있다고 했다. 미국은 자동차를 특화하고, 한국은 쌀을 특화해 생산하되 자유무역을 보장하면 서로가 이익이라는 얘기다.

절대우위론은 애덤 스미스가 주장한 이론이다. 그는 절대우위가 있는 상품만을 각국이 특화해 무역을 하면 서로의 부가 늘어날 수 있다고 했다.

한 국가가 절대우위를 갖는 경우는 같은 상품을 싸게 생산할 때다. 인건비가 낮고, 원자재 가격을 싸게 도입할 수 있으면 다른 나라 상품에 비해 절대우위를 갖는다. 또 하나는 극히 희소한 상품을 독점 보유하는 경우다. 중동 산유국들이 갖는 석유는 한국과 일본 같은 나라에게는 절대우위를 가진다. 문제는 선진국일수록 많은 분야에서 절대우위를 갖는다는 점이다. 농업도 잘하고 제조업도 잘한다. 만약 미국이 한국보다 자동차를 싸게 만들고, 쌀도 저렴하게 생산한다면 한국과 계속 무역을 할 필요가 없다. 주고받을 게 없기 때문이다.

그래도
못하는 것이 있다

이때 등장한 것이 비교우위다. 비교우위란 한 나라가 두 상품을 모두 잘 만든다 하더라도 두 상품 중 생산비가 적게 드는 (기회비용이 적은) 상품을 집중적으로 만들어 교환을 하면 서로 이익이 늘어난다는 이론이다. 두 상품을 모두 못 만드는 국가 입장에서는 덜 못 만드는(기회비용이 적은) 상품을 특화하면 된다.

미국과 한국이 각각 자동차와 쌀을 생산한다고 가정해 보자. 1시간 동안 미국은 쌀 10가마니를 만드는데 한국은 2가마니밖에 못 만든다. 자동차도 미국은 1시간 동안 5대를 만드는데 한국은 3대밖에 못 만든다. 미국은 팔 것(쌀과 자동차)만 있고, 한국은 살 것만 있다. 이래서는 거래가 이루어질 수 없는 걸까?

	쌀(가마니)	자동차(개)
미국	10	5
한국	2	3

비교우위를 따져 보면 된다. 비교우위란 글자 그대로 '비교'해서 '우위'를 점하는 것이다. 미국의 경우 쌀을 1가마니를 생산하기 위해 자동차 0.5대(5/10)를 포기해야 한다. 한국은 쌀 1마니를 얻기 위해 자동차 1.5대(3/2)를 포기해야 한다(포기해야 하는 비용이 곧 기회비용이다). 쌀 1가마니를 얻기 위해 한국이 포기하는 자동차 비중이 크기 때문에 미국은 쌀을, 한국은 자동차를 만들면 된다.

'비교우위의 법칙'이라 부르는 비교우위론은 리카도가 제안한 것으로, 이 비교우위론을 근거로 많은 국가들이 자유무역에 확신을 갖게 된다. 보호무역을 하려는 나라에 대해서는 개방을 설득하는(혹은 강요하는) 무역 논리도 된다. 그래서 비교우위론을 국제경제학 이론의 출발점으로 평가하기도 한다. 영국 의회 의원이기도 했던 리카도는 비교우위론을 바탕으로 영국 의회가 곡물 수입을 제한하기 위해 제정하려 했던 '곡물법'을 반대했다.

다시 처음으로 돌아가 보자. 토르와 헐크의 경우, 이들이 각자 누구를 상대해야 하는지는 비교우위를 검토해 보면 명확해진다. 토르의 경우 거인족 1명을 섬멸하기 위해 난쟁이족 0.5명(50/100)을 물리치는 것을 포기해야 한다. 헐크는 거인족 1명을 섬멸하기 위해 난쟁이족 1명(50/50)을 물리치는 것을 포기해야한다. 난쟁이족 중심으로 기회비용을 보면 토르는 1명의 거인을 없애느라 0.5명의 난쟁이족을 살려 줘야 하지만, 헐크는 1명의 난쟁이족을 살려 줘야 한다. 토르가 난쟁이족을 섬멸하지 못하는 기회비용은 상대적으로 헐크보다 적다. 그러니 토르가 거인족을 무찔러야 한다. 반대로 헐크는 난쟁이족을 살려 줘야 하는 기회비용이 토르보다 크니 난쟁이족을 무찌르는 게 맞다.

추신수는 자기 집 잔디를 직접 깎을까?

비교우위론은 아웃소싱을 하는 데도 적용된다. 아무리 잘하는 일이라도 비교우위에서 밀리면 외부에 용역을 주는 것이 개인적인 수익을 올리는 데 유리하다. 예를 들어 보자. 메이저리거 추신수의 2015 시즌 연봉은 약 1,860만 달러(약 210억 원)이다. 미국에 대저택을 갖고 있는 추신수 선수는 팔 힘이 좋아 그 누구보다 잔디를 고르게 잘 깎을 수 있다. 그런데 추 선수는 자기 집 잔디를 깎지 않고 잔디를 깎는 전문가에게 맡긴다. 그의 선택은 잘못된 것일까?

추 선수가 1시간 동안 그라운드에서 버는 소득을 100만 원으로 가정하자. 잔디 깎는 전문가를 고용할 때 드는 비용은 20만 원이다.

추신수 선수가 직접 잔디를 깎을 때

	1시간	2시간	2시간 합계
추신수	100만 원	0원	100만 원
잔디 깎는 전문가	0원	0원	0원
사회 전체 소득	100만 원	0원	100만 원

추신수 선수는 1시간 동안 경기에 출전했다. 100만 원의 소득이 생겼다. 그런데 2시간째는 잔디를 깎기 위해 운동장을 나왔다. 경기에 출전하지 못했으니 소득이 없다. 2시간 동안 추신수 선수가 번 돈은 100만 원이다. 잔디 깎는 사람은 일을 안 했기 때문에 소득이 없다.

그런데 추신수 선수가 나머지 1시간도 경기에 출전하기로 마음먹었다. 대신 잔디 관리는 전문가에게 맡기기로 했다.

잔디 깎는 전문가에게 잔디를 맡길 때

	1시간	2시간	2시간 합계
추신수	100만 원	80만 원(100만 원-20만 원)	180만 원
잔디 깎는 전문가	0원	20만 원	20만 원
사회 전체 소득	100만 원	100만 원	200만 원

추신수 선수는 1시간 더 경기를 뛴 대가로 100만 원을 받았다. 하지만 시간당 20만 원을 주고 잔디 깎는 전문가를 고용해야 했기 때문에 총 소득은 80만 원이 된다. 잔디 깎는 전문가도 1시간 동안 일해서 20만 원을 벌었다. 일을 안 했으면 0원일 소득이 20만 원으로 늘어났다. 사회 전체적으로는 100만 원의 소득이 더 늘어났다. 사회 전체의 부가 늘어난 것이다.

영화 〈시라노 연애조작단〉을 보면 이와 유사한 상황이 나온다. 펀드매니저인 상용은 자신의 연애 기획을 '시라노 연애조작단'에 맡긴다. 그러고 나서 이렇게 말한다.

"(연애를 시라노에 맡긴 것은) 아웃소싱을 한 거죠. 제가 잘 못하는 거니까. 돈 쓰는 것은 하나도 아깝지 않아요. 제가 시간당 버는 돈이 얼마인데."

펀드매니저인 상용은 비교우위론을 아주 잘 이해하고 있었다(아마도 경제학을 전공했던 것 같다).

복잡해진 현대 사회에서는 한 사람이 모든 것을 다 잘할 수 없다. 무언가는 조금 더 잘하고, 무언가는 조금 덜 잘한다. 이같은 비교우위를 이용해 분업이 발전했다. 아무리 전교 1등이라도 더 잘하는 과목과 덜 잘하는 과목이 있으며, 수영 7관왕이라도 더 잘하는 종목과 덜 잘하는 종목이 있기 마련이다.

비교우위론, 사다리 걷어차기

그렇다면 언제나 분업한다고 모두에게 이득일까. 그렇지 않다. 비교우위론은 몇 가지 가정 하에서 이뤄졌다.

첫째, 시장은 완전경쟁 상태고, 고용도 완전고용 상태다. 하지만 현실에서는 완전경쟁과 완전고용은 존재하지 않는다. 가정을 너무 단순화한 것 아니냐는 지적이 나온다.

둘째, 노동의 가치는 투입된 양에 비례한다(이를 노동가치설이라고 한다). 업종과 상관없이 1시간 일한 가치가 1이라면 2시간 일한 가치는 2라는 식이다. 하지만 변호사의 일과 햄버거 가게 아르바이트생의 1시간 일의 가치는 같지 않다.

셋째, 거래에 따른 거래비용은 없다. 하지만 미국에서 한국으로 쌀을 수출하려면 운송비가 발송한다. 운송비가 크면 비교우위에 따른 가격 경쟁력이 크게 상실된다.

넷째, 비교우위론에서는 직장 간 이동이 쉽다. 즉 미국이 쌀을 생산하고 자동차를 포기하게 될 경우 자동차회사에서 일하던 노동자는 모두 농부가 될 수 있다. 하지만 현실적으로 이직은 쉽지 않다.

비교우위론에서 간과하지 말아야 할 것은 '정치성'이다. 애덤 스미스와 리카도는 모두 영국 사람이다. 영국은 산업혁명을 통해 막대한 공산품을 생산했고, 이 물건을 팔 시장이 필요했다. 자유무역은 식민지를 군이 경영하지 않고도 많은 물건을 팔 수 있는 멋진 대안이었다. 애덤 스미스와 리카도가 말한 국가의 부는 '영국의 부'였다. 식민지는 물건을 내다 팔 수 있는 좋은 시장이었지만 그 관리비용이 엄청났다. 식민지 관리에 막대한 비용과 인력을 쏟아서는 영국의 부를 축적할 수가 없었다. 애덤 스미스 이전의 사람들은 부란 국가가 쌓아 놓은 '금은보화'라고 생각했다. 금은보화를 축적하는 데 자유무역은 그닥 필요없었다. 자유롭게 수출입을 하다 보면 오히려 금은보화가 유출될 수도 있었다. 그래서 고안해 낸 것이 보호무역이다. 수출은 많이 하고 수입은 적게 하자는 것이다. 하지만 애덤 스미스는 '부'란 생산력이라고 정의했다. 생산력을 높이기 위해서는 산업혁명으로 생산해 낸 물건을 내다 팔 수 있는 시스템이 필요했는데 그게 자유무역이었다.

애덤 스미스의 자유무역은 많은 사람들의 지지를 받았다. 영국은 수입보다 수출할 물건이 더 많았다. 자유무역을 할수록 영국의 생산력은 커졌다. 결과적으로 비교우위론은 영국의 물건을 유럽 후진국에 팔기 위한 논리로 이용됐다.

비교우위론은 고부가가치를 만드는 국가는 계속 고부가가치 제품을, 저부가가치 제품을 만드는 나라는 계속 저부가가치 제품만 만들어야 한다는 문제가 발생한다. 이 경우 선진국은 영원히 선진국이 되고, 후진국은 영원히 후진국이 될 수밖에 없다. 예컨대 미국은 계속해서 자동차, 스마트폰을 만들고, 아프리카 국가들은 계속 바나나를 재배하여 팔아야 한다. 즉, 토르는 계속해서 거인족만 상대하고 헐크는 계속 난쟁이족만 상대한다. 그러다 보면 토르는 점점 더 강해지고, 헐크는 점점 약해진다. 어느 날 헐크는 거인족은 아예 상대할 수도 없게 된다. 거인족을 상대할 능력을 잃어버렸기 때문이다. 따라서 비교우위론은 '사다리 걷어차기kicking away the ladder'라는 의심을 받고 있다. 후진국이 사다리를 타고 선진국으로 올라가려 하니 사다리를 걷어차 버린다는 것이다.

사다리 걷어차기는 독일 경제학자인 리스크가 19세기 말 주창했던 개념이다. 당시 농업국이었던 독일은 밀려드는 영국의 공산품을 막을 길이 없었다. 영국은 "우리는 공산품을, 독일은 농산물을 팔면 된다"며 자유무역을 외쳤다. 독일 시장에는 영국산 제품이 넘쳐흘렀고, 문 닫은 독일 공장에서 나온 노동자는 농업으로 이직을 할 수 없었다. 이대로는 국가를 발전시킬 수 없다고 믿은 리스트는 "기간산업 등이 어느 정도 성장할 때까지는 유치산업을 보호해야 한다"며 유치산업 보호론을 꺼냈다. 유치산업infant industry이란 '아기 걸음마 단계에 있는 산업'을 말한다. 장차 성장 잠재력은 있지만 지금 당장은 국제경쟁력을 갖추고 있지 않으니 어느 정도 성장할 때까지 보호해 줄 필요가 있는 산업이다. 이들 산업이 어느 정도 경쟁력을 갖추게 되면 그때 자유무역으로 전환하자는 것이 유치산업 보호론의 핵심으로 보호무역주의의 이론이 됐다. 수입 규제는 수입 관세율을 높이거나 할당제를 통해 수입량을 통제하는 방법을 많이 쓴다.

비교우위론이 주는 명확한 거시경제학적 이득에도 불구하고, 그 이득이 자국민에게 환원되지 않는다면 의미가 없다. 그래서 경제학에는 국적이 있다고 한다.

유비, 관우, 장비에
비교우위론을 적용했더니

비교우위론은 전문화와 분업화를 촉진시킨다. 《삼국지》의 등장인물로 예를 들어 보자. 제갈공명은 유비, 관우, 장비에게 '비교우위론'을 적용시키기로 했다. 유비는 전쟁터에 안 나갔다. 촉

나라를 덕으로 다스리는 역할만 했다. 청룡언월도를 잘 휘두르는 관우는 선두에서 적의 장수와 1합을 벌일 때만 나타나도록 했다. 진격전일 때는 장비가 나섰다. 용맹한 장비는 앞으로 돌진하는 '돌격대장'이었다.

3형제의 전문성은 극대화됐다. 성과도 좋았다. 하지만 관우가 죽고 나서 문제가 드러났다. 적의 장수와 1합을 벌일 장수가 사라진 것이다. 장비는 용맹하기만 했고, 유비는 덕만 있었다. 자웅을 겨룰 첫 대결에서 번번이 패하는 것을 본 촉의 군사들은 금세 사기가 꺾였다. 유비는 "앞서 나가 싸울 장수가 없느냐!"라고 외쳤지만 텅 빈 메아리만 돌아왔다. 장비가 아무리 닦달해 본들 사기 꺾인 군사들은 움직이지 않았다. 그제야 제갈공명은 한탄했다.

"지나친 전문화가 좋은 것은 아니구나!"

어벤져스는
왜 6명일까?

    토르, 헐크, 블랙위도우, 캡틴아메리카, 아이언맨, 호크아이 등 어벤져스에 등장하는 영웅은 모두 6명이다. 닉 퓨리 국장은 왜 더 많은 슈퍼영웅을 끌어 모으지 않았을까? 다른 영웅이 어디 있는지 몰라서였을까? 닉 퓨리 국장이 고민한 것은 '링겔만 효과'였다. 링겔만 효과란 조직이 커질수록 개인의 성과는 오히려 떨어지는 현상을 말한다. 1913년 독일 심리학자 링겔만은 집단 내 개인 공헌도를 측정하기 위해 줄다리기 실험을 했다. 그랬더니 참가자가 늘수록 한 사람이 내는 힘의 크기가 줄어드는 것으로 나타났다. 즉 한 명이 당겼을 때 힘을 100으로 본다면 2명이 참가할 경우 한 명당 93, 3명일 때 85, 8명일 때는 49로 떨어졌다. '10+10'이 '20'이 되어야 하지만 실제로는 '15'의 효과밖에 나지 않았다. 누군가는 자신의 힘을 100% 쓰지 않았다는 얘기다.

    패트릭 라플린도 비슷한 실험을 해 봤다. 실험자를 2명, 3명, 4명, 5명 등으로 구성한 다음 어려운 문제를 냈다. 그랬더니 5명으로 이뤄진 학생들이 찾은 답의 속도는 3명, 4명으로 구성된 팀과 별 차이가 없었다. 조셉 렌줄리도 1명, 3명, 6명, 12명으로 만들어진 그룹에 창의적 발상을 제시하라고 지시했다. 그랬더니 3명인 그룹과 6명인 그룹이 큰 차이가 없었다(《착각하는 CEO》, 유정식).

왜 이런 일이 벌어질까. 먼저 무임승차자를 의심해 볼 수 있다. 사람 수가 늘어날수록 참가자는 뒤에 숨을 여지가 많아진다. 자신이 관찰당하지 않는다고 생각할 때 사람은 최선을 다하지 않게 마련이다. 내가 하지 않아도 누군가는 해 낼 것이고, 이때 성과는 같이 나눠 갖으니 굳이 열심히 할 이유가 없어진다. 반 전체가 다 하는 학급청소 때 꼭 꾀를 부리는 친구들이 있는 것처럼 말이다.

또 하나는 간섭이다. 여러 명이 줄을 당기다 보면 서로 부딪히거나 자세가 불편해져서 혼자 할 때만큼 힘을 쓰지 못할 수 있다. 또 서로 당기는 순간이 달라 힘이 상쇄될 수도 있다. '영차, 영차' 구호를 외치는 것은 힘을 하나로 모으기 위한 방법이다. 조직 내 사람이 많아지면 내 역할을 찾기 힘들 때가 있다. 명확한 미션을 정해 주지 않는다면 해야 될 일인지, 하지 말아야 하는 일이지 고민스럽다. 일종의 간섭 효과다.

기업 입장에서는 적정한 근무 인원을 찾는 것이 생산성 향상과 직결된다. 너무 많은 인원을 뽑을 경우 인건비가 낭비되고 의사 결정이 느려질 수 있다. 반면 너무 적게 뽑으면 조직원의 근무 여건이 나빠져 노동생산성이 떨어지고, 휴식을 잘 취하지 못하면서 사기가 떨어질 수 있다.

　이런 문제를 고민하며 조직의 효율성을 극대화한 조직이 군대다. 군은 전투에서 승리하기 위해 가장 효율적인 형태로 진화했다. 그 결과 군 〉 군단 〉 사단 〉 여단 〉 연대 〉 중대 〉 소대 〉 분대의 조직을 만들어 냈다.

타짜의 판돈도
경제를 살릴 수 있을까?

〈타짜〉 속에 숨겨진 국내총생산

타짜 '고니'와 정 마담, 전라도 타짜 '아귀', 경상도 타짜 '짝귀'가 한자리에 앉았다. 판이 그럴싸하게 벌어졌다.

"시작해 볼까. 1,000!"

고니가 먼저 선수를 질렀다. 이를 쳐다보던 아귀가 받는다.

"이런 건 죽을 수 없지. 2,000!"

"5,000!"

패를 슬쩍 들여다보던 짝귀가 돈을 들이민다.

정 마담이 놀라서 흠칫 짝귀를 쳐다본다.

"첫판에 5,000이라…… 그럼 난 1억."

어느새 테이블에 돈이 수북하다.

잠시 멈칫하던 고니가 다시 돈을 들이민다.

"에라. 2억!"

"바보 같은 녀석들. 난 죽을래."

아귀가 비웃으며 빠졌다.

"나도."

정 마담도 손을 들었다.

남은 것은 경상도 타짜 짝귀와 고니.

짝귀의 눈은 멍하니 패만 들여다보고 있다. 절대 고니의 눈을 쳐 다보지 않는다. 고니로서는 그의 마음을 읽을 수가 없다.

짝귀는 무슨 선택을 할까.

긴장감이 흐르는 순간.

"꼼짝 마!"

경찰이 들이닥쳤다.

"나 이대 나온 여자야!"

정 마감이 들이닥친 형사에게 말했다.

"우리는 국가경제에 이바지하고 있어. 여기 판돈만 10억 원이야. 거기다 계속 판돈이 더 커지면 성장률도 높아진다는 것을 몰라?"

마 형사는 머리를 긁적이며 말했다.

"아, 그런가요?"

"어디 그뿐인 줄 알아? 도박판이 벌어지면 담배도 피우고 술도 마시고 하지. 술 담배는 세금덩어리잖아. 세수입이 엄청나게 늘어. 우리는 애국자야. 이걸 막아서 어쩌자는 거야? 당신 빨갱이 아냐?"

"????"

제길, 미리 경제학 강의를 들어 놓을걸. 맞는 것 같기도 하고 아닌 것 같기도 하다. 말문이 막힌 마 형사. 국가경제를 위해 고니 일행을 풀어 줘야 할까, 말아야 할까?

GDP,
알쏭달쏭한 그 이름

신문이나 방송에서 가장 많이 듣는 경제용어 중의 하나가 국내총생산GDP이다. 굳이 GDP라 안 하고 그냥 '경제'라 부를 때도 많다. "올해 한국의 경제성장률이 3%를 기록했다"라고 말할 때 '경제성장률'은 곧 'GDP 성장률'이다. GDP 성장률이란 GDP가 전년에 대비해 얼마나 증가, 혹은 감소했는가를 나타내는 지표다. 그러니까 '경제=GDP'로 보는 셈이다. 모든 국가는 GDP 성장률에 울고 웃는다. 중국 성장률이 7% 이하로 떨어지니 '바오치(保七; '7을 지킨다'라는 뜻으로 중국이 매년 성장률 7% 이상을 유지한다는 의미)' 시대가 저물었다며 전 세계가 난리다. 반면 미국은 성장률이 2%를 넘어서니 "경기가 살아났다"며 환호성이다. 어떤 나라는 6%도 낮다고 하고, 어떤 나라는 2%도 높다고 한다. 한

GDP란, 한 나라에서 일정 기간 동안 생산된 모든 최종 상품과 서비스가
시장에서 거래된 가치이다.

해 국가경제를 운용한 성적표인 GDP. 도대체 GDP가 뭔데 이렇
게 호들갑인 걸까?

한 사람의 건강 상태를 알려면 체격을 보면 된다. 키가 얼마
인지, 몸무게는 얼마인지만 봐도 대체적인 건강 상태를 알 수 있
다. 잘 먹고 건강하면 키가 크고 몸무게도 많이 나갈 것이고, 그
렇지 않다면 키가 작고 몸무게도 적게 나간다. 건강검진 때 제일
먼저 키와 몸무게를 재는 것도 이 때문이다. GDP는 국가경제로
봤을 때 '체격' 즉 한 나라의 경제 규모를 뜻한다. 경제 규모가
큰 나라는 아무래도 경제가 튼튼한 나라일 가능성이 크다. 나라
경제가 그만큼 잘 돌아간다고도 볼 수 있다.

경제적 체격은 무엇으로 나타날까? 바로 소득이다. 그러니까

GDP는 한 나라 전체 소득의 합이다. 소득이 많은 사람은 자동차든 집이든 많이 살 수 있다. 외식이나 여행도 자주 갈 수 있다. 그러니 GDP가 클수록 부자 나라다.

GDP는 동시에 한 나라 지출의 총합이기도 하다. 누군가의 소득은 누군가의 지출이 된다. 누군가가 쓴 만큼 누군가는 벌었다. 그러니 소득을 다 모은 것은 지출을 다 모은 것과 같다. 그래서 GDP로 돈의 흐름을 측정한다.

돈이 도는 도박판은 국가경제의 축소판이다. 영화 〈타짜〉에서 고니와 짝귀, 아귀가 벌이는 판을 보자. 밤을 샌 결과 고니가 10만 원을 땄다. 이는 고니의 소득으로 잡힌다. 짝귀도 5만 원을 땄다. 그런데 아귀는 15만 원을 잃었다. 그렇다면 이들이 하룻밤 새 생산한 GDP는 얼마일까?

이 문제를 풀기 위해서는 GDP에 대해 좀 더 구체적으로 알아 볼 필요가 있다. GDP란 '국내총생산gross domestic poduct'의 약자다. '한 나라에서 일정 기간 동안 생산된 모든 최종 상품과 서비스가 시장에서 거래된 가치'로 정의된다.

한국 GDP는 한국 내에서 발생한 상품의 가치다. 미국인이 한국에서 원어민교사를 해서 얻은 수익은 한국 GDP다. 하지만 한국인이 중국에서 일해 번 돈은 한국 GDP가 아니라 중국 GDP다. 1994년 전에는 국민총생산GNP을 썼다. GNP는 'Gross National Product'의 약자로, '한 나라의 국민이 일정 기간 동안 생산한 모든 상품과 서비스가 시장에서 거래된 가치'를 말한다. '한 나라의 국민'이 생산한 것이니까, 그 나라 국민이 어디 가서 생산하든 GNP에 포함된다. 미국인이 한국에서 원어민 교사를 해서 얻은 수익은 미국 GNP다. 한국인이 중국에서 일해 번 돈은 한국 GNP다. GDP는 지역을 중심으로 생각하기 때문에 속지주의(개인의 국적이 무엇이든 지금 있는 영토 중심으로 법이 적용되는 것), GNP는 사람을 중심으로 판단하기 때문에 속인주의(어느 곳에 있든 개인의 국적 중심으로 법이 적용되는 것)로 보면 된다.

최근에는 대부분의 나라에서는 GNP 대신 GDP 개념을 쓴다. 왜 그럴까? 두 가지 이유가 있다. 첫 번째, 세계화로 인해 사람들의 이동이 잦아져 일일이 자국민의 소득을 집계하기 어려워졌다. 한국의 경우 100만 명의 재외동포가 있는데 이들이 전 세계에서 생산한 소득을 파악하기란 불가능하다. 두 번째, 국가경제에 미치는 실질적인 부분에서도 GDP가 더 낫다. GDP는 생산 주체가 누구이든 자국에서 생산되는 것의 총합이다. 자국에서 생산물이 나오기 위해서는 건물, 기계 등 설비에 투자해야 하고, 사람을 써야 한다. GDP가 많이 창출될수록 노동자를 많이 썼다는 얘기고, 고용이 많았다는 것은 그 나라 국가경제에 이바지한 것이 크다는 말이다. 취직이 잘 될수록 체감경기도 좋아진다. 즉 GDP는 실제 경제 수준을 측정하기 좋다. 국가경제에는 베트남에 반도체 공장을 세운 삼성전자보다 인천 부평공장에서 자동차를 생산하는 GM대우가 더 효자일 수 있다. GDP와 GNP의 차이를 묻는 질문은 경제과목 시험의 단골 메뉴다. 하지만 GNP 는 현실적으로 거의 쓰이지 않는다. 신문이나 방송에 나오지 않는 GNP는 생각하지 않는 게 정신 건강에 이로울 것이다.

한 나라에서 일정 기간 동안 생산된 상품의 가치

자 이제 GDP가 무엇인지 제대로 분석해 보자. 앞서 GDP란 ① 한 나라에서 ② 일정 기간 동안 ③ 생산된 모든 상품과 서비스가 ④ 시장에서 거래된 가치라고 했다.

① 한 나라에서

GDP는 통상 국가 단위로 집계한다. 서울, 경기, 부산 등 지역 단위 GDP라면 지역내총생산GRDP : Gross regional domestic product이라고 표현한다. 국내에서 생산된 것이면 모두 GDP가 된다. 컴퓨터, 카메라, 자전거는 물론이고 아르바이트를 해서 받은 소득, 환자를 치료해 주고 받은 돈도 GDP다. 개인이 보유한 집은 어떨까? 집은 몇 십년 전에 지어진 것일 수 있지만 매년 자기 집에서 임대료를 내고 사는 것으로 간주해 그 비용(소득)을 GDP에 포함시킨다.

② 일정 기간 동안

'일정 기간'의 최소 단위는 분기다. GDP는 통상 분기 단위로 발표된다. 4분기를 모두 모으면 연간이 된다. 연간 GDP를 가장 많이 쓴다. 또 해당 년도에 생산된 것만 GDP에 따진다. 예를 들어 2016년에 완공된 아파트가 팔리지 않다가 2017년에 분양이 이뤄진 경우, 이 아파트의 GDP는 완공된 해인 2016년에 잡힌다. 2017년은 아파트 분양에 따른 수수료만 서비스 명목으로 GDP에 더해진다.

③ 생산된 최종 상품과 서비스

중간재는 포함하지 않고 완제품이 됐을 때 비로소 GDP를 따진다. 아파트를 지으려면 콘크리트, 철근, 창문, 방문, 형광등 등 다양한 재료가 필요하다. 아파트를 만드는 데 들어간 이들 재료의 가치는 GDP에 포함하지 않는다. 완공된 아파트만 GDP다. 아파트 분양 가격에는 이미 재료의 가치가 모두 포함돼 있다. 만약 이들을 따로 따진다면 중복 계산될 것이다.

대형 할인마트에 비치된 창문, 형광등은 어떨까? 이들은 GDP에 포함된다. 개인이 자기 집에 형광등을 갈기 위해 사 간다면 그 형광등이 최종재가 되기 때문이다.

④ 시장에서 평가한 가치

아무리 비싼 물건이라도 시장에서 거래되지 않으면 GDP가 아니다. GDP는 시장에서 거래된 가격, 즉 시장가치만을 측정한다. 사과 1개에 100원, 배 1개에 200원의 가치가 있다고 하자. 사과와 배를 재배해 내가 먹어 버렸다면 GDP는 0다. 오늘 저녁 어머니가 갈비찜을 해 주셨다. 이 갈비찜은 GDP로 잡히지 않는다. 어머니가 해 준 음식에는 시장가치가 없다. 갈비찜을 만들기 위해 사 온 갈비와 갈비양념만 GDP다. 즉 가족들끼리 외식을 하면서 쓴 비용은 GDP에 포함되는데 어머니가 집에서 만들어 가족끼리 나눠 먹은 음식은 GDP에 포함되지 않는다. 마찬가지로 가사도우미가 우리 집을 1시간 청소해 주고 받은 돈은 GDP지만 어머니가 아침에 내 방을 청소한 것은 GDP에 포함되지 않는다.

하룻밤, 도박판의 GDP는
얼마일까?

자 이제 고니 도박판의 GDP를 계산해 보자. 고니와 짝귀, 아귀는 판돈 10만 원으로 시작했다. 밤새 도박을 해 고니가 10만 원, 짝귀가 5만 원, 아귀는 15만 원을 잃었다고 가정한다. 단 아귀는 돈이 없어 5만 원을 정 마담으로부터 빌려 왔다. 최초 GDP는 고니 10만 원+짝귀 10만 원+아귀 10만 원=30만 원이다. 한 판이 끝난 뒤 GDP는 고니 20만 원+짝귀 15만 원+아귀 0원=35만 원이 된다. 즉 도박 한 판을 했더니 5만 원의 판돈이 늘어났다. 5만 원이 도박사 3명이 한 판을 쳐서 만든 부가가치다.

이 같은 개념을 바탕으로 경제학자들이 만든 GDP 계산식은 다음과 같다.

GDP＝소비＋투자＋정부 구입＋순수출

소비란 소비자들이 상품이나 서비스를 구입하면서 쓴 돈이다. 옷, 음식, 담배, 의료, 미용은 물론 교육에 쓴 돈도 포함한다. 다만 주택을 살 때 쓴 돈은 지출로 보지 않는다. 투자로 본다. 투자란 상품이나 서비스를 생산하는 데 사용될 수 있는 상품(자본재)을 구입한 것을 말한다. 기계 설비를 사거나 재고품을 사는 경우다. 만약 개인이 로보캅을 샀다면 소비가 아니라 투자가 될 수 있다. 로보캅을 치안 서비스를 생산하는 기계설비로 볼 수 있기 때문이다. 매달 특정인으로부터 보안 서비스 비용을 받고 로보캅이 그를 보호하게 해 줄 수도 있다.

정부 구입은 정부가 쓴 돈을 말한다. 중앙정부와 지자체가 공무원이나 군인, 경찰, 공기업 직원들에게 준 급여가 대표적이다. 시청에 쓸 책상이나 컴퓨터를 구입한 비용, 도로와 다리를 건설하기 위해 정부가 재정으로 지출한 것도 모두 정부 구입에 속한다.

순수출은 수출에서 수입을 뺀 금액이다. 수출에서 수입 금액을 빼는 것은 수입의 경우 소비나 투자로 성질이 변할 수 있기 때문이다. 즉 여성이 백화점에서 수입 화장품을 구입하면 '소비'가 된다. 삼성전자가 일본에서 반도체 장비를 수입하면 '투자'가 된다.

도박은
장려해야 하는 것일까?

도박을 한 판 할 때마다 GDP가 늘어난다면 도박은 장려해야 하는 것이 아닐까? 10억 원대 도박판이라는데, '이대 나온' 엘리트 정 마담의 공언대로 경제에 아주 크게 기여하는 것 같다.

도박판의 특징은 유통되는 판돈이 눈덩이처럼 커진다는 것이다. 실제 도박판의 돈은 10억 원이지만 유통되는 돈은 몇 십배가 된다. 즉 100억 원도 1,000억 원도 될 수 있다. 도박꾼들은 돈을 따면 돈을 빌려준다. 상대는 급한 나머지 빚을 내고 계속 판에 뛰어든다. 그러다 돈을 잃으면 또 돈을 빌린다. 영화 〈타짜〉를 보면 팽 경장과 화투를 치던 전직 군 장성은 계속해서 돈을 잃는다. 가진 돈을 전부 잃자 고니에게 자신의 권총을 담보로 돈을 빌린다. 만약 1억 원을 빌렸다면 이제 도박판에서 유통되는 돈은 11억 원이 된다.

이처럼 어떤 경제 요인이 변화했을 때 이것이 다른 요인에 영향을 줘 계속 파급되면서 첫 효과의 몇 배 효과를 내는 것을 승수 효과라고 한다. 만약 최초 판돈은 10억 원이었는데 게임이 끝난 뒤 승자가 가진 돈이 100억 원이었다면 승수 효과는 100억 원/10억 원, 즉 10이 된다.

승수 효과는 정부가 돈을 시중에 풀 때도 나타난다. 정부가 도로를 짓기로 하고 대형 건설사에 100만 원을 줬다. 그러면 대형 건설사는 이 돈으로 건설자재(40만 원)를 사고 임금(40만 원)을 주고 나머지(20만 원)를 이익으로 갖는다. 건설자재비 40만 원을 받은 자재회사는 원자재를 구입할 때 20만 원을 쓰고 자신들의 직원 임금으로 10만 원을 쓸 수 있다. 10만 원은 당기순이익으로 회사가 가진다. 회사 직원들은 자신이 받은 임금으로 소비한다. 옷도 사고 음식도 사고, 집도 산다. 그렇게 쓴 돈은 시장 상인들에게 흘러가고, 시장 상인들은 다시 자녀들의 교육비와 자신의 생활비로 쓴다. 이런 메커니즘 때문에 케인스는 불황이 닥칠 때 정부가 재정을 풀어야 한다고 주장했다.

GDP도 승수 효과의 영향을 받는다. 주식시장이 활황이다. 수익률이 크게 오르자 신이 난 투자자들이 음식과 술을 사 먹었다. 소비가 늘어났으니 GDP가 늘어난다. 음식과 술을 판 자영업자들은 소득이 늘어서 옷과 가방을 샀다. 옷과 가방 소비가 늘었으니 GDP는 늘어난다. 이처럼 활황은 활황을 낳고, 불황은 불황을 낳을 수 있다. 경제학에서는 자산 증가에 따른 소비 증가를 '부의 효과Wealth Effect'라고 한다. 부자가 된 듯한 기분이 들어서 돈을 쉽게 쓰게 되는 효과다.

도박판의 승수 효과를 고려한다면 경찰은 GDP 진작을 위해 도박판을 모른척 해야 한다. 하지만 안타깝게도 정 마담이 틀렸다. 도박은 GDP에 포함되지 않는다. 정상적인 경제활동으로 인정을 받지 못하기 때문이다. 이런 경제활동을 '지하경제'라고 한다. 지하경제는 쉽게 말해 세금을 내지 않는 경제활동을 말한다. 합법적이지 않아서 세금을 내지 못하거나, 의도적으로 세금을 탈루한 경제활동을 모두 지하경제라 부른다.

세금을 내지 않는 지하경제는
GDP가 아니다

정부는 도박을 규제한다. 허가로 인해 얻는 이득보다 사회적 비용이 더 많이 들 수 있기 때문이다. 특히 도박의 중독성은 심각한 사회문제가 된다. 또 도박은 매춘, 마약과도 연계된 경우가 많다. 한탕주의가 사회에 끼칠 악영향도 만만찮다. 때문에 적발이 되면 법적 제제를 받는다.

그렇다고 지하경제가 모두 불법인 것은 아니다. 정부가 소득 파악을 할 수 없어 세금을 걷을 수 없는 경제활동도 지하경제다. 식당에서 밥을 먹고 현금을 냈다. 현금영수증을 발급받지 않았다면 지하경제다. 식당이 현금을 받은 증거가 없어 정부가 세금을 추징할 수 없기 때문이다. 매달 30만 원의 과외 아르바이트를 하는 대학생이 있다. 그가 받은 소득도 지하경제다. 30만 원의 소득에 따른 세금 신고를 하지 않아 근로소득세를 내지 않기 때문이다. 명절에 할아버지에게 받은 5만 원도 증여세 신고를 하지 않기 때문에 지하경제다. 우리나라의 지하경제 규모는 GDP의 25% 정도로 보고 있다. GDP 25%를 금액으로 환산하면 350조 원가량 된다. 경제협력개발기구 평균은 GDP의 18% 정도 되는 것으로 추산된다. 아직은 선진국 평균에 비해 한국의 지하경제 비중이 크다는 의미다.

모든 도박이 지하경제는 아니다. 도박 중에서도 허가받은 산업이 있다. 이를 사행산업이라 부른다. 사행산업이란 인간의 사행심을 이용해 이익을 얻거나 이와 관련된 상품과 서비스를 생산하고 판매하는 산업이다. 사행심이란 요행을 바라는 마음이다. 그러니까 열심히 일해서 돈을 버는 게 아니라 운에 기대어 돈을 버는 업종이다. 사행산업은 GDP에 포함된다. 카지노, 경마, 경륜, 경정, 복권 등이다. 이들 산업도 화투와 같은 도박이지만, 정부에 세금을 내고 합법적인 관리를 받는다는 점이 다르다. 우리나라 사행산업의 규모는 얼마나 될까? 2013년 현재 총 매출액 규모는 19조 7,000억 원이다. 같은 해 우리나라 전체 전통시장 매출액이 20조 원이다. 그러니까 남대문시장, 동대문시장, 국제시장, 자갈치시장, 칠성시장 등 전국 모든 전통시장의 한 해 매출액과 카지노와 경마, 복권 매출액이 맞먹는다는 얘기다.

업종별로 보면 경마 매출액이 39.2%인 7조 7,000억 원으로 가장 크다. 이어 복권, 체육진흥투표권(스포츠 토토 등), 카지노, 경륜, 경정 순이다. 경기도의 소싸움도 사행산업 중 하나다. 경마나 복권, 카지노에는 높은 세금이 매겨지는데 이를 '죄악세'라고 부른다. 사회적으로 해악이 되는 상품에 매기는 세금이라는 뜻이다. 담뱃세와 주세도 대표적인 죄악세 중 하나다.

화투판에서 살아남은 고니는 카지노로 무대를 옮긴다. 직업을 합법화하는 셈이다. 카지노의 포커, 블랙잭(카드의 합이 21점 또는 21점에 가장 가까운 사람이 이기는 게임), 바카라(두 장의 카드를 더한 수의 끝자리가 9에 가까운 쪽이 이기는 게임) 등은 화투패로 하는 게임과 유사하다. 고니의 특기가 맘껏 발휘된다. 하지만 2016년 현재 한국 사람인 고니가 국내에서 카지노로 돈을 딸 수 있는 곳은 강원랜드뿐이다. 전국 카지노 중 유일하게 내국인 출입이 가능한 곳이기 때문이다. 그래서 고니는 해외로 간다. 아귀와의 마지막 판에서 승리한 고니는 화투를 손을 놓고 카지노 도박사로 변신한다.

왜 네덜란드에선
매춘이 합법인 걸까?

모든 도박을 금지하면 될 텐데 정부는 왜 일부 도박은 허용해 줬을까? 두 가지 이유가 있다. 하나는 모든 도박을 금지했을 때 일어날 수 있는 부작용 때문이다. 1920년대 미국에서 모든 술의 판매와 유통을 금지시키자 밀주가 나돌았다. 술을 마시고 싶어 하는 인간의 욕구를 꽉 틀어막았더니 불법적으로 술을 만들어 파는 암시장이 형성된 것이다. 그 결과 밀주 생산을 통한 이익 대부분이 갱단으로 흘러가면서 마피아와 같은 조직이 번성하기도 했다. 또 하나는 막대한 세수입에 대한 유혹이다. 세계

모든 나라는 사행산업에 엄청난 세금을 물린다. 강원랜드의 경우 매출 중 34.9%가 세금이다. 누군가가 100만 원을 잃으면 그중 34만 9,000원이 세금으로 환수된다는 얘기다. 2013년 기준으로 정부가 사행산업으로 걷은 세금과 기금은 5조 4,000억 원에 달한다.

성매매는 한국에서 불법이다. 하지만 네덜란드에선 합법이다. 세금만 내면 성을 구매할 수 있는 것이다. 네덜란드의 경우는 성매매도 네덜란드 GDP에 잡힌다. 매춘처럼 도박보다 사회적으로 더 금기시하는 활동에 매기는 세금은 터부세Taboo Tax라 부른다.

결론적으로 말하면 고니가 벌인 화투판은 GDP에 기여하지 않는다. 다만 이들이 도박판을 벌이면서 소비하는 술과 담배는 GDP에 합산된다. 화투판의 GDP 기여도가 아주 미미하다는 의미다. 형사는 고민할 필요 없이 고니와 정 마담을 잡아가면 된다.

GDP는 한 나라의 경제 규모를 알 수 있는 가장 간편한 방법이지만, 최근에는 GDP의 신뢰성에 대해 많은 경제학자들이 의문을 품고 있다. '시장가치'만 평가한 나머지 시장에서 얻지 못하는 행복을 포함하지 못하기 때문이다.

엄마가 해 주는 아침밥을 먹은 학생과 아침을 편의점 도시락으로 먹은 학생이 있다고 치자. 엄마 밥을 먹은 아이는 GDP에 기여하는 바가 없다. 반면 편의점 도시락을 먹은 아이는 GDP에 큰 기여를 했다. 그렇다고 편의점에서 도시락을 먹은 아이가 엄마 밥을 먹은 아이보다 행복하다고 할 수 있을까?

도박은 GDP에 기여하지 못하지만 엉뚱한 데에 기여할 수 있다. 아귀는 화투판에서 속임수를 쓴 고광렬의 손을 자른다. 그에 앞서서는 짝귀의 귀와 손을 자르기도 했다. 고광렬과 짝귀는 치료를 위해 병원을 다녀야 한다. 또한 아귀가 뒤늦게 마음을 잡아 도박 클리닉을 다닌다고 생각하자. 이들이 병원에서 손을 치료하고, 도박 중독을 치료하기 위해 쓰는 돈은 모두 GDP에 포함된다.

역설적이게도 GDP는 환경이 오염되거나 치안이 불안할 때 늘어날 수 있다. 깨끗한 환경은 GDP에 포함되지 않지만 오염된 환경을 회복하기 위해 정화시설을 만들면 GDP가 늘어난다. 치안이 좋아 도둑이 들지 않으면 GDP에 변화가 없지만 도둑을 막기 위해 CCTV를 달면 GDP가 창출된다. GDP는 원인이야 어찌되었건 많이 쓰고, 많이 사면 늘어난다. 인구가 많은 국가일수록 GDP가 클 수밖에 없다.

GDP는 행복을
보장해 주지 않는다

통상 GDP가 크면 잘 사는 나라이고, 그래서 국민들이 행복하다고 생각한다. 하지만 GDP는 무형의 가치를 포함하지 않는다. 사랑, 우정, 행복, 믿음, 신뢰 등과 같은 가치는 GDP로 환산할 수 없다. J. F. 케네디의 동생인 로버트 케네디 상원의원이 1968년 대통령에 입후보했을 때 그는 GDP에 대해 이렇게 말했다.

"GDP는 우리 자녀들의 건강, 교육의 질 혹은 그들이 놀이에서 얻는 즐거움 등을 반영하지 않는다. 시의 아름다움이나 결혼생활의 건강함, 국정에 관한 논쟁에서 나타나는 예일 뿐, 공무원들의 정직성도 포함하지 않는다. 우리의 용기나 지혜, 국가에 대한 헌신도 반영하지 않는다. 요컨대 GDP는 우리의 삶을 가치 있게 만들고, 우리가 미국인임을 자랑스럽게 만드는 것을 제외한 나머지 모든 것들을 포함한다."《맨큐의 경제학》중)

GDP의 이런 단점을 보완하기 위해 유엔과 경제협력개발기구OECD는 '행복지수' 혹은 '더 나은 삶의 지수'를 개발하고 있다. 1인당 평균 소득과 같은 물질적 부분뿐 아니라 평균수명, 자살률, 문맹률, 예상수명, 빈곤지수 등을 모두 포함해서 진정한 행복지수를 산출해 보자는 것이다. 그러나 행복지수에 대한 경제학자들의 합의가 없고 나라마다 주관적 가치가 달라서 일률화하기 어렵다는 지적도 있다.

GDP가 크면
행복할까?

한국의 경제 규모(GDP)는 2015년 현재 세계 11위다. 그렇다면 한국은 세계에서 11번째로 행복한 나라일까?

OECD가 산출한 '2014 더 나은 삶의 지수(Better Life Index)'를 보면 한국인 삶의 만족도는 25위에 불과했다. 조사 대상 36개 국가 중 하위 30%라는 얘기다. 10.0 만점의 '삶의 만족도' 지수의 경우 한국인의 지수는 6.0으로 전체 조사 대상국 평균 6.6에 못 미쳤다. '삶의 만족도'는 인생 전반에 대한 만족도를 0~10점 사이로 매겨 국민이 느끼는 행복도를 반영한 것이다.

한국과 삶 만족도 지수가 비슷한 국가는 심각한 재정위기를 겪은 스페인(24위)과 이탈리아(26위), 슬로베니아(27위) 등이었다. 일본도 28위로 한국과 비슷했다. 삶 만족도가 가장 높은 국가는 스위스(7.8)였다. 노르웨이(7.7)와 덴마크(7.6) 등 다른 북유럽국가도 삶의 만족도가 높았다. 2014년 전체 1위는 호주였다.

한국은 '일과 생활의 균형' 부문이 특히 낮았다. 조사 대상 36개국 가운데 34위로, 한국 뒤에는 멕시코와 터키뿐이었다. 한국이 이 지수가 낮은 이유는 과도한 근무시간 때문이었다.

OECD는 한국인의 연평균 근무시간이 2,090시간으로 OECD 평균 1,765시간보다 훨씬 많다고 밝혔다.

한국인은 정부 신뢰도도 낮았다. 정부 신뢰도 평가에서 한국인의 23%만 정부를 믿는 것으로 집계됐다. 조사 대상국 전체 평균은 39%였다. OECD의 '더 나은 삶 지수'는 주거, 소득, 고용, 커뮤니티 활동, 교육, 환경, 시민 참여, 건강, 삶의 만족도, 안전, 일과 생활의 균형 등 11개 부문을 평가해 국가별 삶의 질을 가늠하고 있다. OECD는 2011년부터 매년 이 지수를 조사해 발표하고 있다.

로보캅은 왜 가난한 사람을
지킬 수 없을까?

〈로보캅〉 속에 숨겨진 독점과 과점

범죄의 도시 디트로이트에서 또 사고가 났다. 갱들은 한국인이 운영하는 식당을 덮쳤다.

신고를 받은 옴니코프사의 콜센터 직원은 로보캅에게 명령했다.

"장소는 A구역. 신고자는 홍길동 씨. 당장 가서 갱단을 진압하세요."

로보캅은 검은색 로보사이클을 타고 쏜살같이 범죄 현장으로 뛰어들었다.

"아아, 로보캅. 잠깐! 출동을 중단하세요."

콜센터 직원이 다급하게 말했다.

"끼익~."

급브레이크를 잡은 로보캅은 살짝 짜증이 났다.

"도대체 왜 그러지? 열심히 가고 있는데."

콜센터 직원이 답했다.

"아! 미안해요. 방금 새로운 신고가 들어왔습니다. B구역에 있는 로빈 씨가 강아지를 잃어버렸다고 하네요. 강아지부터 찾아오세요."

"뭐야? 강아지라니. 지금 갱단이 습격한 곳부터 가야지. 사람들이 위험하잖아."

로보캅이 따지자 콜센터 직원이 말했다.

"A구역 의뢰인은 월 10만 원을 내는 일반 고객인 반면 B구역 의뢰인은 월 100만 원을 내는 VIP 고객입니다. VIP 고객부터 우선적으로 보호하는 게 옴니코프사의 방침입니다."

로보캅은 황당하다는 듯이 대꾸했다.

"로보캅 3조항에 따르면 첫째 무고한 시민 보호, 둘째 공익 우선, 셋째 법질서 수호 등을 따라야 한다. 시민 보호가 첫 번째 조항이므로 A구역에서 갱단을 처리하는 것이 우선 아닌가?"

"아, 머피 씨. 아니 로보캅. 로보캅 3조항에 우선하는 기밀조항을 잊으셨나요? 로보캅은 옴니코프사의 자산으로서 첫째 옴니코프사에 절대 복종, 둘째 옴니코프사의 자산 보호, 셋째 우량고객부터 보호해야 합니다. B구역 의뢰인은 우량고객이어서 B구역 의뢰인부터 먼저 구하는 것이 회사의 방침입니다. 민영기업인 옴니코프는 무엇보다 수익이 우선입니다."

"그럼 A구역 갱단은 누가 처리하나?"

"그야 모르죠. 그 한국인 식당 주인이 더 높은 수준의 보호를 받고 싶으면 특약으로 월 납입금을 높였어야죠. 민영화된 치안은 민영의료보험과 같은 겁니다. 보험료를 많이 낼수록 잘 보호해 주죠!"

로보캅도 물러서지 않았다.

"그러니까 서민은 좀 할인도 해 줘야지. 너무 비싸니까 사람들이 이용을 못하잖아!"

"어머, 그거야 그 사람들 생각이죠. 우리는 독점이니까, 가격은 우리가 결정하는 거예요."

독점에 대한 고민,
로보캅

사고로 만신창이가 된 남자가 있다. 그의 몸에 남은 것은 뇌의 일부와 심장뿐, 나머지는 기계 수트로 대체했다. 그는 사람인가, 로봇인가? 가족들은 그에게 생명을 주기 위해 몸통을 주기로 한 기업에게 신체포기각서를 써서 줬다. 그는 인격체인가, 기업의 자산인가?

〈로보캅〉은 미래세계, 인간과 로봇, 공익과 사익이 만나는 지점을 예리하게 파고든다. 어떤 면에서는 아동용 로봇 액션 영화처럼 보이지만 실제로는 경제학과 심리학, 윤리학이 한데 담긴

고도의 철학영화이다.

1987년 폴 버호벤 감독이 〈로보캅〉을 선보였다. 이후 다른 감독이 메가폰을 잡은 〈로보캅2〉〈로보캅3〉와 애니메이션도 이어 나왔다. 그만큼 로보캅 캐릭터는 강렬했다. 2014년, 원작이 나온 지 27년 만에 새로운 〈로보캅〉이 나왔다. 시간이 흐른 만큼 호세 파딜라 감독의 로보캅은 전작에 비해 훨씬 세련돼 보이고, 컴퓨터 그래픽은 화려해졌다.

스토리는 변형됐지만 기본적인 틀은 비슷하다. 한때 번성했던 자동차 도시 디트로이트는 범죄의 도시로 변했다. 강력한 범죄 조직으로 인해 경찰이 죽고 치안은 엉망이다. 주 정부는 치안 강화를 위해 고민한다. 이때 로봇테크놀로지 기술을 가진 다국적 옴니코프사(원작 〈로보캅〉에서는 OCP사)가 로봇경찰을 제안한다. 로봇을 경찰로 운영하면 점점 더 폭력적으로 변하는 범죄자로부터 경찰의 생명과 무고한 인명을 잘 보호할 수 있다는 것이다. 로봇 경찰은 인간 경찰처럼 뇌물로 매수당하지도 않는다. 하지만 로봇은 한계가 있다. 동정심과 윤리성이 없다. 적이라 판단되면 누구라도 살해할 수 있다. 자칫 대량 살상 무기가 될 수도 있다는 얘기다. 책임 소재도 불명확해진다. 자동운전차량이 갑자기 도로로 뛰어든 개를 봤다고 치자. 법규를 준수하지 않은 개를 칠 것인가, 개를 살리기 위해 차를 멈출 것인가. 개를 치었다고 할 때 책임은 누구에게 있는가? 자동운전차량인가, 차량

소유주인가.

옴니코프사는 아이디어를 짜낸다. 생각은 인간처럼, 몸은 로봇처럼 행동하는 반인-반 로봇이다. 가장 복잡한 인공지능 문제를 해결함과 동시에 기계에 대한 불신을 해결할 수도 있다. 전체 몸이 기계라고 하더라도 생각하는 중추신경만 살아 있다면 단순 기계장비로 보기 어려울 것이다. 그게 로보캅이다.

로보캅은 기계와 인간의 윤리적 철학 문제만 제기하는 데 그치지 않는다. 영화는 자본주의에 대해서도 수많은 질문을 던진다.

로보캅, 자본주의의
미래를 묻다

옴니코프사는 로보캅이 자신들의 재산이라고 생각한다. 뇌 신경세포와 심장을 제외한 허리, 가슴 등 몸뚱이는 자신들이 100% 투자했다. 옴니코프사의 생각은 맞을까? 로보캅의 의식은 전직 경찰인 알렉스 머피의 것이다. 의식은 머피 소유, 몸뚱이는 옴니코프사 소유다. 그렇다면 최종 소유자는 누구일까?

로보캅은 자본주의의 민낯을 속속 고발한다. 기업이 떠나고 쇠퇴한 디트로이트는 범죄도시로 전락했다. 그런데 치안을 더 강화할 수는 없다. 돈이 없기 때문이다. 기업이 망해 버린 도시는 세수입도 줄어든다. 공무원에게 월급을 줄 수 없어 그들을 잘라야 한다. 그렇지 않으면 시는 파산할 수 있다(영화가 아닌 현실에서 디트로이트 시는 2013년 파산한다. 폴 버호벤은 26년 전 어떻게 이를 예측한 걸까?). 지방정부는 공공시설물을 매각하기로 결정한다. 경찰과 소방, 교육 부문을 민간 사업자에게 파는, 이른바 민영화한 것이다. 자산을 매각하면 수입이 생긴다. 또 공무원이 줄어든 만큼 지방정부의 지출도 줄어든다.

문제는 지방정부가 담당하던 치안과 소방, 교육 기능이다. 경제학적으로 볼 때 치안과 소방 방재, 교육 기능은 돈이 안 되는 공공재Public goods다. 공공재란 배제성(사람들이 그 재화를 소비하는 것을 막는 것)이 없고 경합성(한 사람이 소비를 해 버리면 다른 사람이 소비를 하지 못하는 현상)이 없는 상품이나 서비스를 말한다. 예를 들어 지진해일이 몰려온다고 마을 스피커를 통해 경고 방송을 했다. 이 경우 특정 개인만 못 듣게 할 방법이 없다. 즉 배제성이 없다. 또 남이 들었다고 내가 듣는 데 문제가 생기지도 않는다. 경합성이 없다.

거리에 설치하는 가로등이나 배들의 길잡이인 등대, 라디오나 공중파 전파, 막히지 않는 무료 도로, 기초과학 연구 등도 공공재다. 밤거리 가로등에서 흘러나오는 불빛은 내가 전기세를 안 냈더라도 혜택을 받을 수 있다. 뻥 뚫린 국도는 세금을 내지 않은 사람도 이용할 수 있고, 그렇다고 타인에게 불편을 주지도 않는다. 우리 도시에 경찰이 많으면 내가 별도로 치안 서비스에 돈을 쓰지 않더라도 생활이 보다 안전해진다. 국방도 마찬가지다. 육군이 나만 빼놓고 대한민국을 지킬 수는 없다. 지구와 사회를 지키는 아이언맨, 슈퍼맨, 배트맨도 공공재다.

무임승차를
막아라

이런 공공재는 프리 라이더(무임승차) 문제를 발생시킨다. 별도의 비용을 지불하지 않아도 똑같은 서비스를 받을 수 있으니 슬금슬금 돈을 내지 않고 숨는 사람이 생기는 것이다. 위험할 때마다 슈퍼맨과 아이언맨을 부르지만 슈퍼 영웅을 부른 사람이 이들에게 별도의 비용을 지불하지는 않는다.

프리 라이더가 많아지면 비용을 대는 사람은 적어져 해당 서비스의 질이 떨어진다. 최악의 경우는 공급자가 망하게 돼 더 이상 서비스를 제공하지 못하게 될 수도 있다. 그래서 공공재는 민간에 맡기지 않고 정부가 직접 담당한다. 많은 사람에게 십시일반 받은 세금으로 공공재를 운영하면 프리 라이더 문제가 적게 일어날 수 있기 때문이다. 하지만 세수입이 충분하지 않을 경우에는 정부 적자로 이어질 수 있다는 한계가 있다. 세금을 안 내는 사람들은 공공 서비스에 대한 프리 라이더가 될 수 있다. 면세자나 탈세자가 많다는 얘기는 이런 프리 라이더가 많이 늘어난다는 의미와 같다. 재정적자가 심해지면 정부는 민영화를 고민하게 된다. 적자가 너무 커지면 버틸 재간이 없기 때문이다.

자동차 산업이 망해 세수입이 부족해진 디트로이트 시도 같은 처지에 몰렸다. 시 재정이 어려우니 치안 서비스에 수술을 가할 수밖에 없다. 1차는 로봇 경찰 도입이다. 로봇 경찰을 도입하면 대당 가격은 비싸더라도 결국에는 인건비를 아끼게 된다. 디트로이트는 워낙 흉악한 범죄가 많이 일어나는 도시이기 때문에 많은 수의 경찰이 필요하다. 또 매년 많은 경찰이 사망하는데 이 때문에 나가는 연금도 만만치 않았다.

다국적 기업인 옴니코프사가 로봇 경찰 생산 및 유통자로 나선다. 돈이 안 되는 공공재인데 옴니코프사는 왜 나선 것일까? 바로 '독점' 때문이다. 독점만 보장받을 수 있다면 떼돈을 벌 수 있다. 옴니코프사는 독점적인 로봇 테크놀로지 기술과 전 세계 공급 네트워크를 갖고 있는 거대 기업이다. 옴니코프사에겐 꿈이 있다. 디트로이트를 시작으로 미국의 전역에 로봇 경찰을 독점 공급하고 운영하는 것이다. 옴니코프사의 사장은 말한다.

"반드시 입법을 시켜야 우리가 살아남아. 법만 통과되면 우리는 막대한 수익을 거둘 수 있어!"

진입장벽이 만드는
독점과 과점

독점monopoly이란 1개 기업이 생산과 시장을 지배하는 상태를 말한다. 별다른 대체제가 없는 상품의 공급자가 하나인 경우다. 그렇다 보니 공급량이 곧 시장가격이 된다. 과점oligopoly은 2~4개 기업이 시장을 장악하는 형태다. 담합을 통해 시장을 좌지우지하고 신규 사업자의 진입을 막는다. 현실적으로는 생산자가 한 곳인 독점 기업은 잘 존재하지 않는다. 과점 기업의 사례가 많다. 독점과 과점을 합쳐 독과점이라 부른다.

독점이 발생하는 것은 진입장벽(다른 기업이 시장에 진입하지 못하도록 하는 것)이 있기 때문이다. 《맨큐의 경제학》에 따르면 진입장벽이 생기는 경우는 3가지다.

· 생산요소의 독점 - 철광, 석탄, 석유자원 생산지를 한 개
　의 기업이 소유하는 경우
· 정부 규제 - 정부가 인허가를 한 기업에게만 내줘 독점 생
　산권을 부여하는 경우
· 생산기술 - 한 기업의 생산비용이 타 기업보다 낮을 경우

생산요소를 독점했던 대표적인 사례로 남아프리카 다이아몬

드 회사인 드비어스가 있다. 1888년 설립된 드비어스는 남아프리카의 가장 큰 다이아몬드 광산 2개를 합병해 만든 회사로 전 세계 다이아몬드 생산의 80%를 담당하고 있다. '다이아몬드는 영원하다'는 광고 문구를 만든 기업이다. 하지만 드비어스를 제외하고는 생산요소를 독점한 기업은 그다지 많지 않다.

은행, 보험, 증권 등 금융산업과 상하수도, 원자력 발전, 군수산업 등은 정부가 특정 기업에만 생산권을 허락해 준다. 금융산업, 상하수도 등은 독점이 많이 풀렸지만 원자력이나 군수산업 등 국가 안보와 관련된 부분은 여전히 독점 체제다. 한국은행의 발권력, 한국조폐공사의 화폐 인쇄 등 공공 분야에도 독점권을 인정해 준다. 과거에는 담배와 인삼 생산은 한국담배공사와 인삼공사가 독점했다. 저작권과 특허권도 정부 규제로 인해 발생하는 독점으로 볼 수 있다. 원작자나 제품 개발자에게 최고 70년까지 독점적으로 권리를 행사하도록 독점권을 인정해 주기 때문이다.

정부가 독점권을 준 사례는 과거에 더 많다. 과거 영국과 네덜란드 등 유럽 열강은 동인도회사, 남해주식회사 등에 독점 무역권을 줬다. 향료와 금 등을 채굴해 자국에 독점 공급할 수 있도록 한 것이다. 독점권은 기업에 대한 가치를 높여 줬고 남해주식회사 버블 등을 불러 오는 계기가 됐다.

수지타산이 나지 않는 산업은 자연 독점natural monopoly이 생기기도 한다. 별도로 진입을 막지 않는데도 대규모 자금 조달이 어려워 못 들어오는 경우다. 상하수도 사업을 보자. 주민들에게 수돗물을 공급하려면 물을 확보하는 댐, 정수하는 정수장, 물을 공급하는 배관망을 모두 설치해야 한다. 전력산업도 마찬가지다. 발전소와 송배전송망을 전국에 깔아야 한다. 통신망도 똑같다. 전국에 LTE 망을 까는 데 엄청난 돈이 들기 때문에 자금력 없는 기업은 시장에 끼기 힘들다. 다리, 도로 등 사회간접자본soc도 자연 독점 체제다. 공공재와 공유자원 등에 대해 설명할 때 자연 독점의 몇 가지 사례를 들었다. 자연 독점은 '배제성'이 있지만 '경합성'이 없는 재화다. 즉 이동통신료를 내지 않으면 LTE를 사용하지 못하지만, 통신료를 내서 LTE를 사용한다고 해서 다른 사람들의 이용이 제한되는 것은 아니다(많은 사람이 가입해서 통신량에 과부하가 걸리면 얘기가 달라진다. 이때는 '배제성'과 '경합성'이 생겨서 '사적 재화'가 된다).

허생은
독과점 1세대

독과점 체제의 문제는 사회적 비효율을 낳는다는 점이다. 독과점 체제에서 소비자는 필요 이상의 지출을 해야 한다. 공급자가 공급량을 조절할 수 있고, 아울러 가격까지 결정할 수 있기 때문이다. 1개의 기업만 있는 독점 기업이 가장 강력한 가격 결정권을 갖는다. 3~4개 기업이 존재하는 과점 기업은 카르텔이나 담합을 통해 가격 결정권을 가질 수 있다. 일방적으로 소비자가 끌려가기 때문에 수요와 공급이라는 시장의 기본 질서가 지켜지지 않는다. 자칫 잘못하면 시장 실패로 이어질 수도 있다.

영화관에서 파는 콜라와 팝콘 가격은 시중보다 높다. 야구장에서 사 먹는 어묵이나 컵라면 값도 시중보다 높다. 독점 체제이기 때문이다.

독점의 힘을 경고한 소설로 박지원의 《허생전》이 있다. 허생은 한양 제일의 부자인 변씨를 찾아가 만 냥을 빌린다. 허생은 그 돈으로 안성에서 대추, 밤, 감, 배, 석류, 귤, 유자 등의 과일을 사들인다. 두 배 가격을 쳐 주니 상인들은 얼씨구나 하고 판다. 하지만 명절을 앞두고 과일을 구할 수 없게 되자 난리가 난다. 상인들은 10배의 값을 주고 과일을 다시 사간다. 허생의 재산은 10만 냥으로 늘어났다. 허생은 이어 제주도로 가서 말총을 사 모은다. 말총은 망건의 재료다. 조선시대 성인은 상투를 틀고 망건을 써야 했다. 허생이 망건을 매점매석해 버리니 이번에는 망건 값이 열 배로 치솟았다. 가격 결정권을 쥔다는 것은 이렇게 무섭다. 허생이 돈을 번 만큼 민생경제는 혼란에 빠졌을 것이다. 10배로 오른 과일과 망건 값은 결국 소비자가 부담해야 한다(물론 지금은 폭리를 취할 목적으로 매점매석을 하면 범죄행위로 처벌을 받는다. 그러니 함부로 허생 흉내를 내면 안 된다).

산업혁명 이후 생산량이 급증하면서 독과점은 오랜 논란거리가 됐다. 대표적인 사례가 석유 왕 록펠러다. 록펠러는 스탠더드오일을 인수합병을 통해 키웠다. 1890년 미국 석유시장 점유율이 90%에 달했다. 1890년 미국 정부는 서먼 독점 금지법을 만들어 트러스트(기업 담합)를 규제했지만 록펠러는 이 규정을 피해 나갔다. 스탠더드오일은 새 경쟁자가 석유사업에 뛰어들면 곧바로 자사의 석유 가격을 낮췄다. 몇 달간 저가 공세를 펴면 신규기업은 견디지 못하고 물러나갔다(이 같은 형태의 저가공세를 '약탈 가격 설정'이라고 말한다). 미국 정부로선 이런 상황을 그대로 두고 볼 수 없었다. 자동차를 비롯한 각종 생산에 필요한 석유를 특정 기업이 독점해서는 경제가 제대로 돌아갈 수 없기 때문이다. 1911년 미국 대법원은 스탠더드오일의 행위가 반트러스트법(반독점법)을 위반했다고 판결했다. 그러고는 34개 독립회사로 해체시킬 것을 명령했다. 1914년에는 클레이턴법을 만들어 독점 규제를 위한 정부의 권한을 강화시켰다.

1984년 마이크로소프트사가 또 다른 소프트웨어사인 인튜이트사를 흡수 합병하려 할 때 미국 정부는 이를 저지했다. 인튜이트사는 가장 많이 팔리는 재무 관리 프로그램의 저작권을 갖고 있었다. 미국 정부는 MS가 이 회사를 인수할 경우 시장 지배력이 지나치게 커진다고 봤다. 미국 정부는 또 1998년 MS가 윈도에 인터넷 브라우저인 익스플로러를 끼워 팔자 MS를 법원에 제소했다. 컴퓨터 운영체제를 사실상 독점하는 상황에서 프로그램까지 끼워 팔면 다른 기업이 경쟁할 수 없다는 논리였다.

아메리카노 가격이
커피 전문점마다 다른 이유는?

기업은 독과점을 유지하기 위해 여러 가지 행위를 한다. 정부는 사회 전체의 이익을 고려해 허용하는 행위와 금하는 행위를 정한다. 하지만 독과점에 따른 폐해를 언제나 경제학적으로 명쾌하게 설명할 수 있는 것은 아니다. 기업이 교묘하게 활용할 경우 정부도 단죄하기 힘들다.

① 재판매 가격 유지
재판매 가격이란 과자회사가 슈퍼마켓에 과자를 공급하면서 슈퍼마켓이 팔 과자의 가격을 정하는 것을 말한다. 예를 들어 롯데제과가 꼬깔콘을 1,000원에 슈퍼마켓에 공급하면서 반드시 1,500원에 팔라고 요구하는 행위다. 프랜차이즈 본사가 프랜차이즈 매장에 먹을거리를 공급하면서 가격을 지정하는 것도 재판매 가격 유지 행위가 된다. 맥도날드 본사가 모든 매장에 빅맥을 5,000원에 팔라고 요구했다면 재판매 가격 유지 행위다. 재판매 가격 유지 행위는 불법이다. 이 때문에 '권장 소비자 가격 제도'가 사라졌다. 요즘은 가게마다 아이스크림, 과자 가격이 다 다르다. 스타벅스 아메리카노도 서울 강남점이냐 강원도 강릉점이냐에 따라 가격이 다르다.

② 약탈 가격

스탠더드 오일의 경우처럼 후발주자를 몰아내기 위해 의도적으로 경쟁 제품의 가격을 과도하게 떨어뜨리는 행위다. 약탈 가격으로 경쟁자를 몰아낸 뒤 독점한 뒤 가격을 다시 올려 그간 손실을 회복하려 든다. 2010년 초 롯데마트가 '통큰치킨'이라며 치킨 1마리를 5,000원에 내놨다. 일반적인 프랜차이즈 매장에서 판매하는 1만 2,000~1만 3,000원 가격의 절반이었다. 이마트도 1만 1,000원대 피자를 내놨다. 일반 가게의 1만 7,000~2만 원대 피자보다 훨씬 쌌다. 중소 상공인들은 '약탈적 가격'이라며 반발했고 공정거래위원회도 '예의주시하고 있다'고 밝히면서 사회적 파장이 커졌다. 약탈 가격의 판단은 현재 경제 사정, 제조원가, 시장구조 등을 종합적으로 고려해서 결정하게 된다. 한국의 공정거래법에서는 '부당염매(不當廉賣)'로 규정한다. 부당하게 가격을 낮춰 판매해 자신의 이익을 꾀한다는 의미다.

③ 끼워 팔기

끼워 팔기란 시장 지배력이 있는 회사가 자신의 주요 제품을 팔면서 다른 제품을 끼워서 파는 행위를 말한다. MS의 익스플로러 끼워 팔기가 대표적이다. MS의 끼워 팔기는 국내에서도 논란이 됐다. 리눅스를 누르고 운영체제를 장악한 윈도는 미디어플레이, 메신저 등을 끼워 팔았다. 다음커뮤니케이션의 다음메신저 등 국내 메신저 업체와 미국의 리얼네트워크는 시장에서 고사되는 위기에 처했다. 2006년 공정거래위원회는 MS 윈도 운영체제에 미디어플레이어와 메신저 프로그램을 끼워 판매한 행위가 '시장 지배적 지위 남용 행위' 및 '불공정거래 행위'에 해당된다며 과징금 325억 원을 부과했다. 막대한 시장 지배력을 내세워 상품 선택의 자유를 침해하고 가격과 품질에 의한 경쟁을 저해했다는 이유에서였다. MS 윈도에 대해 제재를 한 것은 전 세계에서 한국이 처음이었다. 이어 EU도 윈도를 제재했다.

묶어 판다고 모두 제재를 받는 것은 아니다. 산업에 지대한 영향을 줘 공정거래의 틀을 흔들 때 '끼워 팔기'가 된다. 그렇지 않으면 '결합판매'라고 한다. 해태제과의 허니버터칩이 광풍적인 인기를 끌자 일부 매장에서는 허니버터칩에다 비인기 과자를 끼워 팔았다. 인터넷에는 '허니버터칩 인질극'이라는 우스갯소리까지 나왔다. 공정위는 "인기상품과 비인기상품을 같이 구입하도록 강제하는 것은 공정거래법이 금지하는 '끼워 팔기'가 될 수 있다"고 밝혔지만 과자 산업에 큰 영향을 주지는 않아 실제 조사는 하지 않았다. 과자 묶음 판매는 '끼워 팔기'가 아닌 '결합판매'에 가깝다고 본 것이다.

때로는 독과점도
좋을 때가 있다

〈로보캅2〉에서 디트로이트 시는 마침내 치안을 민영화하고 'OCP사(옴니코프사의 모회사)'에 아웃소싱을 준다. 시큐리티 기업인 '세콤'이 서울시의 치안 전체를 독점적으로 책임지게 된 꼴이다. 민간 기업은 공공기관과 다르다. 공익성을 생각할 필요가 없기 때문에 수익성에 따라 움직인다. 재정이 부족한 디트로이트 시가 OCP사에 운영비를 지불하지 못하자 OCP사는 곧바로 경찰의 연금과 임금을 삭감한다. 경찰이 이에 불응해 파업하자 로봇을 투입해 인력을 대치하려한다. 인간성을 찾은 로보캅은 저항한다. OCP사는 미래형 도시 델타시티를 건설하기 위해 빈민을 강제 철거하려 하지만 현장에서 로보캅은 시민을 위해 싸운다. 공익정신이 투철한 경찰관 머피의 양심이 민간 기업의 탐욕과 맞서는 것이다.

독과점이라고 무조건 나쁜 것은 아니다. 규모의 경제를 만들 수 있다면 싼 가격에 생산품을 판매할 여지가 생긴다. 정부가 상수도, 전기, 가스 등의 분야에서 독점 공기업을 설치해 운영하는 것도 이 같은 이유에서다.

민간 분야에서는 국내 독과점을 기반으로 경쟁력을 갖춘 뒤 해외에 진출하는 기회를 만들 수도 있다. 국내에서 현대·기아차는 독과점을 형성해 여기서 얻은 이익으로 세계와 경쟁하고 있다. 과거 포스코도 정부가 제철산업에서 독점을 허용해 줬기에 지금의 글로벌 경쟁력을 갖출 수 있었다. 옴니코프사가 로보캅을 독점 공급해서 덩치를 키운다면 미국은 꽤 괜찮은 군수회사 하나를 더 보유하게 될지도 모른다. 옴니코프사는 자유무역협정 (FTA) 등을 이용해 다른 나라에 진출하고, 다른 나라의 치안 서비스까지 확보하게 되면 다국적 기업이 될 수 있다. 세계화시대에 독과점을 보는 시각은 이렇게 달라질 수 있다.

독과점을 막는
가장 완벽한 방법

그럼에도 독과점이 글로벌 경제의 효율성을 떨어뜨린다는 것은 명백하다. 가격 결정권을 다국적 기업이 갖기 때문이다. 세계 식량 가격을 다국적 종자업체가 좌지우지하는 것도 같은 이치다. 때로 다국적 기업은 세계인의 생명권을 위협하기도 한다. 그래서 경제학자들은 오랫동안 독과점을 막는 장치에 대해 고민했다.

① 시장을 경쟁적으로 만들어라 - **독점 금지법**

독점 금지란 독점 기업 자체를 없애는 것을 말한다. 독점 기업을 쪼개거나 분할하고, 혹은 합병을 금지하기도 한다. 독점 금지에 관해서는 미국이 세계에서 가장 엄격한 규정을 갖고 있다고 해도 과언이 아니다. 독과점이 경제의 효율적인 경쟁을 막아 결국은 시장의 경쟁을 파괴시킨다는 생각을 갖고 있기 때문이다. 즉 '보이지 않는 손'이 제대로 작동하기 위해서는 경쟁시장이 필요하다는 것이 미국 자본주의의 정신이다.

미국의 독점 금지법은 1890년 제정된 셔먼 독점 금지법과 1914년 제정된 클레이턴법이 대표적이다. 이에 따르면 정부는 경쟁을 저해할 우려가 있는 기업 간 합병을 막을 수 있고, 기업을 분할할 수도 있다. 또 민간인들도 경쟁 제한 행위에 대해 제소할 수 있다. 미국의 독점 전화회사였던 AT&T도 이런 과정을 거쳐 8개 통신사로 쪼개졌다. 한국은 1981년부터 독과점 관련 법률이 제정돼 독과점을 금지하고 있다.

② 독점 기업의 행위를 정부가 간섭한다 – 정부 규제

독점 기업에 손을 댈 수 없다면 정부가 직접 규제하는 방안도 있다. 대표적인 것이 가격 규제다. 한국전력은 함부로 전기요금을 올리지 못한다. 사전에 정부와 논의해야 한다. 고속도로 통행료, 버스비도 마찬가지다. KTX 요금도 사실상 정부의 승인을 받아야 한다. 독점의 가장 큰 폐해가 가격 인상이다. 생산비용 이상으로 가격을 올려 독점 기업이 잉여 이익을 누릴 수 있기 때문이다.

③ 국가소유로 만들자 – 국유화

아예 정부가 보유해 국유화하는 방법도 있다. 전기, 수도, 도로, 철도 등은 공공기관이 운영하는 사례가 전 세계적으로 많다. 국내에서도 댐과 상수도는 한국수자원공사가, 도로는 한국도로공사, 철도는 철도공사가 운영과 관리를 담당하고 있다. 공공기관은 국가 재정을 투입해 상품의 가격을 낮출 수 있다. 공공성은 크지만 돈이 되지 않는다며 투자를 꺼리는 부분에도 과감하게 투자할 수 있다. 집이 한두 채밖에 없는 산골 마을까지 전기와 수도, 전화를 놓을 수 있는 것은 과거 이 서비스를 제공하는 기업들이 모두 국영기업이었기 때문이다.

〈로보캅2〉에서 미국은 로봇 경찰을 받아들일지 말지를 결정하지 못했다. 초기 여론은 로봇 경찰 도입에 강하게 반대했다. 그러자 옴니코프사는 여론전에 뛰어든다. 유명 언론인인 팩 노박을 사주해 잇달아 로봇 경찰의 활약상을 단독으로 내보낸다. 로봇 경찰의 우수성만 보여 주고 말썽을 일으킬 때는 중계를 끊어 버린다. 그 결과 여론이 반전된다. 경찰을 보호하면서도 범죄자를 완벽히 제압하는 로보캅의 모습이 부각되면서 로봇 경찰에 대한 이미지가 급상승한다. 영화는 거대 자본을 가진 대기업이 어떻게 여론을 조작하는지를 적나라하게 보여 준다. 그리고 그렇게 구축한 독점의 폐해가 시민들에게 어떤 악영향을 끼치는지도 가감 없이 드러낸다. 독점 기업 옴니코프사가 치안 서비스를 제공하지 않는다면 서민들은 치안 서비스를 받을 곳이 없어진다. 슬럼가는 더욱 슬럼화가 된다. 민영화를 시키면서 독점권을 주는 것은 그래서 위험하다. 물이 끊겨도, 전기가 끊겨도, 서민들이 호소할 곳이 없어지기 때문이다.

킹크랩의 저주?
'현대판 허생'의 독점 실패

2014년 10월. 제철을 맞은 킹크랩의 가격이 급락하는 기현상이 벌어졌다. 최상급 킹크랩은 보통 1kg에 6만 원 선에서 거래된다. 그런데 이달에는 서울 마포 농수산물시장에서 kg당 3만 5,000원에 거래됐다. 가락시장 등 다른 수산시장에서도 킹크랩 소매가는 kg당 3만~4만 원에 팔렸다. 예년 가격보다 적게는 40%, 많게는 50% 가량 싼 것이다.

왜 이런 일이 벌어졌을까? 알고 보니 한 업자가 사재기한 킹크랩 물량을 헐값에 내놓으면서 생긴 일이었다. 업자는 무려 200톤의 킹크랩을 사들였다. 자신을 통해서만 국내업자들이 킹크랩을 확보할 수 있도록 사재기를 한 것이다. 그런데 가격이 올라가자 사람들이 킹크랩을 외면했다. 킹크랩이 팔리지 않으면서 재고가 늘어났다. 생물인 킹크랩은 창고 수족관에서 오래 버틸 수가 없었다. 한 마리 두 마리씩 폐사되기 시작하자, 이 업자는 부랴부랴 원가 수준에서 킹크랩을 처분하기 시작했다. 한 주 30톤 정도 공급되던 킹크랩이 최대 100톤까지 풀려나왔다. 물량이 늘어나니 가격이 폭락했다. 농수산물과 같은 신선식품은 유통기간이 짧기 때문에 약간만 공급 물량이 늘어나도 가격이 크게 떨어진다. 반대로 조금만 공급량이 줄어도 가격이 폭등하는 특징이 있다.

이 상인은 '허생전'의 19세기 허생처럼 먹을거리를 매점매석한 뒤 가격이 오르면 다시 팔 심산이었겠지만 현실은 소설처럼 되지 않았다. 킹크랩 상인은 '독점의 원리'는 알았지만 '독점이 힘을 발휘할 수 있는 품목'에 대해서는 잘 몰랐던 것이다. 허생이 사들였던 것은 과일과 말총이었다. 과일은 명절을 앞두고 반드시 사지 않으면 안 되는 품목이다. 말총도 망건과 갓을 만드는 데 반드시 필요한 재료였다. 하지만 킹크랩은 '반드시 사 먹어야 하는' 품목이 아니었다. 킹크랩이 비싸면 대게를 사 먹으면 되고, 대게도 비싸면 안 먹으면 그만이다.

킹크랩이 팔리지 않은 또 다른 이유는 중간상인들이 독점에 반발해 단체로 불매운동을 결의했기 때문이라는 얘기도 있다. 매점매석을 통해 독점 시장구조를 만들고, 거기서 과도한 유통차익을 남기려는 업자를 상인들이 용납하지 않았다는 얘기다. 허생이 살았던 조선 후기와 달리 지금은 유통에 대한 정보가 개방돼 한 사람이 장난칠 수 없는 구조다. 물론 매점매석은 현행법상으로도 불법이다. 허생처럼 했다가는 구속된다.

설국열차에는
왜 혁명이 필요할까?

〈설국열차〉 속에 숨겨진 인구론

커티스는 꼬리칸이 싫었다. 아무리 '노력'을 해도 바뀌지 않는 삶이었다. 구정물을 식수로 먹고, 바퀴벌레 양갱이 주식이 됐다. 철옹성 같은 계급 구조에서는 도무지 위로 올라갈 수 없었다. 물론 기회가 전혀 없는 것은 아니었다. 어쩌다 중간칸 혹은 엔진칸 사람이 노동력을 필요로 할 때 기회가 생겼다. 그래 봤자 허드렛일이나 하는 게 전부였다. 높은 계층 사람을 위해 노래를 부르고 청소하고 아이를 돌보는 일이 꼬리칸 사람에게 주어진 역할이었다. 더는 '흙수저'로 살 수 없다. '금수저'를 무찌르자. 그래서 커티스는 반란을 일으켰다. 그리고 성공했다. 마침내 커티스는 설국열차를 만든 '윌포드'를 만났다.

"오호 커티스, 넌 내가 생각한 것보다 훨씬 훌륭해. 혁명에 성공하다니."

월포드가 피식 웃으면서 말했다. 죽창을 들고 있던 커티스는 어이가 없다.

"월포드. 난 지금 너를 찌를 수도 있어. 그렇게 웃을 때가 아닐 텐데."

"커티스, 이 세상은 너무 넓어. 네가 생각하는 것 이상이지. 넌 성공적으로 설국열차의 인구를 줄였어. 이제 설국열차는 지속 가능해졌어."

당황한 커티스가 월포드에게 되물었다.

"무슨 소리야. 설국열차가 지속 가능해졌다니?"

"꼬리칸과 중간칸의 인구가 너무 많아서 곤란했지. 다 먹여 살리기 어려웠거든. 그래서 네가 혁명을 일으키도록 만든 거야. 네 혁명의 결과로 꼬리칸과 중간칸의 사람이 많이 죽었어. 난 내 손에 피를 묻히지 않고 인구를 줄인 거지."

이때 남궁민수가 끼어들었다.

"월포드…… 네가 모르는 게 있어. 인구는 항상 늘어나는 게 아냐. 꼬리칸 사람은 삶이 힘들어지면 아이를 낳지 않을 거야. 꼬리칸 사람이 부족해지면 중간칸 사람이 꼬리칸 사람이 하던 일을 해야겠지. 그러다 중간칸 사람이 사라지면 엔진칸 사람이 중간칸으로 내려올지 몰라. 점점 설국열차의 사람은 적어지고 마침내 열차는 멈추는 거지. 지금은 싸움을 부추길 때가 아니야."

월포드는 말문을 닫았다. 충격을 받은 것이다.

"그럴 리 없어. 인구는 항상 늘어나!"

남궁민수는 냉소 섞인 미소를 지었다.

"멜서스는 틀렸어. 두고 봐. 머지않아 인구는 줄어들 거야. 그때는 아이를 낳아달라고 애원하게 될 거라고."

너의 반란은 기획된 것이다, 인구론의 숙명

기상 이변으로 꽁꽁 얼어붙은 2013년 지구. 설국이 된 땅위에 움직이는 물체가 하나 있다. 서리가 허옇게 낀 열차다. 무한궤도를 달리는 이 열차에는 빙하기 지구에서 살아남은 사람이 타고 있다. 세상이 얼어붙은 지 17년이 지났다. 열차는 이제 18년을 향해 달린다.

봉준호 감독의 〈설국열차〉는 작은 지구다. 열차는 물과 육류, 어류를 자급자족하며 끝없이 달린다. 꼬리칸 사람은 바퀴벌레로 만든 양갱을 먹지만, 앞머리칸 사람은 스테이크를 즐긴다. 꼬리칸은 상류층을 위해 노동력을 제공하고, 앞머리칸은 그 대가로 꼬리칸에 약간의 마실거리와 먹을거리를 내려 준다. 꼬리칸은 때때로 꿈틀대지만 그때는 '질서'를 지키라며 공권력을 동원해 찍어 누르면 그만이다. 그 '질서'는 바로 앞머리칸 사람이 만든 것이다.

억눌린 민심은 폭발 직전이다. 이미 두 번의 혁명이 실패로 돌아갔다. 꼬리칸의 젊은 지도자인 커티스는 결정적 기회를 노린다. 목표는 엔진칸 점령이다. 엔진칸을 점령한 꼬리칸 사람에게 자유와 먹을거리를 나눠 주고 싶다. 엔진칸에는 절대 권력자인 '위대하고 자비로우신' 월포드가 있다. 그는 이 열차를 만든 장본인이다. 커티스의 혁명은 성공할 수 있을까?

천신만고 끝에 엔진실에 다다른 커티스는 월포드와 조우한다. 하지만 월포드는 말한다. "너의 반란은 기획된 것"이라고. 월포드는 꼬리칸의 지도자 길리엄과 카드놀이를 하는 '절친'이다. 이들은 열차 내 생태계 균형을 맞추기 위해 인구를 조절하기로 했다. 이번 목표는 꼬리칸 사람들의 74%를 죽이는 것이다. 이를 위해 커티스의 폭동이 필요했다. 폭동을 유도한 것은 학살의 명분을 갖기 위해서였다.

혼란스러워 하는 커티스에게 월포드는 "열차는 인류와 같아. 열차 생태계는 유지돼야 하지. 이건 필요악이야"라고 말한다. 과다한 인구는 전쟁이나 폭동, 질병을 통해 줄일 수 있다. 이번 혁명은 어두운 터널에서 꼬리칸 사람이 다수 살해를 당하면서 끝나야 했다. 하지만 햇불을 들고 반격하면서 당초 시나리오가 어긋났다. 월포드는 커티스에게 선심을 쓰듯 말한다.

"(열차가 운행한 지)18주년이니까 기념으로 18명을 더 살려 주지."

〈설국열차〉를 관통하는 경제론이 하나 있다. 바로 토마스 맬서스의 인구론이다. 인구론은 초기 경제학 이론인데 이것만큼 인류에 큰 영향을 끼친 경제사상도 드물 것이다. 1980년대 후반까지 한국 정부가 했던 산아 제한은 인구론의 산물이다. 과학사의 대 발견인 진화론 역시 인구론에서 결정적인 아이디어를 구했다.

인구론이란 '식량은 산술급수적으로 증가하는데 인구는 기하급수적으로 증가한다'는 이론이다. 인간은 이런 현상을 막을 수 없으니 계속 빈곤 상태에 놓인다는 게 인구론의 결과다. 아주 염세적인 세계관이다. 인구론에 따르면 인간은 자신의 의지로 인구를 줄일 수 없다. 인구가 많고 식량이 적으면 갈등이 생기고, 그 갈등은 전쟁이나 기아로 이어져 대량 살육이 벌어진다. 인구는 자연 상태에서 스스로 조절된다.

성욕이 인류의 미래를
망친다!

맬서스는 최초의 경제학교수다. 맬서스가 살았던 18세기 말 영국은 녹록치 않은 사회였다. 18세기 중반 산업혁명이 일어나면서 영국인은 지긋지긋한 가난에서 해방될 것으로 기대했다. 산업혁명은 인류 역사상 처음으로 생산이 소비를 앞지르게 한 '대사건'이었다. 그 전까지 인류는 언제나 상품이 모자랐다. 그나마 있는 것은 일부 왕족과 귀족, 수도원의 차지였다. 다수의 서민은 부족함에 허덕였고, 그것은 운명이라 여겼다. 하지만 1777년 제임스 와트가 증기기관을 발명하면서 모든 것이 달라졌다. 방직공업, 제출공업, 석탄공업 등 모든 산업 분야가 증기기관을 이용해 기계를 돌리기 시작했고, 생산량이 폭발적으로 늘어났다. 스티븐슨은 증기기관차를 만들어 공산품을 곳곳으로 실어 날랐다.

상품은 넘쳐났지만 여전히 영국 국민의 90%는 가난했다. 나머지 10%가 영국의 부를 싹쓸이해 버렸기 때문이다. 부를 독차지한 사람은 부자가 되었다. 자본가라 불리는 공장주였다. 이른바 부르주아가 출연했다. 어제까지 나와 처지가 비슷했던 김 씨와 이 씨가 돈을 벌어 부자라면서 내 앞에 나타난 것이다. 왕족이나 귀족 같은 타고난 금수저가 아닌 사람이 부자가 된 것은 인류 역사상 없었던 일이었다.

부의 편중과 빈부 격차. 지식인은 이 같은 새로운 사회 현상을 어떻게 이해해야 할지 고민하기 시작했다. 생산량의 증가는 영국 국민을 왜 빈곤에서 구하지 못하는가? 당시의 지식인은 성직자이면서 수학자, 철학자, 법학자인 경우가 많았다. 이들은 각기 가진 지식으로 이 질문의 답 찾기에 나섰다. 오늘날 충격적인 사건이 생기면 법학자, 윤리학자, 언론인, 교육가 등 사회 지식인이 저마다의 영역에서 분석을 시도하는 것과 같은 식이다.

그중에서 성직자 출신인 맬서스는 인구에서 이 문제의 답을 찾았다. 그는 1798년 《인구론》을 펴냈다. 《인구론》은 단 한 번에 나온 책이 아니다. 1798년 초판을 시작으로 1834년까지 36년에 걸쳐 5번 개정판이 나왔다. 맬서스의 인생을 건 역작이었다는 의미다.

인구론은 대다수의 사람이 비참한 가난과 혹독한 노동 속에 살아갈 수밖에 없다는 암울한 미래를 담고 있다. 이유는 성욕 때문이었다. 자식을 일곱 명이나 두었던 맬서스는 '생식의 충동이 인간의 합리성과 독창성, 능력을 초월한다'라고 봤다.

인구론은 두 가지 가정에서 출발한다. 첫째, 인간에게는 성적 욕망을 이기지 못해 기회만 되면 성관계를 가져 아이를 낳는 본성이 있으며 둘째, 식량은 거의 증가하지 않는다. 처음 인간과 식량이 균형을 이뤘다고 생각하자 영양이 충분해진 남녀가 결혼해 아이를 낳으면서 곧 사람의 숫자가 식량보다 많아진다. 부족한 식량을 구하기 위해 사람들이 경쟁한다. 경쟁은 노동자의 임금을 떨어뜨린다. 임금은 낮아지고 식량 가격은 치솟으면서 빈곤층의 고통은 심해진다. 어느 시점에 가면 이 경쟁에서 이기지 못한 사람이 굶어 죽는다. 주로 빈곤층이다. 인구 수가 줄어든다. 식량 가격이 서서히 회복된다. 인구와 식량은 다시 균형 상태가 된다. 하지만 균형은 오래 가지 않는다. 사람들이 다시 아이를 낳기 시작하면서 인구가 급증한다. 식량 가격은 치솟는다. 빈곤층의 삶이 악화된다.

맬서스는 이 같은 반복이 자연의 법칙이며, 경제학자는 이 같은 자연의 법칙을 막을 수 없고, 따라서 경제학은 사람을 구할 수 없다고 봤다. 이를 전해 들은 맬서스의 친구이자 역사학자였던 칼라일은 "경제학은 음울한 학문"이라고 선언했다. 오늘날 "경제학은 음울하다"라고 말하는 유래는 맬서스의 디스토피아적인 상상력에서 나온 것이다.

맬서스의 인구론을 크게 반긴 것은 자본가들이었다. 자본가는 "부의 대부분을 축적했다"며 공격을 받고 있었다. 그런 자본

인구론은 대다수의 사람이 비참한 가난과 혹독한 노동 속에 살아갈 수밖에 없다는 암울한 미래를 담고 있다.

가에게 인구론은 면죄부가 됐다. 부의 불평등은 자본가 탓이 아니라 경제학적인 법칙에 따른 결과라는 것이다. 맬서스에 따르면 빈민구제책도 악이다. 가난한 사람을 구제하는 것은 경제학과 자연의 섭리를 벗어나는 행위가 됐다. 그는 "가난한 사람의 고통을 완화시키기 위한 자선이 오히려 고통을 악화시킬 수 있다"고 주장했다. 자선을 베풀어 가난한 사람의 삶이 향상되면 아이를 더 낳게 되고, 가난한 사람의 고통은 더 심해진다는 논리였다. 이제 국가와 기업주는 복지정책을 펼 필요가 없어졌다.

맬서스,
악마인가 천재인가?

이 같은 인구론에 서민들은 반발했다. 공장주가 엄청난 이익을 가져갈 게 뻔한데 말도 안 되는 논리라는 것이다. 서민들은 맬서스를 "악마"라고 불렀다. 역사는 맬서스가 죽었을 때 두 종류의 사람이 조문을 왔다고 서술한다. "너무 아까운 사람이 죽었다"는 자본가와 "악마가 정말로 죽었는지 확인하자"는 서민들이었다.

〈설국열차〉에는 당시 영국 사회의 모습이 곳곳에 담겨 있다. 한 흑인 어린이는 엔진칸에서 단종된 부품 대신 일한다. 몸집이 작아 엔진 기계실에 들어갈 수 있는 이 아이는 쉬는 시간을 제외하고는 계속 일한다. 18세기 초 급격한 생산량 증대는 노동력 부족 현상을 불러왔다. 영국의 자본가는 아이들까지 공장 노동자로 끌어다 썼다. 아이들은 하루 16시간 이상을 일하며 자기 밥벌이를 해야 했다. 특히 좁은 갱도를 오가야 하는 탄광일은 몸집이 작은 아이가 적격이었다. 9세 미만 어린이의 고용은 1833년 공장법이 제정되면서야 비로소 금지된다.

인구론의 파급 효과는 컸다. 귀족과 자본가로 구성된 영국 정부와 의회는 맬서스를 지지했다. 영국 정부는 맬서스의 이론을 곧바로 정책에 적용했다. 1801년 영국은 최초로 근대적인 인구조사를 실시한다. 이어 1834년에는 신(新) 구빈법을 통과시킨다. 구빈법은 가난한 사람을 구제하는 법이었지만, 빈민을 돕는 것과는 거리가 멀었다. 구빈법은 공공 구제의 대상을 교구 구빈원에 수용되는 사람만으로 한정했다. 구빈원에 들어오지 않는 사람은 정부가 구제하지 않았다. 구빈법의 목적은 명확했다. '빈민이 길거리에서 굶어 죽지 않도록만 하겠다'는 거였다. 당시는 기독교 정신이 지배하던 빅토리아 시대다. 신의 자비로움을 믿는 기독교 국가에서 빈민을 내칠 수는 없었다. 그러나 이들의 복지가 향상돼 아이를 낳는 수준까지 가서는 안 됐다. 그래서 구빈원에서는 가혹한 노동을 시켰고, 규율은 엄격했다. 적은 음식만을 줘 간신히 삶을 연명토록 했다. 부부라 할지라도 같은 방을 사용할 수 없었다. 부부는 격리됐다.

찰스 디킨스,
붓을 들다

맬서스의 인구론은 사회적인 찬반 논쟁을 일으킨다. 맬서스의 주장에 동의할 수 없었던 소설가 찰스 디킨스는 구빈원의 생활을 소설 《올리버 트위스트》에서 생생히 폭로했다. 구빈법이 시행된 지 4년이 되던 해였다.

"끼니때가 되면 아줌마가 붉은 죽을 퍼서, 아이 한 명당 딱 한 사발씩 주었다. 특별한 날이라야 조그만 빵 한 조각을 더 줄 뿐이었다. 그릇은 닦을 필요가 없었다. 아이들은 숟가락으로 그릇이 윤이 날 때까지 먹었다. 그러고 나서 아이들이 얼마나 간절히 솥단지를 쳐다보는지 단지를 받친 벽돌을 삼킬 듯했다."

구빈원 생활을 하는 올리버는 굶주림을 참을 수 없어 원장에게 "조금만 더 주세요!"라고 말한다. 하지만 죽도록 매를 맞고 일주일 넘게 독방에 갇힌다. 당시 구빈원의 실상이었다.

찰스 디킨스가 서민에게 애정을 가진 것은 그 역시 힘들게 자랐기 때문이다. 아버지가 빚 때문에 감옥살이를 하자 찰스 디킨스는 구두약 공장의 견습공으로 일했다. 이후 변호사 사무실 사환으로 일하며 속기를 배운 그는 영국 하원의 출입기자로 국회를 출입하면서 영국 사회의 각종 부조리에 눈을 뜨게 된다. 아동 노동을 체험했던 찰스 디킨스는 신 구빈법이 도덕적으로 혐오스러운 법이라고 생각했다.

찰스 디킨스는 《올리버 트위스트》를 홍보하기 위해 미국으로 낭독여행을 떠난다. 신대륙 아메리카는 무한정 넓었고, 초원은 한가로이 풀을 뜯는 소가 가득했다. 그가 직접 목격한 아메리카는 수십억 에이커의 미경작지가 있는 곳이었다. 그는 세계의 식량이 곧 고갈될 것이라는 맬서스식 처방에 동의할 수 없었다. 찰스 디킨스는 '인구론'은 영국에만 한정된 주장에 불과하다는 확신을 갖게 됐다. 그리고 미국 여행에서 돌아온 그는 소설을 쓴다. 바로 《크리스마스 캐럴》이다.

크리스마스이브 저녁, 스크루지는 홀로 있는 어두운 방에서 과거의 동업자, 말리의 유령을 만난다. 말리의 유령은 쇠사슬에 묶인 자신을 보여 주며 자신과 같은 삶을 살지 말라고 부탁한다. 이어 3명의 유령이 찾아온다. 과거와 현재, 미래를 보여 주는 유령들이다. 과거를 보여 주는 유령은 스크루지에게 순수하고 맑고 밝았던 청년 시절을 비춰 준다.

현재의 유령은 크리스마스이브 저녁, 자신의 사무실에서 일하는 서기인 밥 크레칫의 가정을 보여 준다. 또 자신을 크리스마스 만찬에 초청했던 조카의 가정도 보여 준다. 모두 즐겁고 화목하다. 끝으로 미래의 유령은 홀로 죽은 구두쇠를 보여 준다. 사후 자신이 가진 것을 강탈당하고 찾아오는 이 없이 쓸쓸하게 생을 마무리하는 인물이다. 그런데 알고 보니 스크루지 자신이다.

깨달음을 얻은 스크루지는 다음 날 눈을 뜨자마자 새로운 사람이 된다.

구두쇠 스크루지의
실제 모델은 누구일까?

'스크루지'는 구두쇠를 상징하는 인물이다. 찰스 디킨스는 스크루지가 주인공으로 등장하는 《크리스마스 캐럴》을 1843년에 썼다. 그러니까 스크루지는 170년 동안 대표 구두쇠 자리를 차지하고 있는 셈이다. 그런데 스크루지의 모델은 누구일까? 지금부터 한번 유추해 보자.

크리스마스 이브, 자선단체는 퇴근하는 스크루지에게 기부를 요구한다.

"빈민구호법만으로는 가난으로 고통받는 수많은 이들에게 정신적으로나 육체적으로 기독교적 사랑을 충분히 베풀기 어렵습니다. 그런 까닭에 저희 몇몇이 기부금을 모으러 다니는 거고요. 불우한 이웃들에게 고기와 음식 그리고 땔감을 마련해 주려고 말입니다."

스크루지는 매몰차게 거절한다.

"날 좀 가만히 내버려 두시오. 생계가 어려운 사람들은 거기

192

로(구빈원) 가라고 하시오."

자선단체의 신사는 다시 부탁한다.

"구빈원에 손을 벌리느니 차라리 죽어 버리겠다는 사람들이 많습니다."

스크루지도 물러서지 않는다.

"그러라고들 하시오. 그러면 남아도는 인구를 줄일 수 있겠군."

그렇다. 스크루지는 바로 맬서스다. 《크리스마스 캐럴》은 인구론을 신봉하던 맬서스가 마음을 고쳐먹는 과정을 그렸다. 찰스 디킨스의 눈에 비친 맬서스는 냉혈한이었다. 그런 맬서스를 좋게 묘사할 리가 없다.

"스크루지는 벼룩의 간을 빼 먹는 사람이었다. 스크루지! 쥐어짜고 비틀고 움켜쥐고 긁어모으고 낚아채고 매달리는 욕심 많은 늙은 죄인! 내면의 차가움은 그의 외모를 꽁꽁 얼어붙게 해 뾰족한 매부리코는 더 뾰족해 보였고, 움푹 팬 볼은 더 바싹 말라 보였다. 걸음걸이는 뻣뻣했으며 눈은 시뻘겋게 충혈되었고, 얇은 입술은 파랗게 질려 있었으며 목소리는 찢어질 듯 날카롭고 심술궂었다. 머리와 눈썹 그리고 수염이 꺼칠한 턱에는 찬 서리가 희끗희끗 내려앉아 있었다. 스크루지는 어디를 가든 자신의 냉기를 몰고 다녔다."

찰스 디킨스는 《크리스마스 캐럴》을 통해 맬서스를 꾸짖는다. 맬서스의 인구론은 부자와 가난한 사람을 가른다. 그리고 경쟁에 밀린 가난한 사람은 죽을 수밖에 없다고 규정한다. 기독교 전통의 영국 사회는 분노했다. 맬서스 당신은 신이 아니라는 것이다. 자신의 현재를 본 스크루지가 괴로워하자 유령이 준엄하게 꾸짖는다.

"네 심장이 돌로 만들어진 것이 아니라 피와 살로 만들어진 것이라면 인구가 남아돈다는 말이 무슨 뜻인가. 대체 어디에 남아도는지 제대로 알지도 못하면서 그런 사악한 말을 해서는 안 되는 법이야. 감히 사람의 생사를 네가 결정하려 하느냐?"

아이를 열 명이나 낳았던 찰스 디킨스는 맬서스의 주장을 결코 받아들일 수 없었다. 스크루지는 칠면조, 거위, 편육, 새끼돼지 통구이, 소시지, 푸딩 등이 방 안에 가득하고 그 음식으로 만들어진 왕좌에 앉아 있는 과거의 유령을 만난다. 영국은 결코 먹을 것이 부족한 나라가 아니라는 것을 의미한다. 유령과 함께 찾아간 조카와 서기 밥 크레칫의 가정은 화목하다. 푸딩은 양이 부족하지만 부족하면 부족한 대로 가족끼리 나눠 먹는다. 디킨스는 이 장면을 통해 '인간은 결코 동물이 아니다'라는 메시지를 맬서스에게 보여 줬다. 《크리스마스 캐럴》은 1843년 12월 17일에 출간돼 크리스마스이브까지 발행한 6,000부 모두가 팔리는 대성공을 거뒀다. 불어나는 식구로 돈이 아주 필요했던 찰스 디킨스로서는 《크리스마스 캐럴》이 생계를 구한 구세주가 됐다.

마르크스와
리카도의 반박

　'인간은 동물이 아니다'라며 인구론을 경제학적으로 반박한 경제학자가 《자본론》의 저자 마르크스다. 마르크스는 인구론이 자본가에게 면죄부를 주도록 그냥 지켜볼 수는 없었다. 마르크스는 '상대적 과잉인구'로 반박했다. 상대적 과잉인구란 쉽게 말해 실업자다. 마르크스는 사람이 많아서가 아니라 공장주가 이익을 더 많이 가져갔기 때문에 실업자가 생기는 것이라고 봤다. 사장은 기계를 도입해 인건비를 떨어뜨렸고, 노동자가 줄어든 일자리를 놓고 경쟁하면서 임금은 더 떨어졌다. 여기서 직장을 잡지 못한 사람이 실업자가 됐다. 만약 자본가가 탐욕을 버리고 자신이 챙긴 이득을 세상에 내놨다면 일자리는 얼마든지 있다는 것이 마르크스 주장의 핵심이다. 마르크스는 부가 특정 계층에 몰리면서 생긴 실업의 책임을 가난한 노동자에게 돌리지 말라고 경고했다.

　반 맬서스 진영에는 데이비드 리카도도 있었다. 리카도는 '비교우위의 법칙'을 통해 무역이론을 만든 학자다. 리카도는 '차액지대론'으로 맬서스를 반박했다. 당시 경제학자들은 노동가치설을 믿었다. 노동가치설이란 노동의 가치는 일정하다는 것이었다. 그런데 실제로는 같은 사람이 농사를 지어도 수확량은 각기 다르다. 리카도는 수확량의 차이는 땅의 비옥도에 따라서 달라진다고 봤다. 문제는 이 비옥한 땅에서 나는 수확량을 지주가 몽땅 가져가 버리고 농민은 항상 똑같은 몫만 가져간다는 점이다. 지대(땅 임대료)를 불로소득으로 챙긴 지주는 갈수록 부자가 된다. 노동자는 아무리 뼈 빠지게 일해도 가난에서 벗어날 수 없었다. 리카도는 "지주는 아무 일도 하지 않고도 차액지대를 받아서 갈수록 부자가 되는 것"이라고 주장했다.

차액지대론은 오늘날에도 자영업자를 울린다. 삼겹살 가게 주인이 열심히 일해 손님을 끌어 모으고 많은 수익을 올렸다. 이를 지켜보던 건물주가 돌연 임대료를 2배로 올린다. 자리가 좋아서 손님이 많아진 것이니 임대료를 올려 받겠다는 것이다. 그러면서 싫으면 나가라고 한다. 뼈 빠지게 일한 가게 주인의 수익이 가만히 앉아 있는 건물주의 주머니로 들어가는 셈이다. 젠트리피케이션(낙후된 구도심이 번성해지면서 임대로 살던 원주민이 쫓겨나는 현상)은 차액지대론의 결정판이다.

맬서스의 인구론은 세계에 경종을 울렸다. 한국의 '둘만 낳아 잘 기르자'나 중국의 '한 아이 정책'은 맬서스의 경고를 받아들인 정책이다. 하지만 인구론은 1950~1960년대는 낡은 경제이론으로 치부됐다. 화학비료와 종자 개량, 대량 기계화 경작 등을 통해 식량혁명이 일어났기 때문이다. 또 피임법이 개발되면서 인간은 성욕을 유지하면서도 아이는 많이 낳지 않는 방법을 알게 됐다. '식량은 산술적으로 늘어난다'와 '인구는 기하급수적으로 늘어난다'는 두 전제가 어긋나면서 폐기되는가 싶었던 인구론은 1970년대 오일쇼크가 발생하면서 되살아난다.

인구론을 구한
'성장의 한계'

로마클럽의 보고서 '성장의 한계'(1972년)는 인구 증가와 급속한 공업화로 인해 지구의 식량과 자원이 고갈되고 환경이 파괴돼 인류는 100년 안에 성장의 한계에 도달한다고 주장했다. '성장의 한계'는 서문을 통해 "연못에 수련이 자라고 있다. 수련이 하루에 두 배로 늘어나는데 29일째 되는 날 연못의 반이 수련으로 덮였다. 아직 반이 남았다고 태연할 것인가? 연못이 수련으로 뒤덮이는 날은 바로 내일이다"라고 경고했다. '지속 가능한 발전'이라는 용어는 이 책에서 처음 제시됐다.

전 세계는 이 보고서로 인해 큰 충격을 받는다. 스톡홀름 유엔 인간환경회의는 '인간환경선언'을 채택하면서 범세계적인 환경 보호와 자원 관리에 들어간다. 죽었던 것 같은 인구론은 '신맬서스주의'로 부활된다. 과거 식량 부족을 석유, 원자재, 에너지 등 천연자원의 고갈론으로 확대시킨 것이 '신맬서스주의'다. 신멜서스주의자는 기술의 진보가 이를 약간 지체시킬 뿐 근본적인 대안이 아니라고 주장한다.

영화 〈킹스맨〉은 '신멜서스주의'에 힘을 실어 준다. 킹스맨은 말쑥하고 세련되면서 유머러스하고, 여자를 밝히는 전형적인 영국형 스파이다(킹스맨은 '매너가 사람을 만든다'라는 엄청난 명언을 남겼다). 미국 정부도, 영국 정부도 모르는 비밀조직이다. 거대 통신사 회장인 발렌타인은 '가이아 이론'의 신봉자다. 가이아란 그리스 신화에 나오는 대지의 여신이다. '가이아 이론'은 지구를 살아 있는 생명체로 본다. 사람은 물론이고 각종 동식물, 기후, 토양 등이 서로에게 영향을 미치며 지구라는 생명체에서 살아가고 있다. 지구 온난화나 환경 파괴는 지구에 무언가가 탈이 난 것으로, 그대로 방치했을 때는 지구가 죽을 수도 있다. 1978년 영국 과학자인 제임스 러브록이 《지구상의 생명을 보는 새로운 관점》이라는 저서에서 이같이 주장했다.

발렌타인 회장은 지구가 골병이 드는 이유를 너무 많아진 바이러스(인구)에서 찾는다. 이렇게 되면 숙주(지구)가 바이러스(인구)를 죽이거나, 바이러스(인구)가 숙주(지구)를 죽이게 되는데, 발렌타인 회장은 자신이 나서 바이러스(인구)를 죽여 지구를 살리기로 한다. 그래서 세계 각국의 유력 정치인, 부자, 지식인 등을 지하세계로 빼돌리고 필요 없는 인간들은 서로가 서로를 죽이도록 유도한다. 빈민끼리 경쟁을 해 인구를 줄이는 인구론과 맥이 통한다. 킹스맨은 발렌타인 회장의 구상을 가로막는다. 제2의 찰스 디킨스인 셈이다.

신멜서스주의는
선진국의 음모?

'신멜서스주의'는 한국을 비롯한 개발도상국에게는 지지를 받지 못했다. 개도국이 선진국으로 도약하려는 것을 방해하는 국제정치경제학이 적용됐기 때문이다. 선진국은 18세기 이후 엄청난 자원을 쓰고 온실가스를 퍼뜨리며 성장했다. 이제 개도국이 성장을 하려 하니 지구 온난화를 내세워 자원 사용을 방해한다는 것이다. 개도국은 현 지구 온난화에 선진국이 더 많은 책임을 지라고 요구했다. 또 미국과 일본은 자국의 성장을 이유로 탄소배출협약 가입을 거부했다. 각국의 이해관계가 엇갈리며 좌초될 뻔했던 지구 온난화 대책은 2015년 12월 파리기후협약COP21에서 선진국과 개도국, 대부분이 동참하기로 하면서 결실을 맺게 됐다. 과거 지구 온난화 대책은 생산 축소를 통해 탄소 사용을 줄이는 것이 골자였지만 COP21은 신 재생에너지 개발을 위해 국제사회가 대규모 투자를 하는 것이 뼈대다. 새로운 성장 동력 찾기가 필요했던 세계 각국은 신기술을 선점하기 위해 탄소 배출 감축에 합의했다.

맬서스의 인구론은 새로운 도전에 직면해 있다. 2014년에 맬서스가 했던 인구 예측은 맞았다. 그가 살았던 1850년대 12억 명이던 세계 인구는 2014년 71억 명으로 늘어났다. 문제는 지금부터다. 주요 국가에서 인구가 줄고 있다. 주요 선진국의 합계 출산율(한 여성이 평생 동안 낳은 아이 수)는 2명 이하로 떨어졌다. 한국은 1.2명까지 내려갔다. 인구가 유지되려면 한 여성이 2.1명은 낳아야 한다. 한국의 인구 감소도 심각하다. 1972년 한 해 102만 명의 아이가 태어났지만 2014년에는 43만 명만 태어나는 데 그쳤다. 한국은 2017년부터 생산 가능 인구(15세~64세)가 줄어들기 시작하고, 2030년부터는 총인구가 줄어든다. 1996년 생산 가능 인구가 줄어들기 시작한 일본은 2015년부터 총인구 감소를 경험하고 있다. 위기를 느낀 일본은 "반드시 인구 1억 명은 사수하겠다"며 합계 출산율 1.8명을 목표로 내세웠다

맬서스가 생각 못한 '인구 오너스'의 세계

인구 증가로 인해 GDP가 늘어나고, 경제가 성장하는 것을 '인구 보너스'라고 한다. 소비가 늘어나면 물가는 상승하고 생산

성도 높아진다. 반대로 인구 감소로 인해 GDP가 축소되고 소비와 부동산이 침체되는 현상을 '인구 오너스'라고 한다. 소비는 축소되고 물가는 하락하며 노동력 부족으로 생산성은 떨어진다. 최근 한국이 겪고 있는 현상과 비슷하다.

경제학자인 해리 덴트는 경제를 인구로 설명한다. 그는 저서 《2018 인구 절벽이 온다》에서 저출산 고령화로 세계 주요 선진국에서 인구 절벽 현상이 일어날 것이라고 밝혔다. 인구 절벽Demographic Cliff이란 아이가 적게 태어나 인구가 급속히 감소하는 것을 말한다.

해리 덴트는 소비가 가장 많은 나이가 45~49세라고 밝혔다. 이런 세대가 주축이 된 미국의 소비 정점은 2003년에서 2007년, 일본은 1989~1996년이었다. 그 이후 미국은 금융위기를 겪었고,

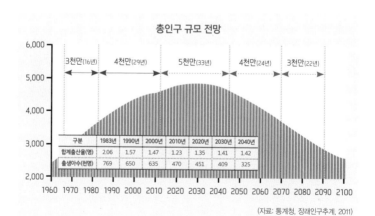

총인구 규모 전망

구분	1983년	1990년	2000년	2010년	2020년	2030년	2040년
합계출산율(명)	2.06	1.57	1.47	1.23	1.35	1.41	1.42
출생아수(천명)	769	650	635	470	451	409	325

3천만(16년) 4천만(29년) 5천만(33년) 4천만(24년) 3천만(22년)

(자료: 통계청, 장래인구추계, 2011)

일본은 장기 침체에서 벗어나지 못하고 있다. 한국의 최고 소비 연령은 47세다. 해리 덴트는 한국도 2010년에서 2018년까지 소비 지출이 정점을 찍은 뒤 2018년부터 인구 절벽을 겪을 것이라고 예측했다. 2018년 이후 한국 부동산 침체를 예상하는 것도 이 이론이 바탕이 됐다.

멜서스는 인구 오너스 시대를 예상하지 못했다. 개인의 삶에 대한 기대치가 높아지고, 교육비 등 육아에 대한 부담이 늘어나면서 아이를 낳는 것을 기피하는 현상은 전 지구적으로 확대되고 있다. 유럽에 이어 아시아가 인구 감소를 경험한 뒤 21세기 후반이면 라틴아메리카와 아프리카도 인구 감소가 예측된다. 인구를 늘리기 위해 출산장려책을 짜내는 각국 정부를 보면 멜서스는 뭐라고 말할까. 세상의 경제학 중 영원한 것은 없다.

원유는 언제 동이 날까?
피크 오일 이론

땅속에 묻혀 있는 원유는 무한한 자원이 아니다. 인류는 원유를 마구 퍼 쓰면서도 언젠가 동이 날 수밖에 없는 원유에 대해 걱정을 해 왔다. 인구가 늘어난 만큼 원유 사용량도 늘어났다. 1956년 지질학자인 킹 허버트는 '피크 오일(Peak Oil)'이라는 개념을 제시했다. 피크 오일이란 전체 매장량의 절반을 써 버려서 석유 생산이 줄어들고 가격이 급등하는 시점을 말한다. 킹 허버트는 '피크 오일' 시점부터 대혼란이 일어난다고 예상했다. 석유 생산량은 큰 폭으로 늘어나다가 특정 시점에 도달하면 급격하게 감소한다. 전체적인 곡선은 종 모양이 되는데 이를 '허버트의 곡선'이라고 부른다. 허버트의 곡선은 심리적 요인이 강하다. 남아 있는 매장량이 절반도 안 남았다고 생각하는 순간 석유 생산자들은 갑자기 생산을 줄인다. 그러면서 가격이 폭등한다. 불안 심리에 사재기까지 일어나면 가격은 더 뛰고, 세계는 석유분쟁과 대공황에 빠진다. 기름 값이 오르면 화학비료 가격도 오른다. 비료 값이 폭등하면서 식량 생산은 크게 줄어든다. 식량 생산이 감소하자 식량 가격은 치솟는다.

전문가들은 피크 오일 시점이 2030년쯤 올 것으로 보고 있다. 포스트카본연구소의 리처드 하인버그는 전 세계의 원유 생산은 2005년 5월에 고점을 찍었고, 2010년부터 점진적인 감소세를 보이면서 2030년에는 하루 3,000만 배럴 생산 수준까지 줄어들 것으로 예측했다. 2007년 생산량은 8,500만 배럴이다.

또 블룸버그 뉴에너지파이낸스(BNEF)의 마이클 리브라이흐도 "2030년까지 화석연료 성장세는 거의 멈출 전망"이라면서 "돌이킬 수 없는 기후 변화 상황을 예방하기 위해서라도 2020년까지 화석연료 사용을 멈춰야 하는 것으로 알고 있다"고 말했다.

피크 오일 이론이 너무 비관적이라는 주장도 있다. 허버트는 미국의 석유 생산이 1970년대 초 정점을 찍은 뒤 꾸준히 감소할 것으로 예상했다. 하지만 이후 새로운 시추 기술이 도입되며 새 유전이 잇달아 발견됐다. 1990년 이후 중국, 인도, 브라질 등 인구가 많은 개도국이 급격히 성장하면서 원유 고갈에 대한 우려가 다시 나오고 있다. 2030년 전 세계의 중산층 숫자는 지금보다 50% 이상 늘어날 예정이다. 자동차, 주택, 클라우드 컴퓨팅 등을 사용하면서 에너지를 많이 쓰는 소비자가 30억 명 가량 더 늘어난다는 의미다. 이에 따라 에너지 소비는 지속적으로 늘어나고, 원유의 사용도 그만큼 많아진다.

피크 오일이 도래하는 시점을 늦추기 위해 세계는 에너지 효율을 높이고 재생에너지를 개발하는 데 투자를 늘리고 있다. 특히 중국은 세계 최대 재생에너지 투자국으로, 미국의 투자 수준을 넘어섰다. 뉴멕시코 주 전 주지사 빌 리처드슨은 2030년 피크 오일 이론에 대해 "그리 빨리 올 것으로 생각하지는 않지만 방향은 맞다"며 "2030년 피크 오일 전망은 인류가 지금보다 에너지 개발에 투자를 더 많이 해야 한다는 것을 의미한다"라고 말했다.

마법사의 돌이 모든 것을 금으로 만들면
해리 포터는 왜 가난해질까?

《해리 포터》 속에 숨겨진 인플레이션

해리 포터와 헤르미온느, 론 위즐리는 조용히 비밀의 방으로 들어섰다. 그리고 준비한 스마트폰을 꺼내 멜론에서 다운로드 받은 '강남 스타일'을 틀었다. 머리 셋 달린 개, 플러피는 강남 스타일에 맞춰 흥얼거리다 이내 잠이 들었다.

해리 포터는 낮게 속삭였다.

"플러피가 드디어 잠이 들었어. 플러피가 지키고 있는 것은 '마법사의 돌'일 거야. 어둠의 마법사 볼드모트가 이걸 갖게 되면 영생을 얻게 돼. 우리는 이 돌을 지켜야 해."

빨강머리 론도 동의했다.

"맞아, 해리. 우리가 볼드모트로부터 호그와트 마법학교를 지켜

내야 해. 난 네 친구라는 게 너무 자랑스러워."

해리도 기분이 좋은 듯 론에게 말해다.

"그래 론, 그렇게 인정해 줘서 고마워. 아마 이 마법사의 돌을 지키면 우리 기숙사는 올 연말 최고의 기숙사로 뽑힐 거야."

"야호! 신난다."

론이 소리쳤다.

그런데 헤르미온느가 잠잠하다. 뭔가 미심쩍다는 듯이 손을 턱에 괴고 있다.

해리가 물었다.

"헤르미온느. 넌 기쁘지 않니?"

헤리미온느가 해리를 뚫어져라 쳐다봤다.

"해리, 솔직히 난 네가 좀 미심쩍어. 이렇게나 열심히 마법사의 돌을 찾으러 다니는 데는 딴 이유가 있는 것 같단 말이지. 머리가 셋 달린 플러피도 겁을 내지 않고……. 아무래도 다른 꿍꿍이가 있는 것 같아."

해리가 깜짝 놀라 소리쳤다. 둥그런 안경알 속 해리의 눈빛이 당황스러움으로 가득 찼다.

"무슨 소리야. 꿍꿍이라니. 나는 볼드모트가 영생을 얻는 것을 막고 싶을 뿐이야."

"아냐, 해리 포터. 마법사의 돌이 모든 것을 금으로 만드는 것을 너는 알고 있지? 너는 볼드모트가 이걸 얻어서 세상의 많은 것을 금으로 만들어서 유통시키는 것을 막고 싶은 거야. 만약 볼드모트가 그렇게 하면 너는 알거지가 되거든!"

론이 눈을 껌뻑이며 묻는다.

"그게 무슨 말이야 헤르미온느? 해리가 다시 거지가 된다니. 해리, 넌 무슨 말인지 알겠니?"

해리 포터가 순식간에 꿀 먹은 벙어리가 됐다.

"론, 볼드모트가 세상의 모든 것을 금으로 만들면 세상에는 금이 넘쳐나게 돼. 그러면 금의 가치가 떨어지지. 이른바 '인플레이션'이 일어나. 그러면 해리가 부모님께 받은 그 많은 금은보화의 가치도 떨어지게 되지. 최악의 경우, 빈털터리가 될 수도 있어."

"아, 그렇게 되는 거구나. 헤르미온느, 넌 역시 똑똑해."

론이 고개를 주억거리는 사이 해리는 입맛을 다셨다.

"에잇, 너랑 경제학 강의를 같이 듣지 말았어야 했는데……."

물가가 올랐어요,
내 주머니가 비었어요

"물가가 너무 올라서 살 게 없어. 돈값을 못하네."

장을 보고 온 부모님이 종종 내뱉는 말이다. 물가란 대체 무엇이기에 나날이 오르기만 할까? 집값도 매년 큰 폭으로 오르고, 교복이나 참고서 가격도 제법 올랐다. 김밥도, 햄버거 가격도 작년과 올해가 다르다. 물론 물가가 항상 오르는 것만은 아니다. 2016년 기름 값은 전년에 비해 많이 떨어졌다. 리터당 1,600~1,700원 하던 휘발유 값이 1,200~1,300원까지 떨어졌다. 2016년 소비자물가 상승률은 0.7%였다. 전체 상품을 기준으로 보자면 물가가 거의 제자리를 맴돌았다는 얘기다. 그렇다면 물가는 어느 때 오르고, 또 어느 때 내리는 걸까?

모든 상품에는 가격이 있다. 햄버거 하나에 3,000원, 아메리카노 한 잔에 4,000원. 이런 게 가격이다. 물가prices란 이런 상품과 서비스의 가격을 모아서 평균치를 낸 것이다. 물건의 값은 고정돼 있지 않다. 여러 가지 이유로 계속 움직인다. 때론 오르고, 때론 내린다. 물가 인상을 '인플레이션'이라고 한다. 물가가 오르면 상품의 가치는 올라가고, 돈의 가치는 떨어진다. 반대로 물가가 내리는 것을 '디플레이션'이라고 한다. 상품 가치가 떨어지고 돈의 가치가 올라가는 현상이다.

먼저 인플레이션부터 살펴보자. 인플레이션은 언제 발생할까? 돈과 상품과의 관계를 볼 때 돈이 많고 상품이 적을 때 인플레이션이 발생한다.

▎물건의 값은 고정돼 있지 않다. 여러가지 이유로 오르고 또 내린다.

① 비용 상승 인플레이션Cost Push Inflation

생산에 필요한 재료와 임금의 가격이 오르면 최종 생산되는 물건 가격도 오른다. 밀가루 가격이 오르면 빵이나 라면 가격이 오른다. 석유 가격이 오르면 플라스틱 가격이 오를 수 있다. 1970년대 두 차례의 오일 쇼크는 주요 상품의 가격을 끌어올렸고, 인플레이션을 발생시켰다. 인플레이션은 스태그플레이션을 이끌 수도 있다. 스태그플레이션이란 경기는 침체되는데 물가만 오르는 현상이다. 재료 값 인상으로 상품 가격이 오르면 사람들이 물건을 적게 사게 된다. 물건이 안 팔리니 기업은 근로자를 해고하고, 근로자가 일자리를 잃어 소득이 줄어들면 물건을 사지 않게 돼 경기가 침체된다. 경기는 침체되는데 물건 가격만 오르니 불황이 더 깊어진다.

② 수요 견인 인플레이션Demand Pull Inflation

갑자기 수요가 늘어났을 때 혹은 공급이 줄었을 때 발생하는 물가 인상이다. 공급을 쉽게 조절할 수 없는 제품, 특히 농산물에서 많이 발생한다. 농산물의 경우 강수량이나 일조량 등 자연 현상의 영향을 많이 받기 때문에 마음대로 양을 늘리거나 줄일 수 없다. 가뭄이 오면 배추나 파 등의 가격이 급등한다. 채소류는 저장성이 떨어져서 작황이 나빠지면 시장에 나오는 물량이 대폭 줄어든다. 배추 가격이 오르면 김치 가격이 오르고, 김치 가격이 오르면 식당은 음식 가격을 올리거나 김치를 내놓지 않게 된다. 농작물 가격이 올라서 야기되는 인플레이션을 애그플레이션Agflation이라 부른다. 농업Agriculture과 인플레이션inflation의 합성어다.

③ 관리 가격 인플레이션

독과점 때 생산자가 가격을 의도적으로 올려서 발생하는 것이 인플레이션이다. 공공요금을 인상할 때 많이 발생한다. 수자원공사가 물 값을 인상하거나 한국전력이 전기요금을 인상해 버리면 이를 사용하는 생산자도 제품의 가격을 올려야 한다. 버스나 지하철 요금이 인상되면 택시나 고속버스 요금이 인상될 수도 있다. 이어 항공 운임이나 KTX 요금도 오를 수 있다.

인플레이션
딜레마

인플레이션은 '합법적인 양상군자(도둑)'라고도 한다. 물가가 오르면 사람이 갖고 있는 화폐의 가치가 떨어져 앉아서 금고를 털린 것과 같기 때문이다. 예를 들어 사과 한 개가 1,000원이었다. 그런데 물가가 상승해서 2,000원이 됐다. 예전에 2,000원을 갖고 있던 뽀로로는 사과 2개를 사먹을 수 있었지만 지금은 1개밖에 못 산다. 2,000원을 갖고 있다고는 하나 구매력(물건을 살 수 있는 능력) 기준으로 보자면 실제로는 1,000원을 갖고 있는 셈이다. 1,000원을 도둑맞은 기분이 들 수밖에 없다.

인플레이션이라고 무조건 나쁜 것은 아니다. 통상적으로는 경기가 좋을 때 수요가 많고, 수요가 많으면 물가가 인상된다는 점에서 점진적인 인플레이션은 장려되는 편이다. 인플레이션 때는 실업률이 줄어드는 경우가 많다. 물가 인상 때 실업률이 적어지는 것을 그래프로 나타낸 것이 바로 필립스 곡선이다. 경기가 나쁘면 정부가 경기를 살리기 위해 돈을 푼다. 정부가 공사를 하면 건설 수요가 생긴다. 건설사가 인부를 고용하면 일자리가 늘어나고 실업자는 줄어든다. 정부가 돈을 풀었기 때문에 돈의 가치는 떨어지고 인플레이션이 생긴다. 바로 인플레이션 때 실업률이 떨어지는 이유다.

하지만 장기적으로는 필립스 곡선이 틀렸다고 주장하는 경제학자도 많다. 기업이 고용을 늘리기 위해 근로자의 임금을 인상해 준다. 근로자가 처음에는 임금이 인상된 것처럼 느껴 기꺼이 공장에 나가 일한다. 그런데 시간이 지나고 보니 물가 인상으로 인해 자신의 실질임금은 그대로, 혹은 더 낮아졌다는 것을 알게 된다. 근로자는 큰 폭의 임금 인상을 요구한다. 하지만 기업이 임금을 더 올려 준다 하더라도 과거의 실질임금 수준으로 오르는 게 고작이다. 과거 실질임금보다 더 큰 폭의 임금 인상이 이뤄지지 않는 한 노동 공급은 추가로 늘어나지 않는다. 재정을 쓰든 쓰지 않든 실업률은 자연실업률 수준에 머무르게 된다는 뜻이다. 다시 말해 실업자는 그대로인데 상품 가격과 임금만 인상됐다는 얘기다.

밀턴 프리드먼은 "인플레이션은 언제 어디서나 화폐의 문제"라고 말했다. 시중에 화폐가 얼마나 풀렸느냐에 따라 인플레이션이 결정된다는 뜻이다. 인플레이션은 돈과 상품 간의 싸움이다. 중앙은행이 돈을 마구 뿌려대지 못하는 것도 이 때문이다.

가난을 해결하는 가장 좋은 방법은 뭘까? 국가가 그냥 돈을 찍어서 무상으로 나눠주는 것이다. 돈만 있으면 무엇이든 살 수 있으니 노숙자를 구제하는 가장 좋은 방법이 될 것 같다. 문제는 경제 시스템이다. 갑자기 돈이 생긴 노숙자들이 빵을 사려 한다고 생각해 보자. 빵을 사려는 사람이 많아지면 빵 가격이 올라간다. 1개에 1,000원 하던 빵이 1만 원, 10만 원을 줘도 구하기 어렵게 될 수 있다. 사회 전체적으로 보면 돈이 넘쳐나고 그만큼 상품과 서비스의 가치는 떨어진다. 즉 가격이 올라간다.

'해리 포터 시리즈'는 어린 해리 포터가 이모 집에 맡겨지는 것으로부터 시작된다. 해리 포터는 한 살 때, 부모가 어둠의 마법사 볼드모트에 의해 살해당하고 홀로 남겨진다. 볼드모트는 해리 포터마저 죽이려 하지만 어머니가 자신의 생명을 희생하면서 남긴 고대의 보호마법은 볼드모트의 살인저주를 반사해 오히려 볼드모트를 공격한다. 해리 포터와 볼드모터의 긴 악연은 이때부터 시작된다.

이모 집에서 눈칫밥을 먹고 자라던 해리 포터의 열한 번째 생일. 해리는 세계 최고의 마법사 양성 학교인 호그와트 마법학교에 입학한다. 알고 보니 해리 포터는 마법사의 세계에서 유명인사였다. 볼드모트를 죽인 아이로 알려져 있었던 것이다. 해리는 이곳에서 론과 헤르미온느를 만나게 되고 세 사람은 친구가 된다. 이들은 기숙사 이곳저곳을 떠돌다 3층의 어떤 방에서 머리가 셋인 개, 플러피를 만나게 된다. 그리고 이들은 플러피가 '마법사의 돌'을 지키고 있다는 사실을 알게 된다. 마법사의 돌은 모든 것을 금으로 바꿀 수 있을 뿐 아니라 영원한 삶을 줄 수 있는 전지전능한 마법계의 아이템이다. 해리 포터 때문에 몸을 잃어버린 볼드모트는 이 돌을 빼앗으려 한다. 볼드모트가 마법사의 돌을 갖게 될 경우 영생을 얻음과 동시에 해리 포터를 경제적으로 파산시킬 수도 있다.

볼드모트,
해리 포터를 파산시키다

　가난뱅이인 줄 알았던 해리 포터는 알고 보니 엄청난 부자였다. 부모님이 돌아가시기 전 남겨 놓은 금은보화가 마법사 세계의 은행인 그린고트에 쌓여 있었던 것이다.

　금이 비싼 이유는 귀하기 때문이다. 금은 땅에서 캐내야 하는데 그 양이 한정돼 있다. 그래서 세계인은 금을 얻기 위해 싸움을 했고, 신대륙을 찾기 위해 머나먼 길을 떠나기도 했다. 마르코 폴로의 동방 여행이나 콜럼부스의 항해도 동양 어딘가에 있을 금의 제국을 찾기 위한 여행이었다. 금은 금화로 제작돼 화폐의 중심이 됐다. 금화는 종이돈인 화폐로 발전했지만 화폐 발행은 금의 양에 달려 있었다. 화폐를 가져가면 은행은 언제든 금으로 바꿔 줘야 했다. 이를 금 본위제도라고 한다. 금은 오늘날에도 '안전자산'으로 대접받는다. 중앙은행이 마음대로 찍어댈 수 있는 화폐와 달리 금은 수량이 한정돼 있어 가치가 일정 수준 유지되기 때문이다.

　하지만 금이 발에 채일 정도로 흔하면 얘기는 달라진다. 사람들은 더 이상 금을 보유하려 하지 않는다. 금보다 동이나 은의 가격이 더 올라갈 수도 있다. 갖고 있는 금 가격이 떨어지면 해리 포터는 다시 가난해진다. 부모로부터 받은 엄청난 양의 금

의 가치를 지키기 위해서는 기를 쓰고 마법사의 돌을 없애야
했다.

오늘날에는 금화가 직접 유통되지 않는다. 화폐로 바꿔야 한
다. 하지만 마법사의 세계에서는 화폐로 금화가 쓰인다. 금이 곧
화폐다. 그 세상에서는 금이 넘쳐나면 돈의 가치가 폭락하게 된
다. 돈의 가치가 폭락하면 물가가 치솟는다.

독일의 초인플레이션이 만든
100억 원짜리 신문

시중에 풀려 있는 돈의 양을 통화량이라고 한다. 통화량 조
절에 실패해 하이퍼인플레이션(초인플레이션)을 일으킨 사례가 있
다. 1920년대 독일에서 있었던 일이다. 1918년 0.5마르크에 빵
한 덩이를 살 수 있었는데 1923년 11월에는 1,000억 마르크를
줘야 살 수 있게 됐다. 아침에 커피 한 잔을 마시고 저녁이 되
면 가격은 두 배로 뛰어 있었다(《죽기 전에 꼭 알아야 할 세계 역사
1001 Days》). 독일 마르크화가 폭락하면서 오늘 산 신문 한 부 가
격이 내일이면 2배가 넘게 올랐다. 1922년 5월 1마르크였던 신
문 한 부 가격은 1923년 9월에는 1,000배나 뛰었다. 한 달 뒤에
는 100만 마르크가 됐다. 즉 1,000원이던 신문이 1년 4개월 뒤

에는 100만 원이 됐고, 한 달 뒤에는 100억 원이 됐다는 얘기다 (신문 한 부에 100억 원이라니!). 당시 환율은 1달러에 4조 마르크까지 갔다. 결국 액면가 100조 마르크 화폐까지 등장했다.

독일의 하이퍼인플레이션은 1차 세계대전을 치르며 과도하게 화폐를 찍어낸 데다, 전쟁에서 패배하자 연합국이 막대한 전쟁 배상금을 물려 다시 화폐를 마구 찍어낸 것 때문이었다. 물건보다 돈이 훨씬 많아져 휴지보다 값어치가 더 떨어졌다.

해리 포터가 가진 금이 아무리 많아도 금이 넘쳐나게 되면 재산 가치는 급락한다. 하늘을 나는 빗자루 님부스2000을 사기 위해서 몇 톤의 금화를 갖다 줘야 할 수도 있다. 하이퍼인플레이션이 온다면 아예 금(돈)으로 님부스2000을 만드는 게 더 쌀 수도 있다.

여기서 머리를 굴려 보자. 해리 포터가 영특하다면 더 부자가 될 수 있는 방법을 착안해 낼 수 있다. 최고의 마법사가 된 뒤 세상의 금을 없애 버리면 된다. 시중의 금이 적을수록 부자가 된다. 자신만 금을 갖고 있으면 금 가격은 천정부지로 치솟는다. 그러면 해리 포터는 세계 최고의 부자가 될 수 있지 않을까?

그렇지 않다. 금이 너무 적어 시장에서 교환할 수 없는 수준이 되면 시장은 축소된다. 즉 디플레이션을 부른다. 디플레이션은 물가가 지속적으로 떨어지는 현상, 즉 경기 침체를 말한다. 물건과 돈이 1대 1로 교환된다고 하자. 물건은 100개가 있는데 돈이 10개밖에 없으면 상품도 10개밖에 거래가 안 된다. 물건을 사고 싶어도 돈이 없으니 살 수가 없다. 상품이 유통되지 않으니 기업체는 물건을 더 생산할 수가 없다. 일거리가 없으니 기업은 노동자를 해고하고, 소득이 없어진 노동자는 물건을 살 수가 없다. 경기 침체의 골은 깊어진다.

디플레이션이 오면 물가는 내려가지만 실업률은 오른다. 경기 침체로 기업은 물건 값을 내리고, 경비를 절약하기 위해 노동자를 해고하거나 임금을 삭감한다. 소득이 적으니 소비자는 소비를 줄이고 다시 기업은 물건 값을 내린다. 물건을 사겠다는 사람이 적거나(총수요 감소) 시중에 쓸 돈이 적으면(통화량 축소) 디플레이션이 온다. 케인스는 대공황이 야기한 디플레이션을 극복하기 위해서는 수요를 확대시켜야 한다고 주장했다. 국가가 적극 개입을 해서 돈을 풀라는 것이다. 루스벨트 대통령은 뉴딜 정책을 통해 사회간접자본soc 시설에 돈을 퍼부었다. 주요 기업은 공기업화 했고 공무원 수를 늘렸다. 정부가 일자리를 지켜줘 수요를 보장해 준 것이다. 복지도 확대했다. 총수요를 폭발적으로 늘린 것은 2차 세계대전이었다. 2차 세계대전으로 많은 산업시설이 파괴되고, 엄청난 전쟁 물자가 필요해지자 뜻하지 않은 수요가 생겼다. 군수산업을 중심으로 일자리가 늘어나면서 고용이 좋아졌고 생산이 늘면서 미국은 디플레이션에서 탈출했다.

하지만 케인스 학파(케인스의 이론을 신봉·계승하는 경제학파)의

해법은 1970년대에 한계를 맞는다. 경기는 나쁜데 물가가 오르는 스테그플레이션Stagflation 현상이 처음 발생한 것이다. 경기가 나빠서 수요는 살아나지 않는데 오일 쇼크로 원유 가격이 오르면서 물가만 폭등했다. 물건 가격이 더 오르니 사람들은 소비를 하지 못하게 되고 경기는 더 나빠졌다. 수요를 억지로 창출하는 케인스 학파의 해법 역시 한계에 다다랐다. 정부의 지출 확대는 공짜가 아니었다. 정부가 지출하기 위해서는 그만큼 세금을 더 걷어야 했다. 민간에서 세금을 더 걷으면서 경제 활력이 떨어졌다. 이때 나온 것이 신자유주의다. 신자유주의는 정부의 지출을 줄이고, 공기업을 민영화했다. 복지 지출도 줄였다. 그러면서 감세 정책을 폈다. 세금이 줄어드니 민간이 열심히 일하기 시작했다.

인플레이션 덕에
돈을 버는 사람들

인플레이션이라고 모두가 손해를 보는 것은 아니다. 세상 많은 일이 그러하듯 손해를 보는 사람이 있으면 혜택을 받는 사람도 존재하는 법. 인플레이션 상황에서는 돈을 빌려준 사람은 불리해지고 빚을 갚을 사람은 유리해진다. 1만 원에 사과 10개라고 가정해 보자. 1년 뒤 물가가 2배 올라 2만 원에 사과 10개가 됐다. 돈을 빌려준 사람 입장에서는 1년 전에는 사과 10개 가치의 돈을 빌려줬지만 1년 뒤 돈을 받고 보니 사과 5개의 가치밖에 안 된다. 상대적으로 돈 빌린 사람은 부담이 적어진다. 때문에 경제학자들은 인플레이션에 부를 재분배하는 역할도 있다고 본다.

하지만 현실적으로는 인플레이션은 사회 양극화를 더 부추긴다. 월급을 받는 직장인이나 물건을 파는 자영업자 입장에서는 오른 물가만큼 월급을 더 받거나 물건 가격을 올리기는 어렵다. 사회 전체적으로 물가는 뛰는데 내 봉급과 판매 가격만 오르지 않으면 상대적으로 빈곤해질 수 있다.

1970년대 오일 쇼크로 미국에 인플레이션이 발생하자 당시 포드 대통령은 WIN이라 새겨진 배지를 달고 다녔다. WIN이란 '인플레이션을 퇴치하자Whip Inflation Now'는 의미였다. 대통령이 직접 인플레이션과의 전쟁을 벌일 정도로 당시 미국의 물가 상승은 심각했다.

인플레이션이 극심할 경우 비용도 발생한다. 구두창 비용과 메뉴 비용이다. 구두창 비용이란 인플레이션에 대한 피해를 최소화하기 위해 개인과 기업이 '구두가 닳도록' 은행에 뛰어다니면서 낭비하는 돈과 시간을 말한다. 매달 말 100만 원을 인출하는 사람이 있다. 인플레이션이 너무 극심하면 지금부터 한 달 뒤에는 100만 원의 가치가 50만 원밖에 안 될 수 있다. 그는 전략을 바꿨다. 매주 은행에 들러서 25만 원씩 인출하기로 한 것이다. 혹은 더 높은 금리를 찾아 은행을 헤매고 다닐 수도 있다. 어떤 식이든 은행 방문이 잦아지면 시간과 돈을 많이 쓰게 된다.

메뉴 비용이란 기업이 물가 인상에 따라 가격 조정을 자주 하면서 발생하는 비용이다. 식당을 예로 생각해 보자. 물가가 안정적이면 연초에 찍어놓은 메뉴판을 연말까지 그대로 쓰면 된다. 그런데 가격이 오르면 중간에 새로운 메뉴판을 제작해 비치해야 한다. 기업으로서는 뜻하지 않은 경비가 발생하는 셈이다. 또 물가 인상에 따라 원자재 가격이나 임금이 달라지면 이에 따라 새로운 생산과 판매 전략을 세워야 한다. 이 역시 메뉴 비용으로 볼 수 있다.

정부는
인플레이션을 사랑해?

정부에게 인플레이션과 디플레이션 중 고르라고 하면 인플레이션을 고를 가능성이 크다. 인플레이션은 정부가 가만히 있어도 세금을 인상시키는 역할을 하기 때문이다. 이를 '인플레이션 조세'라고 한다. 프로 농구선수 강백호는 지난해 3,000만 원의 연봉을 받았다. 지난해 성적은 전년과 비슷했다. 연봉 협상에 들어간 강백호는 "지난해 물가 상승률이 10%였으니까 임금을 10% 올려 줘야 한다"고 주장했다. 강백호의 임금은 3,300만 원이 됐다. 강백호의 임금이 올랐다고 할 수 있을까? 사실 강백호의 생활이 달라지는 것은 아니다. 지난해 3,000만 원과 올해 3,300만 원이 강백호에게 주는 구매력은 똑같다. 지난해 3,000만 원짜리 자동차라면 올해 3,300만 원 할 것이다. 지난해에도 올해도 강백호는 자신의 연봉으로 차 한 대밖에 살 수 없다. 하지만 세금은 다르다. 연봉의 10%를 소득세로 낸다고 가정하자. 지난해 강백호는 3,000만 원의 10%인 300만 원을 소득세로 냈다. 올해는 3,300만 원의 10%인 330만 원을 내야 한다. 생활은 지난해와 똑같은데 세금만 30만 원이 더 늘어난 것이다. 반대로 정부는 지난해보다 30만 원의 세금을 더 걷게 됐다. 이 30만 원이 '인플레이션 조세'다. 그래서 밀턴 프리드먼은 "인플레이션은 법을 제정하지 않고도 세금을 부과할 수 있는 방법"이라고 했다.

인플레이션에 대해 정부가 느끼는 유혹은 생각 이상이다. 어니스트 헤밍웨이는 "잘못 관리된 국가에 있어 첫 번째 만병통치약은 통화 인플레이션이고, 두 번째는 전쟁이다. 둘 다 일시적인 번영을 가져온다. 그러나 둘 다 영원한 파멸을 가져온다. 두 가지는 정치적으로는 피난처이고, 경제적으로는 기회주의적이다"라고 말했다.

인플레이션 파이터,
한국은행

그래서 대부분의 나라는 통화량을 통제할 권한을 중앙은행에 준다. 정부를 견제하기 위해서다. 한국은행을 '인플레이션 파이터(인플레이션을 막는 싸움꾼)'라고 부르는 것은 이 때문이다. '물가 안정'은 한국은행법으로 명시돼 있다.

한국은행은 통화 공급을 조절할 수 있는 여러 가지 마법의 지팡이를 갖고 있다. 그중에서 가장 중요한 것이 기준금리 결정권이다. 한국은행은 금리로 통화량을 조절한다. 금리를 낮추면 예금금리와 대출금리가 동시에 낮아진다. 예금금리가 낮아지면 사람들이 금리 수익을 기대할 수 없어 저축을 적게 하게 된다. 대신 그 돈을 소비하거나 투자한다. 기업도 대출금리가 낮으니 은행에서 돈을 빌리는 부담이 줄어든다. 돈을 빌려서 투자할 가능성이 크다. 시중에 돈이 많이 풀리는 것이다.

반대로 금리를 올리면 예금금리와 대출금리가 동시에 올라간다. 은행에 돈을 넣어두면 예금이자가 늘어나니 사람들은 저축을 선호하게 된다. 기업은 돈을 빌리려면 이자를 많이 줘야 해 가능하면 대출하지 않는다. 개인과 기업이 지갑을 닫아 시중에 돈이 줄어든다.

한국은행은 기준금리 결정권 외에도 몇 가지 마법의 지팡이를 갖고 있다. 다음과 같은 것들이다(조금 어렵지만 알면 경제신문 읽기가 편해진다).

① 공개 시장 조작

중앙은행이 공개적으로 시장에 개입해 조작한다는 뜻이다. 중앙은행이 발행한 채권을 금융기관에 팔면 긴축이 된다. 긴축정책은 돈을 시중에서 흡수해 시중에 돈이 적게 돌도록 하는 것이다. 금융기관이 국공채를 사면 돈을 중앙은행에 맡겨야 한다. 그만큼 시중에 돈이 적게 돌게 된다. 반대로 중앙은행이 금융기관이 보유한 채권을 사들이면 확장된다. 확장정책은 돈을 풀어 시중에 돈이 풍부하게 하는 것을 말한다. 중앙은행이 채권을 사들이면서 시중 은행에 돈을 주고, 시중 은행은 이 돈을 기업이나 개인에게 대출한다. 그러면 시중에 돈이 더 많아지게 된다.

② 재할인율 정책

기업은 어음을 발행한다. 어음은 시중 은행이 사들이고, 시중 은행은 다시 중앙은행에 판다. 즉 '삼성전자 → 신한은행 → 한국은행' 순으로 어음이 매각되는 것이다. 삼성전자는 신한은행에 어음을 팔 때 어음 만기까지의 이자를 먼저 뗀다. 할인율이 10%라고 해 보자.

어음 가격이 10만 원이라면 삼성전자는 9만 원만 받는다. 신한은행은 9만 원만 주고 10만 원짜리 어음을 받는다. 신한은행이 만기 전이 어음을 현금화 하려면 한국은행에 팔아야 한다. 한국은행도 할인율 10%를 적용하려 한다. 이것이 재할인율이다. 즉 재할인율은 시중 은행과 중앙은행 사이에 적용되는 이자다. 만약 재할인율이 10%라면 신한은행은 9,000원을 뗀 8만 1,000원만 받고 이 어음을 한국은행에 팔게 된다. 신한은행은 8만 1,000원을 다른 기업에 대출하거나 개인에게 대출한다. 그런데 만약 한국은행이 재할인율을 20%로 높이면 어떻게 될까. 9만 원의 20%인 1만 8,000원을 떼게 된다. 그러면 신한은행은 7만 2,000원만 받게 된다. 신한은행은 7만 2,000원만 시중에 대출할 수 있다. 재할인율을 높이면 긴축이 되고, 재할인율을 낮추면 확장이 된다.

③ 지급준비율제도

지급준비율제도란 은행이 예금자로부터 받은 돈의 일정 금액을 중앙은행에 예치하도록 한 제도다. 지급준비율을 낮추면 시중 은행이 중앙은행에 돈을 적게 예치해도 되기 때문에 시중에 더 많은 돈을 풀 수 있다. 예를 들어 신한은행이 100만 원의 예금을 받았다. 한국은행이 지급준비율을 10%로 결정했다. 신한은행은 10만 원을 무조건 한국은행에 예치해야 한다. 그래야 나머지 90만 원을 대출할 수 있다. 그런데 한국은행이 지급준비율을 20%로 올렸다. 신한은행은 20만 원을 한국은행에 맡겨야 한다. 나머지 80만 원만 시중에 대출할 수 있다. 시중에 돈이 10만 원 적게 풀리는 셈이다. 그래서 지급준비율을 높이면 긴축이 되고, 반대로 지급준비율을 낮추면 확장이 된다.

돈의 양을 조절하는 세 가지 방법을 통화정책이라고 한다. 국가는 통화정책을 이용해 경기를 부양하기도 하고 식히기도 한다.

볼드모트가
경제학만 배웠더라도

볼드모트가 애초에 경제학을 알았더라면 힘들게 해리 포터 부모와 싸우지 않고 세상을 지배할 수 있었다. 마법사의 돌을 손에 넣은 뒤 세상 모든 것을 금으로 만들어 버리면 그만이었다. 금융질서가 붕괴되면서 세계는 극심한 혼란을 겪을 것이고, 그 틈을 타 해결사로 나설 수 있었다. 해리 포터와 매번 싸우다 깨지면서 험한 꼴 당할 필요 없이 손쉽게 세상을 손에 쥘 수 있었던 것이다. 해리 포터는 마법사의 돌로 전 세상을 황금으로 만드는 것을 막기 위해서라도 볼드모트와 싸워야 한다. 이는 부모에 대한 복수이면서 자기 재산을 지키기 위한 방어기도 하다.

'해리 포터'는 21세기에 가장 유명해진 문학 캐릭터다. 시리즈 전체 7권, 외전 3권을 합쳐 총 10권이 나왔다. 둥그런 안경을 쓴 꼬마와 새침한 꼬마숙녀, 우둔하지만 순수한 빨강머리 소년이 전 세계를 뒤흔들지는 작가조차도 몰랐다. '해리 포터 시리즈'의 작가 조앤 K. 롤링은 홀로 아이를 키우며 분유 값을 걱정하던 이혼녀였다. 하지만 소설 '해리 포터 시리즈'가 전 세계 200여 개 국가에 걸쳐 4억 부가 팔리고, 영화, 캐릭터 상품 등이 불티나게 팔리면서 1조 원 넘는 저작권 수익을 거뒀다. 롤링의 재산은 영국 여왕보다 많다. 호그와트의 마법사는 글 쓸 장소가 없어 커피숍에 앉아서 책을 써야 했던 무명작가를 부자로 만들어 줬다. 그녀는 2004년 〈포브스〉가 발표한 세계의 부자 순위 552위에 오르기도 했다. 조앤 K. 롤링의 펜은 모든 것을 금으로 만든다는 '마법사의 돌'이었던 셈이다.

인플레이션을 위한 불쏘시개
마이너스 금리

　자본주의는 인플레이션을 선호한다. 끊임없는 생산과 소비를 통해 성장을 추구하는 체제이기 때문이다. 경기가 활황일 때는 임금이 오르고, 상품 가격도 오른다. 생산이 잘 되니 노동자가 높은 임금을 요구하고, 수요가 많으니 물건 가격은 상승한다.

　자본주의가 인플레이션의 아군이라면 디플레이션은 자본주의의 적군이다. 경기 침체에 따른 물가 하락은 자본주의의 실패를 의미하기 때문이다.

　2007년 미국의 서브프라임모기지(비우량주택담보대출) 사태로 촉발된 금융 위기의 여파가 10년가량 이어지면서 전 세계가 불황의 늪에 빠졌다. 금융 위기 이후 세계는 저성장과 디플레이션 상태에서 헤어나지 못하고 있다. 통화주의자들은 지구를 구하기 위해 시중에 돈을 뿌리기로 했다. 벤 버냉키 미 연방준비제도이사회 의장은 "디플레이션을 막기 위해서는 헬리콥터로 돈을 뿌리는 일도 마다하지 않겠다"라고 했다.

　2016년 세계가 내린 고강도 처방전이 바로 마이너스 금리다. 양적 완화를 위해 금리를 내리다 못해 마이너스까지 가 버렸다.

통상 고객이 은행에 돈을 예치하면 이자를 받는다. 하지만 마이너스 금리에서는 되레 이자를 은행에 내야 한다. 반대로 은행으로부터 돈을 빌리면 이자를 받는다. 유럽, 일본 등 주요국이 마이너스 금리를 시행하는 이유는 인플레이션을 유도하기 위해서다. 은행이 예치금에 대해 이자를 받으면 고객은 더 이상 은행에 돈을 맡기려 하지 않을 것이다. 반대로 대출할 때 이자를 얹어서 주면 더 많은 돈을 빌려 투자하거나 소비하려 할 것이다. 이런 식으로 시중에 돈이 많이 풀리면 인플레이션이 일어날 수 있다. 마이너스 금리는 인플레이션에 불을 지피기 위한 불쏘시개인 셈이다.

하지만 마이너스 금리 처방에도 불구하고 인플레이션은 쉽게 발생하지 않고 있다. 실물경제가 워낙 좋지 않다 보니 차라리 돈을 조금 떼이더라도 은행에 예치하겠다는 사람들이 많기 때문이다. 막상 돈을 빌려도 설비투자 등 투자에 쓰지 않는다. 경기가 좋지 않아 사업을 벌이기가 위험하다는 이유에서다. 오히려 마이너스 금리로 풀린 자금이 부동산, 원자재 등 자산시장으로 몰려갈 경우 '자산 버블'이 생길 수도 있다.

인플레이션이 잘 일어나지 않는 원인으로 인구 감소를 꼽기도 한다. 한국을 비롯한 주요 선진국이 저출산 고령화를 겪으면서 생산과 소비를 할 여력이 크게 줄었다는 것이다. 돈을 벌고 쓸 사람이 줄어들면 경제 규모가 축소되기 때문에 디플레이션은 불가피하다는 주장도 있다. 건국 이래 계속 '물가 상승 억제'를 내걸었던 한국은행은 2016년 이후 이 같은 목표를 버렸다. 윤창현 서울시립대 교수는 "한국은행의 역할이 과거 인플레이션 파이터에서 디플레이션 파이터로 바뀌고 있다"라고 말했다. 과연 디플레이션 시대를 마감할 묘안은 어디에 있을까?

HOW MUCH IS THE IRON MAN SUIT?

CHAPTER 3

경제는
심리다!

우리는 첫사랑을
잊을 수 있을까?

〈건축학개론〉 속에 숨겨진 한계효용 체감의 법칙

건축사 사무소를 개업한 지 한 달째 되는 승민. 그런데 고객이 없다.

매일 파리만 날리는 시간. 날도 덥고 자꾸 짜증만 난다.

그때였다. 문이 열렸다.

반가운 마음에 자리에서 벌떡 일어난 승민 앞에 묘령의 여인이

서 있다.

"승민 씨죠?"

헉. 그녀가 내 이름을 알고 있다.

"누구……시죠?"

"나 몰라? 서연이야."

승민은 뚫어져라 쳐다봤다. 어디선가 본 듯한데 통 기억이 안 난다.

"나 서연이라고, 네 첫사랑."

그랬나? 에라 모르겠다. 일단 아는 척부터 하는 게 상수다.

"아하, 그렇지. 너였구나. 하하."

"너무하네. 한때는 그렇게 쫓아다니더니 이젠 다 잊은 거야?"

승민은 다시 생각을 더듬었다. 서연, 서연이라. 아 그렇지 서연이. 이제야 알겠다. 음대의 김서연. 대학교 1학년. 건축학개론 첫 수업 시간. 그녀는 뒤늦게 문을 삐익 열고 들어왔다. 그때 본 그녀, 얼마나 아름다웠던가. 한 학기 동안 부단히 그녀를 쫓아다녔다. 하지만 그녀에게는 부잣집 선배가 있었다. 가난한 집 아이였던 나로서는 범접할 수 없었던 '오렌지 형'. 그때를 생각하자 갑자기 기분이 나빠졌다.

"그래, 갑자기 무슨 일로 찾아온 거야?"

"어머 너 그것도 기억 안 나? 나 집 지을 때 너에게 맡길 거라고 했잖아. 그거 잊지 않고 있었어. 15년 동안. 그리고 마침내 오늘 찾아온 거야."

"그땐 보기 좋게 차더니 지금 나타나서 뭘 어쩌라는 거야. 그 선배랑은 잘 된 거야? 내가 아무리 궁해도 그렇지 네 의뢰는 받지 않겠어."

서연은 급 당황한다.

"야, 그때 일이 언젠데. 아직도 마음에 품고 있어? 이제 잊을 때가 됐잖아."

"그때 그 굴욕과 상처. 간신히 잊었는데, 네가 다시 꺼내고 있잖아."

"쳇, 여기까지 찾아왔건만. 알았어. 나도 네가 그리워서 찾아온

거 아냐. 돈 받으러 왔어."

"돈이라니?"

"어머, 너 그것까지 잊었어? 너 GUESS 옷 사 입는다고 그때 나에게 돈 빌렸었잖아. 그리고 등록금 없다고 등록금도 빌렸고. 가만 있자 20년 전이니까 복리로 치면 꽤 될 텐데. 아니라고 우길 생각은 마. 그때 네가 썼던 각서가 여기 있으니까."

아뿔싸. 맞다. 그때 서연에게 돈을 빌렸지. 서연은 제주도 부잣집 딸이라 돈이 많았다. 당장은 돈이 없으니 대신 집을 지어 줘야겠다. 아이 참……

첫 키스가
달콤한 이유

'우리 모두는 누군가의 첫사랑이었다.'

영화 〈건축학개론〉의 포스터에는 이런 카피가 쓰여 있다. 맞다. 누구에게나 첫사랑이 있다.

서연 "말해 봐. 너 그때 왜 나에게 잘 해 줬어?"
승민 "좋아했으니까."
서연 "고백이야? 오래도 걸렸네."

승민 "알고 있었어?"

서연 "내가 바보냐? 그걸 몰랐을까. 너 나한테 키스도 했잖아. 나
자고 있을 때. 그거 내 첫 키스였는데……."

첫 키스를 기억하는가? 가슴이 쿵쾅쿵쾅 뛰고 팔다리가 벌
벌 떨리고, 뭔가 촉촉한 것이 내 입술에 닿았을 때 시간은 정지
한 듯했다.

'상대성이론'을 주장한 아인슈타인은 천재가 맞다. 그의 말대
로 미녀와 함께 있을 때 시간은 가장 빨리 흐른다. 시간은 결코
객관적이지 않았다. 1시간이 때론 10분이 될 수도, 때론 2시간
이 될 수도 있다. 키스하는 그 순간은 2시간처럼 느껴졌지만, 지
나고 보면 10분처럼 짧았다.

첫사랑이었던 그 혹은 그녀는 지금 어떻게 살고 있을까? 손
한 번 잡은 것만으로도 내 가슴을 터지게 만들었던 마법 같은
그는 누구의 엄마가, 혹은 아빠가 되어 살고 있을까?

이용주 감독의 〈건축학개론〉은 우리 모두의 첫사랑에 대한
기록이다.

15년 전 대학 새내기 시절, 건축학개론 첫 수업. 건축학과생
승민은 뒤늦게 강의실 문을 열고 들어오는 서연을 우연히 본다.
알고 보니 그녀는 제주에서 온 음대생이다. 정릉에 사는 두 사람
은 자기 동네를 돌아보라는 과제를 함께하면서 급속히 친해진다.

하지만 서연에겐 좋아하는 선배가 있다. 재욱이다. "강북은 가 본 적이 없다"는 강남, '압서방파(압서방이란 '압구정-서초-방배'를 의미한다)'. 누구를 좋아한다고 고백하기에는 서툰 나이, 승민은 서연 주위를 떠돈다. 서연도 승민 주위를 맴돈다.

건축학개론 수업 폐강일, 승민은 드디어 고백하기로 마음을 먹는다. 수업도 빼먹고 하루 종일 서연의 집 앞에서 기다린다. 하지만 승민이 본 것은 재욱과 함께 있는 서연이다. 승민은 만취한 서연을 부축해 그녀의 자취방으로 들어가는 재욱 선배를 본다. 재욱 선배는 승민이 범접하기 힘든 '킹카'였다. 작업실로 사용하는 오피스텔을 갖고 있고, 하얀 소나타2를 모는 오렌지족. 홀어머니와 함께 사는 순댓국집 아이, CD플레이어마저 없던 승민과는 비교조차 되지 않는다. 승민은 서연을 떠난다.

두 사람이 만난 기간은 길지 않다. 건축학개론 수업이 시작되는 3월부터 끝나는 11월까지 한 해였다(영화상에서 교수는 "한 학기 동안 수고했다"라고 말한다. 하지만 승민이 서연을 기다리는 때는 초겨울이다. 감독의 착각일까, 편집의 실수일까?). 둘은 첫눈이 오는 날 만나기로 한다. 하지만 승민은 나타나지 않는다. 새내기 시절 짧았던 첫사랑, 15년이 지나도 두 사람은 서로를 잊지 못한다. 왜 그럴까?

경제학자는 아마도 이 같은 기현상을 '한계효용 체감의 법칙'으로 설명할 것이다. 그런데 단어가 좀 어렵다. 하나씩 풀어 보자.

가장 중요한 단어는 '효용'이다. 경제학자는 무엇이든 '효용'으로 설명한다. 효용이란 상품이나 서비스를 소비할 때 느끼는 '만족감' 혹은 '행복감'을 의미한다. '효용이 높다'고 한다면 '만족감이 높다'라고 말할 수 있다. 개인은 만족감을 최대한 많이 얻을 수 있는 쪽으로 행동한다. 경제학자는 이를 '사람들은 효용을 극대화하는 쪽으로 움직인다'라고 표현한다. 경제학에서 효용은 경제 주체가 행위를 결정하도록 하는 동력이다.

갈수록 적어지는 한계효용

효용을 평가하기 위해서는 기준이 되는 단위가 있어야 한다. 한계란 추가적인additional 또는 주변의 여분marginal을 뜻한다. 즉 한계효용이란 '추가적으로, 여분으로 늘어나는 만족감'이 된다. 다시 말해 '한계효용'이란 같은 단위당 늘어난 효용이다. 맥주 '한 컵'을 마실 때, 고기 '한 점'을 먹을 때, 가방 '하나'를 살 때 늘어나는 효용을 의미하는 것이다. 한 나라의 경제력이 좋은지 아닌지를 따질 때 1인당 GDP를 따지는 것으로 생각하면 쉽게 이해가 될 것이다.

'체감'은 줄어든다는 의미다. 한계효용 체감의 법칙이란 글자

그대로 '한계효용'이 지날수록 줄어든다는 말이다. 결국 '추가적
으로 늘어나는 만족감이 갈수록 줄어든다'로 볼 수 있다.

온종일 굶고 일하다가 늦게 먹는 밥 한 공기는 정말 꿀맛이
다. 그래서 밥 한 공기를 더 시켰다. 그런데 처음 먹던 것보다는
맛이 좀 떨어진다. 또 한 공기를 더 시켰다. 그랬더니 두 번째 먹
었던 밥보다도 맛이 없다. 이를 숫자로 표현해 보자. 첫 한 공기
의 효용을 10이라고 하자. 두 번째 공기는 8이 된다. 세 번째 공
기는 6······. 이런 식으로 밥 한 공기당 만족감은 줄어든다. 밥
한 공기당 만족도가 바로 밥의 한계효용이다.

이런 사례는 많다. 첫째와 둘째에 대한 부모의 관심은 다르
다. 첫아이에게 새 옷을 사주던 부모가 둘째는 가능하면 첫애
옷을 물려 입히려 한다. 첫애가 군대를 갈 때는 온 집안이 나서
지만 둘째가 군대를 갈 때는 아무도 따라가지 않는 경우도 있

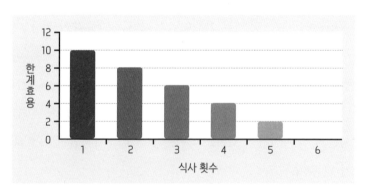

| 식사 횟수가 늘수록 밥 한 공기의 한계효용은 줄어든다.

다. 첫 해외여행은 밤잠 못 잘 정도로 설레지만 두 번째, 세 번째는 그렇지 않다. 게임도 첫 30분이 재미있지 1시간, 2시간 계속되면 별로다. 행동을 반복하거나 계속 소비한다고 해서 만족감이 2배, 3배 늘어나지 않는다는 얘기다. 자장면 곱배기가 자장면 보통보다 2배의 만족감을 주지 않는 것처럼 말이다.

입사하던 첫날, "나는 이 회사에 뼈를 묻을 거야"라고 스스로를 다독이던 신입사원은 시간이 지날수록 불만이 커진다. 첫날 한계효용은 10이었지만, 한 주, 한 달, 1년이 지나면 점차 만족도가 낮아진다. '한계효용이 체감된다'는 것은 '지겨워진다' 혹은 '익숙해진다'의 것의 다른 이름이 될 수 있다.

경제학은 '한계효용'이라는 의미를 채택하면서 비로소 가치를 계량화할 수 있게 됐다. 그래서 한계효용이라는 개념을 도입한 것을 '한계혁명'이라고 부른다. 경제학은 '합리적인 사람들은 한계적으로 사고한다'고 정의를 내린다. 추신수는 왜 편의점 아르바이트생보다 월급을 많이 받을까? 시간당 가치가 편의점 아르바이트생보다 뛰어나기 때문이다. 추신수는 1시간을 일하면 1억 원을 벌 수 있다. 반면 편의점 아르바이트생은 1시간 일해 1만 원의 수익을 남기기 힘들다(경제학적으로 볼 때 최저임금이 시간당 1만 원을 넘지 않는 것은 국내 노동자의 시간당 생산성이 아직 1만 원이 되지 않는다고 생각되기 때문이다).

합리적인 사람은
'한계적'으로 생각한다

경제에서 '한계'는 익숙한 개념이다. 유가는 배럴당 얼마다. 연봉은 1년에 얼마다. 쇠고기는 kg당 얼마다(혹은 근으로도 따진다). 상대 비교를 객관적으로 할 때 한계효용은 매우 유용하다. 500ml에 1,000원 하는 우유와 800ml에 1,300원 하는 우유가 있다면 한눈에 어느 것이 싼지 판단하기 어렵다. 그래서 할인마트에서는 100ml당 가격도 표기해 놓는다. 지금이야 너무 당연한 것처럼 보이지만 '한계'라는 개념을 경제학자가 고안하는 것은 결코 쉽지 않았다. '경제학의 아버지'로 불리는 알프레드 마샬은 "소비자는 한계효용에 기반해 결정을 내린다"라고 봤다. 마샬은 소비자가 어떤 제품을 사는 이유는 세 가지가 있다고 했다. 첫째, 매력적으로 보여야 하고 둘째, 구입할 수 있어야 하며 셋째, 다른 상품과 비교할 때 가격이 적당해야 한다. 이들 각 요소에 대한 검토는 '한계가격'에 영향을 미친다(《반드시 알아야 할 위대한 경제》, 에드먼드 콘웨이 지음, 지식갤러리).

이제 한계효용은 이해가 된다. 그런데 한계효용은 왜 줄어든다고 생각했을까. 늘어난다고 생각할 수도 있지 않을까. '한계효용 체감의 법칙'의 모태는 '수확 체감의 법칙'이다. 수확 체감의 법칙은 농업에 기반하던 시절 나온 초기 경제학 이론이다. 일정

한 농지에 작업하는 노동자를 더 투입시키면 처음에는 1인당 수확량이 늘어나지만, 더 많은 노동자를 투입시키면 1인당 수확량이 줄어든다는 내용이다. 생산물을 생산하는 3대 요소인 자본, 노동, 토지 중 나머지는 고정시키고 노동의 투입량만 늘린다는 가정을 이용한다. 맬서스는 이 법칙을 이용해 농업 생산량을 끝없이 대폭 증가할 수 없다고 봤고, 이는 농업 생산이 인구 증가를 따라갈 수 없다는 '인구론'으로 이어진다.

수확 체감의 법칙은 농지를 벗어나 다양하게 적용됐다. 공장에 투입되는 인력을 증가시키면 어느 시점까지는 노동 투입량 대비 생산량이 늘어나지만, 일정 시점 이후에는 줄어든다. 저개발 국가에서는 경제성장률이 높지만 중진국으로 넘어가면 성장률이 과거처럼 높게 나타나지 않는다. 집값도 가격이 낮을 때는 가파르게 뛰다가 일정 시점이 되면 가격 상승이 더뎌진다.

사랑과
한계효용 체감의 법칙

사랑에도 한계효용 체감의 법칙이 적용된다. 한 사람을 사랑하게 되는 한 번의 사건을 한 단위로 생각하자. 한 번의 사랑에 빠질 때 느끼는 만족감이 사랑의 한계효용이다. 한 번도 사랑을 겪어 보지 못한 심장에 천둥처럼 찾아온 첫사랑은 가슴을 때린다. 그것이 두 번, 세 번 반복되면 심장의 두근거림도 덜해진다.

> **승민** "왜 날 찾아온 거야. 집 지어 줄 사람이 그렇게 없어? 이제 와서 굳이 나에게. 무엇 때문에."
>
> **서연** "궁금해서."
>
> **승민** "뭐?"
>
> **서연** "너 어떻게 사는지 궁금했어."
>
> **승민** "그게 다야? 그래서 이딴 것 지금까지 갖고 있는 거야?"
>
> **서연** "그래, 그래서 갖고 있었어. 내가 이것 갖고 있음 안 돼? 네가 내 첫사랑이었으니까."

만약 첫사랑이 너무도 강렬하다면 한계효용은 측정할 수 없을 만큼 무한대가 되기도 한다. '눈이 뒤집혔다'라고 하는 때다. 이때는 모든 이성이 마비된다. 대형 사고는 이때 일어난다. 그 대표적인 사례가 앙큼한 15세 '로미오'와 '줄리엣'이다.

"내 가슴이 이제껏 사랑을 한 적이 있었던가? 아니라고 부정하여라. 내 눈이여! 나는 오늘밤 비로소 진정한 아름다움을 보았느니!"

연회장에서 줄리엣을 처음 본 로미오는 한눈에 사랑에 빠진다. 줄리엣이 자기 가문의 원수 집안 딸이라는 것은 까마득히 잊었다. 줄리엣도 화답한다.

"나는 내 모든 운명을 당신의 발 아래로 던지고 당신을 따라 이 세상 어디든 가겠어요!"

윌리엄 셰익스피어가 쓴 《로미오와 줄리엣》은 1579년 출간됐다. 430여 년 전에도 첫사랑의 '한계효용'은 대단했던 모양이다. 유럽에서는 사랑하는 연인이 비극적인 죽음을 맞는 형식의 이야기들이 오랫동안 구전돼 왔다. 셰익스피어는 그중에서도 이탈리아에서 떠돌던 이야기를 정교하게 다듬어 세상에 내놓은 것이다.

《로미오와 줄리엣》은 며칠간의 이야기다. 배경은 이탈리아 베로나. 두 원수 집안이 있다. 몬태규 가문과 캐퓰렛 가문이다. 로미오는 몬태규 가문, 줄리엣은 캐퓰렛 가문이다. 만나면 칼싸움을 벌이는 철천지원수다. 로미오는 캐퓰렛 가문이 연 파티에 참석했다가 줄리엣에게 반한다. 그는 파티가 끝난 뒤 담을 뛰어 다시 캐퓰렛의 정원으로 들어가 발코니에서 줄리엣을 만난다. 두 사람은 다음 날 로렌스 신부의 사제관을 찾아 비밀 결혼식을 치른다.

하지만 다음 날 로미오는 길거리에서 양 가문의 싸움에 휩

쓸려 줄리엣의 사촌인 티볼트를 죽인다. 로미오는 추방된다. 절망에 빠진 줄리엣은 로렌스 신부에게 찾아가 도움을 청한다. 로렌스 신부는 42시간 동안 죽은 것처럼 보이는 약을 줄리엣에게 주며 나중에 로미오와 함께 구하겠다고 말한다. 로렌스 신부의 묘책을 듣지 못한 로미오는 줄리엣의 시신 앞에서 자살을 택한다. 뒤늦게 깨어난 줄리엣도 로미오의 단도로 자살한다.

로미오와 줄리엣이 처음 만나 사랑하고 죽음에 이르기까지 걸리는 시간은 고작 일주일 정도다. 두 사람은 만난 지 이틀 만에 비밀결혼을 한다. 광기에 가까운 사랑이다. 로렌스 신부는 로미오와 줄리엣에게 속도 조절을 하라고 조언했다.

"극단적인 기쁨은 극단적인 끝을 맺는 법이야. 꿀도 너무 달면 쉽게 질리고, 입맛을 버리게 한단다. 그러니 사랑은 적당하게 하게. 그래야 오래 가지. 너무 서두르면 천천히 가는 것만 못해."

하지만 로미오와 줄리엣의 귀에 이런 충고가 들릴 리 없었다.

로미오와 줄리엣의 비극,
한계효용

로미오와 줄리엣의 이성이 마비될 수밖에 없었던 것은 한계효용이 극대화된 상태였기 때문이다. 만남의 초기에는 한계효용이 높다. 하지만 만남이 두 번, 세 번 반복되다 보면 설레던 감정이 차차 잦아진다. 그러니까 로미오와 줄리엣은 '첫사랑'의 한계효용에, '첫 만남'의 한계효용이 겹친 상태였다. 아무리 첫사랑이라고 하더라도 로미오와 줄리엣이 서로 안 지 3년 정도 됐다면 극단적인 선택을 하지 않았을지도 모른다.

'저녁이 되면 / 의무감으로 전화를 하고 / 관심도 없는 서로의 일과를 묻곤 하지 / 가끔씩은 사랑한단 말로 / 서로에게 위로하겠지만 / 그런 것도 예전에 가졌던 두근거림은 아니야.'

1990년대 나온 O15B의 '아주 오래된 연인'이라는 노래의 가사다. 설렘이 사라진 연인의 모습, 한계효용 체감에 시달리는 연인의 모습이기도 하다. 첫날 10을 주었던 한계효용은 만남의 횟수를 거듭할 때마다 조금씩 약해진다. 서로에 대해 조금씩 알아가면서 설렘이 사라지고 그 자리에 익숙함이 찾아들기 때문이다. 8, 6, 4, 2…… 마치 로켓의 카운트다운처럼 한계효용이 줄어든다. 그러다 마침내 0이 되는 시점이 온다. 이제는 서로에 대해 의무감으로 만나게 된다. 그나마 이때까지는 괜찮다. 추가적인 만족감은 없더라도 그전까지 쌓아온 만족감은 아직 남아 있을 때니까.

한계효용의 합을 총효용이라고 한다. 즉 각 횟수당 만남에 따른 한계효용이 10, 8, 6, 4 등으로 줄어들어도 총효용은 "10+8+6+4……"가 된다. 한계효용이 0이 되는 시점이 총효용은 최대가 된다. 총효용을 달리 말하면 '정'이라 표현할 수 있다.

문제는 한계효용이 마이너스일 때다. 이제는 만날 때보다 아웅다웅 싸울 때가 많다. '싫다' '밉다'는 느낌이 생기면 한계효용이 마이너스가 된다. 그래도 헤어지지는 않는다. 그간 쌓인 '정'이 아직 있기 때문이다. 만남의 횟수가 거듭될수록 마이너스 한계효용은 커진다. -2, -4, -6, -8, -10, -12 등이 된다. 만날 때마다 만족감은커녕 불만이 커지면 지금까지 적립해 놨던 총효용이 급속도로 줄어든다. 한계효용이 계속 마이너스를 기록하다 보면 마침내 총효용이 0이 될 때가 온다. 더 지나면 마이너스가 될 수도 있다. 이쯤 되면 '정도 없는' 시기가 된다. 이럴 때 연인들은 '이별'을 생각한다. 만날 때마다 보는 설렘보다 짜증이 더

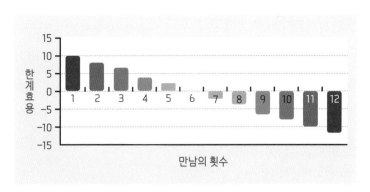

| 만남의 횟수가 늘어날수록 한계효용은 점점 줄어 결국 마이너스가 된다.

248

많다면 계속해서 만날 이유가 없다. 그간 쌓은 좋은 느낌과 추억까지 다 소모해 버리고 총효용이 0이 되면 이 관계는 지속되기 어렵다.

공리주의자는 한계효용 체감의 법칙을 소득 분배에 적용한다. 공리주의는 '최대 다수의 최대 행복' 즉 사회 전체의 행복이 커지는 것을 선이라고 본다. 1억 원을 가진 사람과 10만 원을 가진 사람이 있다. 두 사람에게 각각 1만 원씩을 준다고 가정해 보자. 1억 원을 가진 사람에게 1만 원은 큰 돈이 아니다. 반면 10만 원을 가진 사람에게 1만 원은 아주 큰 돈이다. 1만 원의 한계효용은 10만 원을 가진 사람에게 훨씬 크다는 얘기다. 부자들에게 1만 원을 걷어 가난한 사람에게 준다면 부자는 작은 불만을 갖겠지만 가난한 사람은 큰 만족을 얻게 돼 사회 전체적으로 만족감이 올라갈 수 있다. 한계효용이 극대화 된다는 의미다. 부자

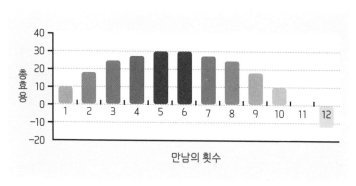

| 횟수가 늘면서 한계효용이 계속 마이너스가 되면 총효용도 0이 되는 시기가 온다.

증세와 이를 통한 사회복지를 주장하는 배경에는 한계효용 체감의 법칙이 있다.

승민의 애인은 은채다. 은채의 눈에 승민과 서연의 관계가 예사롭지 않다(사랑에 관한 한 여자의 촉을 당해 내기는 어렵다). 은채는 서연에게 승민의 첫사랑을 캐묻는다.

> **은채** "근데 오빠 학교 다닐 때 첫사랑이 있었다는데, 언니도 아세요? 궁금한데 얘기를 안 해 줘요. 1학년 때였다는데."
>
> **서연** "누구야? 내가 아는 애야?"
>
> **승민** "아니야."
>
> **서연** "누군데? 말해 봐. 궁금해."
>
> **은채** "그래 말해 봐. 쌍년이었다며?"

은채도 안다. 승민의 첫사랑이 서연이었음을. 그렇지 않고서야 갑자기 나타나 집 설계를 부탁할 리가 있을까. 실제로 은채가 승민에게 서연과의 관계를 캐묻는 장면이 있지만 극장 상영판에는 빠졌다고 한다.

여기서 질문이 하나 생긴다. 한계효용이 마이너스로 바뀌고, 결국 총효용이 0이 되면 모두 헤어지게 될까? 하지만 연인관계는 그리 단순하지 않다. 한계효용이 다시 플러스가 되도록, 총효용이 더 많아지도록 두 사람은 노력할 수 있다. 주말마다 여행을 떠나거나, 둘만의 새로운 취미를 갖는 방법이 있다. 혹은 기념일 이벤트로 감소하던 한계효용을 플러스로 되돌려 놓을 수 있다. '한계효용은 체감된다'던 '한계효용 체감의 법칙'은 '한계효용 체증'으로 바뀔 수 있다. 다 하기 나름이다.

나 갖기는 싫고
남 주기는 아깝고

사랑은 감정의 문제다. 때문에 감정을 제거한 한계효용만으로 연인관계를 분석하자니 뭔가 좀 허전하다. 현실적으로는 총효용이 0이 되어도 연인은 잘 헤어지지 않는다. 왜일까? 이때는 행동경제학에 도움을 요청해 보자. 아마도 행동경제학자는 '손실 회피 성향 때문'이라는 답을 줄 것이다.

손실 회피 성향이란 사람들이 새로 얻는 이익보다 갖고 있던 것을 잃는 것에 더 민감하게 반응하는 성향을 말한다. 대니얼 카너먼과 아모스 트버스키는 전망이론을 통해 이같이 밝혔다. 이들의 연구에 따르면 사람들은 얻는 것보다 잃는 것에 대해 2.5배가량 더 민감하게 반응한다. 즉 1만 원을 잃어버릴 때 느끼는 충격은 2만 5,000원을 얻을 때의 기쁨과 같다는 것이다.

재미있는 실험이 있다. 거리에서 사람들에게 2만 원을 나눠준다. 그런 다음 주사위를 던져 짝수가 나오면 3만 원을 더 주고, 홀수가 나오면 2만 원을 돌려받겠다고 한다. 이긴다면 5만 원을 받는 셈이다. 대부분의 사람은 이 게임을 포기했다. 갖고 있는 2만 원이 더 크게 보였기 때문이다. 이번에는 사람들에게 먼저 5만 원을 줬다. 그리고 나서 3만 원을 되돌려 받았다. 주사위를 던져 짝수가 나오면 3만 원을 다시 주겠다고 한다. 사람들의 선택은 무엇일까. 대부분의 사람은 게임에 참여했다. 처음 가졌던 5만 원을 회복하고 싶기 때문이다.

한계주의자는 습득한 1만 원과 잃어버린 1만 원의 가치는 같다고 본다. 어디까지나 1만 원은 1만 원이다. 하지만 이런 시각으로는 사람들이 하는 경제활동을 해석할 수가 없었다. 주식투자자와 부동산투자자는 원금에 매우 민감하다. 경제 위기가 와서 주식 가격이 폭락하면 얼른 손절매(가격이 하락한 주식을 파는 것)를 해야 하지만 원금이 회복될 때까지 기다리겠다는 투자자가 의외로 많다. 부동산도 마찬가지다. 매매가보다 가격이 떨어지면 가격이 반등할 때까지 붙잡고 있는 사람이 많다. 마케터들은 이런 성향에 주목했다. 대형 할인마트에서는 1개 1,000원 하는 소시지를 3개 2,000원 묶음으로 파는 경우가 많다. 이를 보면 왠지 사고 싶은 생각이 든다. 굳이 소시지가 3개씩이나 필요 없지만 안 사면 꼭 손해 보는 기분이 들기 때문이다. '1+1'이나 '2+1'도 같은 이치다. 신용카드도 손실 회피 성향을 이용한 금융상품이다. 당장 내 주머니에서 현금이 나가는 것보다 몇 달 뒤 분할되어 나가는 편이 부담이 덜하다.

연인이 헤어지겠다고 마음의 결정을 내리기 위해서는 이별이 감소시킨 효용(만족감)보다 새로운 효용(만족감)이 2.5배 이상 많아야 한다. 새롭게 얻는 효용은 구속받지 않는 자유일 수도 있고 새 연인을 사귀는 설렘이 될 수도 있다. 어쨌든 새롭게 얻는 효용은 '현저히' 커야 한다. 헤어짐에 '쿨'하지 못한 사람이라도 자신을 자책할 필요는 없다. 단지 남보다 '손실 회피 성향'이 클 뿐이니까.

무한정 돈을 풀어도
경기가 살아나지 않는 이유는 뭘까?

　금융위기로 세계경제가 침체되자 미국 연방준비제도이사회 (Fed·연준)가 내린 첫 처방은 '양적 완화'였다. 양적 완화란 미국 정부가 발행한 국채를 미국 중앙은행인 연준이 사들이고, 대신 돈을 정부에 줘 정부가 돈을 푸는 것을 말한다. 많은 돈이 전 세계에 풀리면서 주가는 상승했고, 원자재 가격이 치솟았다. 미국은 2차, 3차 양적 완화를 계속했다. 무한정 돈을 뿌리면 실물경제가 살아날 것으로 봤지만, 양적 완화가 계속되면서 부작용이 나타나기 시작했다. 돈은 많이 뿌렸지만 성장은 되지 않는 '유동성의 함정'에 빠진 것이다. 경제학 이론에 따르면 돈을 많이 뿌리면 곧 인플레이션이 일어나야 하는데, 왜 이런 상황이 벌어졌을까?

　이동헌 하나대투증권 연구원은 "돈 찍어내기는 초기에는 효과가 있지만 시간이 갈수록 효과는 떨어지고, 부채만 늘어났다"며 "경제학에서 말하는 '한계효용 체감의 법칙'에 따른 것으로 이런 상황이라면 양적 완화를 중단하는 게 맞다"라고 말했다. 금융위기로 시장에 돈이 없고 메말라 갈 때 돈을 퍼붓는 양적 완화는 기업에게 '단비'였다. 하지만 시장에 돈이 넘쳐나게 된 상황에서 또 퍼붓는 돈은 큰 의미가 없었다. 오히려 넘쳐나는 돈으로 인해 부작용이 우려되기 시작했다. 돈 풀기의 한계효용이 급격히 줄어들다가 마침내 마이너스 한계효용이 발생하는 시점까지 온 것이다.

이런 상황은 한국의 부동산 시장에서도 제기됐다. 2015년 6월 한국은행이 3월에 이어 기준금리를 또 낮춰 1.5%까지 내렸다. 금리가 내려가면 대출이자도 인하돼 시중에 돈이 많이 풀린다. 시중에 풀린 돈이 집 구입에 쓰일 경우 집값은 뛴다. 하지만 이는 일반적일 때 얘기고 오랜 기간 저금리 상태에서 추가로 금리를 내려 봤자 큰 효과가 없을 것이라는 지적도 많았다. 박합수 국민은행 부동산팀장은 "시중 은행에서는 이미 2%대 저금리가 장기화된 상황이어서(기준금리가 1%대로 내려갔다고 해도) 한계효용 체감의 법칙을 고려하면 시장에 미치는 영향이 위력적이진 않을 것"이라고 말했다.

누가 베짱이를
가난하게 만들었을까?

〈개미와 베짱이〉 속에 숨겨진 소비와 저축의 역설

눈을 뒤집어쓴 베짱이가 개미네 집 앞에서 오들오들 떨고 있었다. 굶기를 며칠째, 베짱이는 이제 바이올린을 들 힘도 없었다.

그래서 마지막 자존심을 내팽개치고, 개미네로 왔다. 개미네에는 먹을 것이 잔뜩 있었다.

"똑똑."

"누구세요?"

개미가 얼굴을 문밖으로 내보였다.

"아, 베짱이잖아. 무슨 일이야. 어? 근데 너 어쩌다 이렇게 추운 날 두꺼운 옷도 안 입고 다녀?"

베짱이가 눈물을 글썽였다.

"개미야. 나 너무 배고파. 따뜻한 밥 좀 나눠 주겠니?"

개미는 그럴 줄 알았다는 듯 팔짱을 끼고 베짱이를 째려봤다. 민망해진 베짱이. 그냥 고개만 숙이고 있다.

"알았어. 들어와. 겨울이 길기는 하지만 좀 나눠 줄 것은 있을 거야."

개미네 집 안으로 들어간 베짱이는 그제야 살 것 같았다.

개미는 따뜻한 밥과 김치찌개를 내놨다. 베짱이는 헐레벌떡 밥을 들이켰다. 단숨에 밥을 먹어 치운 베짱이는 그제야 살겠다는 듯 배를 두드렸다.

"개미야 정말 고마워. 난 네가 나를 도와줄 줄 알았어."

"잉? 내가 너를 도와줄 줄 알았다니?"

개미가 고개를 갸우뚱했다.

"내가 밥을 굶는 건 다 너 때문이잖아."

베짱이는 당연하다는 듯이 말했다.

"무슨 소리야. 나는 열심히 일했고, 너는 노는 바람에 저축해 놓은 게 없으니 말년에 이렇게 힘든 건데 그게 왜 내 탓이니?"

개미는 발끈했다.

베짱이는 날개 뒤에서 《경제학원론》 책을 꺼냈다.

"자자, 개미야! 이것 봐봐. 이 책에 따르면 말이야. 과도하게 저축하면 경기를 위축시켜. 너와 네 개미 친구들이 너무 많은 양식을 저장하는 바람에 숲속 곤충들이 먹을 게 사라졌다는 사실을 모르니? 그 때문에 극심한 경기 위축이 왔고, 결국 모두가 불황을 겪다 경제

위기가 온 거잖아. 이제라도 너는 저장한 양식을 풀어서 다른 곤충을 도와야 해. 알겠어?"

개미는 알쏭달쏭해졌다. 저축한 것도 죄인가? 저축은 많이 할수록 좋은 거 아닌가? 진짜 나 때문에 숲속 경기가 나빠진 건가? 하긴 좀 많이 모으긴 했지.

"이대로 곤충이 다 죽으면 다시 봄이 와도 반갑지 않을 거야. 나비와 벌이 없으면 꽃이 수정할 수가 없고, 꽃이 수정하지 못하면 열매를 맺지 못하지. 식물은 점차 사라질 것이고, 다른 곤충도 사라져. 그러면 너도 이 마을에서 더는 살 수 없어. 페이스북을 만든 마크 주커버그나 마이크로소프트사의 빌게이츠가 왜 기부를 하겠니?"

듣고 보니 베짱이의 말도 맞는 것 같다. 어쩐지 속는 기분이 들긴 하지만. 개미는 계속 고개를 갸우뚱했다.

개미처럼 일할까?
베짱이처럼 놀까?

〈토끼와 거북이〉, 〈개미와 베짱이〉, 〈늑대와 양치기 소년〉, 〈고양이 목에 방울 달기〉. 누구나 알고 있는 이들 이야기엔 공통점이 있다. 바로 《이솝 우화》에 소개된 이야기라는 것이다. 우화란 동물이나 무생물을 의인화한 이야기로, 통상 풍자나 교훈 등을 담는다. 조지 오웰의 《동물농장》이나 고전소설인 《별주부전》이 대표적인 우화다. 공룡과 타조 등을 의인화한 〈아기공룡 둘리〉도 우화라 할 수 있다.

이솝 우화는 이솝이 지은 우화 모음집이다. 이솝 우화Aesop's Fables 혹은 아이소피카Aesopica라 부른다. 이솝은 아이소포스Aisopos의 영어식 표기다. 이솝은 BC 6세기 고대 그리스 사람으로, 이야기꾼 노예였다. 국내에는 갑오개혁 다음 해인 1895년 신식 교과서인 〈신정심상소학〉에 '새로운 이약이'라는 제목으로 처음 소개됐다.

이솝 우화는 아주 도덕적이다. 착한 일을 한 사람은 복을 받고, 나쁜 일을 한 사람은 끝내 망한다. 전통적인 경제관념도 많이 녹아 있다. 〈토끼와 거북이〉는 '성실한 사람이 성공한다'는 의미를 담고 있다. 〈늑대와 양치기 소년〉은 신뢰가 중요하다고 말한다. 〈개미와 배짱이〉는 근검절약을 강조한다.

전통적인 경제학은 '절약과 저축은 선'이라고 가르친다.

봄. 개미는 열심히 일했다. 개미굴을 파고 나뭇잎을 나른다. 베짱이는 이들 개미를 보며 "이렇게 좋은 날 놀지 않고 무슨 일이냐"며 타박한다. 베짱이는 여유롭게 바이올린을 켜고 만개하는 꽃과 따뜻한 봄바람을 즐긴다.

여름. 무더운 날씨에도 개미들은 열심히 일했다. 베짱이는 개미가 한심해 보인다. 베짱이는 "이렇게 더운데 무슨 일이야. 그늘에서 쉬자"라고 말한다. 하지만 개미는 아랑곳 않는다. 베짱이는 선선한 나무 밑에서 휘파람을 불며 더위를 피한다.

가을이 왔다. 개미들은 더 분주해졌다. 열심히 먹을거리를 챙겨 굴 속으로 밀어 넣는다. 베짱이는 여전히 여유롭다. "단풍도 즐기고 해야지 넌 평생 일만 할 거니?"라고 개미를 유혹한다. 개미는 역시 아랑곳하지 않는다.

겨울이 왔다. 찬바람이 몰아쳤다. 갈 곳도 먹을 곳도 없어진 베짱이는 결국 개미를 찾는다. 그리고 자신의 게으름을 반성한다.

여기까지가 전형적인 〈개미와 베짱이〉 이야기다. 결말은 버전이 여러 개다. 개미가 베짱이를 문전박대했다는 이야기도 있고, 베짱이를 불러들여 따뜻한 밥을 줬다는 것도 있다. 아이들을 위한 동화로는 베짱이에게 밥을 줬다는 내용이 많다(엄동설한에 문전박대해 베짱이가 얼어 죽고 말았다는 결론은 좀 잔인하긴 하다).

〈개미와 베짱이〉는 미래를 위해 저축하며 열심히 살아야 한다는 교훈을 준다. 부모가 자녀에게 "열심히 공부해야 한다"라고 말하는 근거로도 자주 인용된다. '개미처럼 일한다'와 '개미처럼 저축한다'는 근면성실과 근검절약의 상징이 됐다.

하지만 〈개미와 베짱이〉가 주는 교훈은 21세기에는 맞지 않을지도 모른다. '저축=좋은 일', '소비=나쁜 일'이라는 상식이 깨지고 있기 때문이다 또 '근로=좋은 일', '여가=나쁜 일'이라는 관념도 깨지고 있다. 고성장 시대에서 저성장 시대로 변하고, 한국

경제도 개발도상국에서 선진국 형으로 변하면서 전통 경제학 이론이 잘 들어맞지 않게 된 것이다.

저축을 장려했던
정부의 속마음

누구나 한번쯤 저축을 해 봤을 것이다. 저축 형태로는 예금과 적금이 가장 일반적이다. 가끔씩 경제 뉴스를 보면 '국민 저축률이 높아졌다' 혹은 '낮아졌다'는 보도가 나온다. 사람들이 은행에 맡기는 돈이 많아졌다는 얘기일까? 이렇게 생각했다면 반은 맞고 반은 틀린 것이다.

경제학에서 저축이란 벌어들인 소득에서 지출을 제외하고 남은 부분을 말한다. 저축에는 민간저축과 정부저축이 있다. 민간저축이란 가계소득에서 정부에 낸 세금과 소비 지출을 한 뒤 남은 금액이다. 은행에 맡긴 돈만 저축이 아니다. 갖고 있는 집과 땅, 건물 등 자산도 저축이다. 내가 번 돈이 자산 형태로 바뀐 것으로 볼 수 있기 때문이다. 이렇게 소비하고 남은 돈 전체를 '저축'이라 부른다. 정부저축도 있다. 정부가 세금을 걷은 뒤 공무원 월급이나 복지 등으로 지출하고 남은 돈이다. 정부가 갖고 있는 외환 보유액은 물론이고 건물, 땅, 도로 등도 정부저축이다.

민간저축과 정부저축을 합치면 국민저축이 된다.

국민저축 = 민간저축 + 정부저축

그러니까 국민저축은 민간과 정부가 벌어들인 소득에서 세금과 지출한 돈을 뺀 나머지 가치 전부를 말한다고 보면 된다. 국민저축을 국민총가처분소득(국민이 벌어들인 소득에서 세금을 뺀 부분)으로 나눈 것을 백분율로 나타낸 것이 (국민)저축률이다. 저축률이 높아졌다고 하면 쓰고 남은 돈이 많다는 얘기지만 이 돈이 꼭 은행으로 갔다고 볼 수는 없다. 2016년처럼 금리가 너무 낮거나 심지어 마이너스 금리일 때는 은행보다는 부동산에 돈이 묻힐 수도 있다.

한국도 1980년대까지는 저축 장려 운동을 강하게 폈다. 모든 어린이는 학교에 있는 새마을금고에 통장을 만들어야 했고, 매월 일정 금액을 저축해야 했다. 저축 장려 운동을 편 것은 저축이 경제에 도움이 된다고 생각했기 때문이다. 경제의 끝이 부자가 되는 것이라면, 부자가 되기 위해서는 돈을 모아야 한다. 미래를 대비하기 위해서도 저축은 필요하다. 30대와 40대에 열심히 벌어서 저축을 해 놓아야 50대와 60대에 꺼내 쓸 수가 있다. 가계가 안정적으로 굴러가야 경제도 안정을 찾을 수 있다.

그런 의미에서 개미가 봄, 여름, 가을 열심히 일해 저축을 하는 것은 칭찬 받을 일이다(잘하면 '저축의 날'에 저축왕으로 상을 받을지도 모른다). 충분히 식량을 모아 놔야 혹한이 오더라도 견딜 수 있다. 경제 위기가 올 때 외환 보유액이 넉넉한 나라가 흔들리지 않는 것과 같은 이치다.

1980년대 정부가 저축을 장려했던 또 다른 이유는 경제 발전이 필요했기 때문이다. 은행은 예금자로부터 예치받은 자금을 기업이나 개인에게 빌려준다. 예금자에게 주는 예금이자와 돈을 빌려주고 받는 대출이자의 차이를 예대마진(대출이자 수익-예금이자 지출)이라고 부른다. 예대마진은 은행의 주 수입원이 된다.

대부자금시장 이론에 따르면 모든 저축은 투자자금으로 사용된다. 저축이 늘면 돈을 빌려주는 대부시장에 자금이 풍부해진다. 돈을 빌려주겠다는 사람은 많고, 빌리겠다는 사람이 그대로라면 돈 가치가 떨어져 이자율이 떨어진다. 이자율이 떨어지면 대출이자도 낮아져 기업은 돈 빌리기가 쉬워지고 대출에 따른 차입 부담이 줄어든다. 기업은 많은 돈을 빌려 공장을 짓고 사무실을 얻는다. 또 생산설비를 사들이고 사람도 많이 뽑는다. 공장이 돌아가면서 경기가 탄력을 얻는다. 생산물이 늘어 사회 전체적으로 부가 늘어난다.

이 이론에는 '저축이 늘어나면 임금과 상품 가격이 떨어진다'라는 가정이 먼저 깔려 있다. 저축을 많이 하면 소비 지출을 줄이게 된다. 소비가 적으면 기업은 생산을 줄이게 되고 그러면 고용이 나빠진다. 실업자가 생기고, 일하고 있는 노동자의 임금이 떨어진다. 생산이 적다 보니 원자재가 남아돈다. 원자재 재고가 쌓이니 물가가 하락한다. 이렇게 물가가 떨어지면 물건을 사려는 사람이 다시 많아져 사회의 총수요가 증가한다. 수요가 늘어나니 생산도 늘어난다. 전통경제학에서는 저축이 이렇게 순작용을 한다고 봤다. 그러니 저축은 사회의 미덕이었다.

1970~1980년대 한국의 높은 저축률은 한창 투자자금이 필요했던 기업에게는 저금리로 많은 자금을 빌릴 수 있는 버팀목이 됐다. 1988년 가계순저축률(가계저축을 처분 가능한 소득으로 나눈 비율)은 24.7%로 사상 최고치를 기록했다. 당시 외부 차입 금리가 10%가 넘는 상황에서 국민의 종자돈은 큰 도움이 됐다. 가계순저축률이 3.4%까지 떨어진 2012년과 비교하면 격세지감이다.

저축과 소비,
지킬 박사와 하이드 씨

일반적으로 능력 이상을 소비하는 과시적 소비는 사회적 지탄을 받는다. 흥청망청 쓰면 어김없이 위기가 온다. 1929년부터 시작된 대공황은 1920년 방탕했던 미국의 소비문화의 결과물이었다. 한국에서도 2001년 카드에 대한 규제를 완화해 소비를 촉진시켰지만 이때 빚을 갚지 못한 사람은 2003년 신용불량자로 전락했다. 그럼에도 소비는 갈수록 '선'이 되는 분위기다. '하이드'였던 소비가 '지킬 박사'로 바뀌고 있다. 반대로 '지킬 박사'였던 저축은 '하이드'로 바뀌고 있다. 이 이론이 '저축의 역설the paradox of saving' 혹은 '절약의 역설'이다.

저축과 소비의 관계가 역전된 데에는 1929년 대공황의 역할이 컸다. 케인스는 '저축의 역설'을 주장하면서 소비의 미덕을 강조했다. 저축이란 오늘 쓸 것을 다음에 쓰기 위해 소비를 참는 행위다. 따라서 사람들이 저축을 하려면 현재의 소비를 줄여야 한다. 소비를 줄이면 생산된 상품이 팔리지 않는다. 상품이 팔리지 않고 재고가 되면 생산자는 생산을 줄인다. 생산자는 물건이 잘 안 팔리니까 물품의 가격을 내리고, 소비심리가 다시 회복된다면 '대부 자금 시장' 이론이 맞아떨어지게 된다. 문제는 실제 경제가 그렇게 돌아가지 않았다는 데 있다.

생산자는 물건이 팔리지 않으니 경비를 줄이기로 한다. 임금을 깎고, 직원을 해고한다. 소득이 줄거나 직장을 잃게 된 근로자는 돈을 쓸 여력이 없어졌다. 물건 가격은 떨어졌지만 쓸 돈이 없는 것이다. 사람들은 소비를 더 줄인다. 기업 경영 상태는 더 나빠진다. 악화된 경영이 기업 전반으로 퍼지면서 경제 불황으로 확산된다.

사람들이 부자가 되기 위해 저축을 한 것이 결국 불황을 부른 것이다. 케인스는 이러한 현상을 대공황에서 발견했다. 주식이 폭락하면서 위기를 느낀 사람들이 저축을 늘렸고, 그러자 경기는 더 악화됐다.

케인스는 경기 불황을 탈출하기 위해서는 누군가가 기업의 물건을 사 주어야 한다고 생각했다. 그게 바로 '유효 수요'다. 물건에 대한 수요를 확대하기 위해서는 소비가 필요하다고 봤다. 소비하기 위해서는 소득이 필요했다. 케인스는 "대공황에서 벗어나려면 차라리 돈을 땅에 묻으라"고 주장했다. 돈을 캐내기 위해 사람을 채용하면 임금을 주게 되고, 그 돈을 가지고 소비에 나선다는 것이다. 청교도 사회였던 미국 사회는 케인스를 기점으로 '빚 권하는 사회'로 탈바꿈한다.

요약하자면 저축이 '경기를 살린다'와 '경기를 죽인다'의 갈림길은 상품 가격이 떨어졌을 때부터 달라진다. 경기를 살린다는 쪽은 가격이 싸져서 물건 사려는 사람이 많아진다고 해석했다. '저축 → 소비 감소 → 기업 생산 감소 → 임금 하락 또는 고용 감소 → 시중에 재고가 쌓이면서 물가 하락 → 소비 증대 → 생산 증가'다. 반면 경기를 죽인다는 쪽은 임금이 떨어져서 소비가 더 줄어든다고 해석했다. '저축 → 소비 감소 → 기업 생산 감소 → 임금 하락 또는 고용 감소 → 소득이 줄고 실업자가 늘어나면서 소비 더욱 축소 → 생산 추가 축소'다.

저성장시대에 접어들면서는 '저축의 역설'이 더 잘 맞게 됐다. 저성장시대라는 말은 소득이 느리게 늘거나 정체되는 시대라는 의미다. 소득이 좀처럼 늘지 않는 상태에서 소득이 추가로 줄어드니 소비심리는 더 나빠졌다. 무엇보다 '당분간 경기가 좋아지지 않을 것'이라는 실망감은 소비자가 저축을 늘리고 주머니를 꽁꽁 닫는 원인이 됐다. 가계 가처분 소득에서 소비 지출의 차지하는 비중을 '소비성향'이라고 한다. 소비성향은 2010년 이후 매년 떨어지고 있다.

베짱이의 고민,
다 먹을까? 말까?

경제학자는 소비에 가장 큰 영향을 미치는 것은 소득이라고 분석한다. 그런데 소득이 소비에 미치는 영향에 대해서는 견해가 조금씩 다르다. 크게 3가지 가설이 있는데, 절대소득 가설, 항상소득 가설, 상대소득 가설이 바로 그것이다.

개미는 베짱이에게 말했다.
"그래 네 말도 일리가 있어. 다만 계속 줄 수는 없으니 이번 한 번만 줄게."

자, 베짱이는 받은 음식을 어떻게 할까? 케인스, 밀턴 프리드먼, 듀젠베리에게 물어보자.

케인스는 "베짱이는 그 자리에서 음식을 거의 다 먹을 것"이라고 말한다. 그의 절대소득 가설에 따르면 먹을 것이 생긴 베짱이는 음식을 다 먹는다. 다만 음식을 엄청나게 많이 줬다면 먹을 만큼 먹은 뒤 그 나머지를 저축한다.

밀턴 프리드먼은 "베짱이는 거의 음식을 안 먹을 것"이라고 자신한다. 다음번에는 개미에게 음식을 못 얻으니 허기를 면할 정도만 먹고 나머지는 저축한다는 것이다. 여전히 겨울은 길게 남았으니까.

듀젠베리는 "개미만큼 먹거나 지난 봄여름에 먹던 만큼은 먹을 것"이라고 답한다. 받은 음식의 양이 얼마이든 주변이 하는 정도나 과거에 자신이 먹었던 만큼은 먹게 된다는 것이다. 베짱이는 역시 '폼생폼사'다.

① 절대소득 가설absolute income hypothesis
케인스가 주장한 가설이다. 케인스는 소비를 확대시키기 위해서는 절대소득이 중요하다고 봤다. 절대소득이란 지금 벌고 있는 소득을 말한다. 케인스는 금융자산이나 이자율, 미래에 벌어들일 소득 등은 현재의 소비에 큰 영향을 미치지 못한다고 봤다. 그러니까

지금 당장 내 손에 들어오는 돈이 많아야 소비도 는다는 뜻이다. 소비를 늘리려면 보조금을 주거나 보너스를 주면 된다. 경기를 살리려면 재정 확장이나 추가경정예산 등을 편성해 돈을 풀면 된다.

다만 케인스는 사람이 소비하는 양은 한정돼 있다고 봤다. 그래서 소득이 증가하는 대로 다 소비되는 것도 아니라고 했다. 억지로 소비할 수 있는 소비처(수요)를 만들어 줘야 한다는 이론은 여기서 나왔다. 댐, 도로, 철도 등 공공 SOC 사업은 정부가 억지로 만들어 주는 일자리가 된다.

② 항상소득 가설permanent income hypothesis

밀턴 프리드먼이 주장한 가설이다. 항상소득이란 장기간에 걸쳐 얻을 수 있을 것이라 기대하는 소득이다. 1개월 혹은 1년마다 생기는 단기소득인 절대소득에 비해 훨씬 소득의 개념이 넓다. 사람들은 생애 전체를 고려해 내가 벌 수 있는 소득을 따진 뒤 거기에 맞는 소비를 한다는 것이 항상소득 가설의 골자다. 때문에 단기간에 소득이 달라져도 소비는 크게 줄지 않는다. 항상소득 가설에 따르면 1회성 보조금이나 보너스로는 소비가 늘어나지 않는다. 세율을 바꿔 감세를 하거나 노령연금 등을 통해 장기적으로 소득을 보전해 줘야 한다는 것이다. 2009년 일본은 모든 국민에게 1만 2,000엔의 보조금을 지급했지만 소비는 살아나지 않았다. 앞으로 더 나올 보조금이 아니다 보니, 돈의 대부분을 저축한 것이다.

③ 상대소득 가설relative income hypothesis

제임스 듀젠베리가 주장한 가설이다. 소비는 다른 사람과 비교한 상대적인 소득에 따라 좌우된다고 주장했다. 심지어 자신의 과거 소득도 영향을 받는다. 부자는 가난한 사람보다 저축을 많이 하고, 저소득층은 부자보다 소비를 많이 한다. 부자는 자신보다 소득 수준이 낮은 사람을 보면 자신이 번 소득보다 적은 소비를 한다. 반대로 가난한 사람은 자신보다 부자인 사람을 보며 자신이 번 소득보다 많은 돈을 쓴다는 것이다. 같은 계층과 있으면 자신의 능력만큼 소비하게 된다(소비의 전시 효과). 한 번 소비 수준이 올라가면 다시 소비를 줄일 수 없는 것(소비의 톱니 효과)도 상대소득 가설로 설명된다. 과거 자신의 소득이 많았던 시절의 소비를 잊지 못하고 그 수준을 유지하려 한다는 것이다.

그랜저를 타던 사람이 스파크로 차를 바꾸기 힘들고, 60평대 집에 산 사람이 30평대로 평수를 낮춰 살기 힘든 것도 이 때문이다. 필라델피아 연방준비은행 보고서를 보면 대형 복권에 당첨된 사람 근처에 사는 사람은 파산율이 높았다. 복권 당첨금 1,000달러가 늘면 이웃의 파산율은 2.4%가 증가한다. 상대보다 더 가난하다고 느

끼는 사람이 과시를 위해서 더 많은 돈을 소비하고, 이런 소비를 위

해서 빚을 지는 경향이 있다는 것이다.

전우치가 쌀을 나눠 주면
마을 경제가 살아날까?

소설에서 전우치는 도술을 부려 왕 앞에 나타나 "옥황상제
의 명이니 황금 들보를 만들라"고 명령한다. 왕이 국고에 있는
금과 궁녀의 금비녀 장식까지 녹여 들보를 만들자 전우치는 이
를 갖고 사라진다. 전우치는 황금 들보를 외국에 팔아 십만 석
의 쌀을 얻어 흉년과 해적의 약탈, 탐관오리의 수탈로 굶어 가
던 백성에게 나눠 준다.

백성은 긴급 구제를 받게 됐다. 하지만 이로 인해 마을 경제
가 살아났는지 어땠는지는 명백하지 않다. 쌀을 동시에 유통시
켰다면 경제가 살아났을 터고, 쌀 대부분을 그대로 쌓아 둔다면
경제 상황은 여전히 좋지 못할 것이기 때문이다.

이 마을 사람이 전우치로부터 받은 쌀을 어떻게 생각하느냐
에 따라 쌀 소비가 달라질 수 있다. 전우치가 한 번 주고 말 것

이라고 생각하면 절대소득 가설이, 전우치가 다음번에도 줄 것이라 생각하면 항상소득 가설이 적용된다. 혹은 전우치가 나눠준 쌀이 옆집보다 많거나 적다고 생각하면 상대소득 가설이 적용될 것이다.

쌀의 유통을 결정하는 또 하나의 요소는 금리다. 만약 쌀을 빌려주고 받는 대가가 크면 생각보다 쌀이 잘 유통되지 않을 수 있다.

금리는 가계가 저축을 결정할 때 상당한 영향을 미친다. 금리가 높으면 가계는 저축을 선택할 가능성이 높다. 금융의 눈으로 볼 때 금리는 '지금 돈을 쓰지 않은 데 대한 보상'으로 볼 수 있다. 즉 현재 돈을 쓰지 않은 기회비용에 대한 보상이다. 그 보상이 크다면 굳이 지금 돈을 쓸 이유가 없다. 그냥 갖고 있는 것이 더 유리하다.

복리의 마법,
혹은 덫

기회비용에 대한 보상이 이자 수익이다. 이자율은 금리의 다른 이름이다. 예금금리란 곧 예금이자율이 된다. 대출금리란 대출이자율이 된다. 예금이자와 대출이자가 불어나는 방식에는 단리와 복리가 있다. 단리는 원금에만 이자가 붙는다. 복리는 원금에 이자가 붙고, 그 이자에 또 이자가 붙는 방식이다. 무서운 것은 복리다. 100만 원을 빌린 대학생이 몇 년 뒤 수천만 원의 빚을 지게 되는 이유가 복리 때문이다.

복리 계산법은 다음과 같다.

$$\text{수령액} = \text{원금} \times (1 + \text{이자율})^{\text{기간}}$$

300만 원을 빌렸다. 시중금리가 연 10%라고 가정해 보자(저축은행이나 캐피탈에서 돈을 빌리면 이보다 이자율이 높다). 1년, 2년, 3년, 4년, 5년 뒤엔 얼마가 될까?

복리의 경우

1년: 300만 원 x $(1+0.10)^1$ = 330만 원

2년: 300만 원 x $(1+0.10)^2$ = 363만 원

3년: 300만 원 x $(1+0.10)^3$ = 399만 원

4년: 300만 원 x $(1+0.10)^4$ = 439만 원

5년: 300만 원 x $(1+0.10)^5$ = 483만 원

연 이율 10%로 5년만 빌리면 이자만 183만 원이 된다. 원금(300만 원)의 절반이 넘는다. 이처럼 이자가 크게 늘어나다 보니

복리의 힘을 '복리의 마법' 혹은 '복리의 늪'이라 부르기도 한다.

복리의 경우 손쉽게 원리금(원금+이자)이 두 배가 되는 시점을 구할 수 있다. 이른바 72의 법칙이다.

$$\frac{72}{\text{연 이자율(\%)}} = \text{기간(년)}$$

앞서 예로 든 300만 원을 연 이자 10%로 빌렸을 때 원리금(원금+이자)이 원금의 2배가 되는 때는 언제일까?

$$\frac{72}{10} = 7.2(년)$$

지금처럼 다원화된 사회에서는 저축을 너무 많이 하거나, 너무 하지 않는 것, 둘 다 위험하다. 저축은 하되 적당히 소비도 하고 투자도 하는 것이 경제가 잘 돌아가는 방법이다. 정부가 대체휴일을 도입하고 블랙 프라이데이 등 할인행사를 마련하는 것은 소비를 증진하기 위한 고육지책이다. 한국은 내수 소비가 줄어들면서 경제 전체가 활력을 잃고 있다. 자영업자는 장사가 안 되니 문을 닫고, 물건이 안 팔리니 기업도 생존의 위기를 맞고 있다.

문제는 소비와 저축의 적당량이 얼마인지를 모른다는 것이다. 과도한 저축은 경기를 침체에 빠뜨리지만 과도한 소비도 빚을 늘려 경기를 위축시킨다. 민감한 그 지점을 선택하는 것이 정부의 역할이다.

지갑 닫은 직장인,
문 닫게 생긴 자영업자

직장인과 자영업자는 공동체다. 직장인의 주머니가 넉넉하면 자영업자의 장사도 잘 된다. 자영업자의 주머니가 넉넉하면 기업이 만든 물건이 잘 팔린다. 직장인이 잘 되면 자영업자도 잘 되고, 자영업자가 잘 되면 직장인도 잘 되는 셈이다.

통계청의 '2015년 연간 가계 동향' 자료를 보면 2015년 전국 가구(2인 이상)의 연간 월평균 소득은 437만 원이었다. 1년 전에 비해 1.6% 증가했다. 2009년(1.2%) 이후 가장 낮은 증가율이다. 물가 상승률을 뺀 실질 증가율로 보면 소득 증가율은 0.9%에 그친다. 소득이 1년 동안 거의 제자리였다는 얘기다.

주목할 만한 것은 소득 세부내역이다. 소득에는 직장에서 일하고 월급으로 받는 근로소득, 자영업자가 일해서 버는 사업소득, 국민연금 등에서 받는 이전소득 등이 있다. 소득 증가율을 이끈 것은 이전소득이었다. 국민연금과 기초연금 수급자가 늘어나면서 이전소득이 1년 전보다 9.4% 늘어났다. 하지만 근로소득은 1.6% 늘어나는 데 그쳐 2009년(1.3%) 이후 증가폭이 가장 낮았다. 그래도 근로소득이 늘긴 늘었다. 문제는 사업소득이었다. 사업소득은 1년 전에 비해 1.9% 줄었다. 사업소득이 감소한 것은 2003년 통계를 작성한 이후 처음이었다. 그만큼 자영업자의 장사가 안 됐다는 말이다. 정부나 국민연금공단으로부터 받은 연금마저 없었다면 소득 증가율이 아예 마이너스가 될 뻔했다.

자영업자의 사업소득 감소는 가계의 지출 통계를 봐도 짐작할 수 있다. 통계청 자료를 보면 2015년 연간 가구당 월평균 소비 지출은 256만 원으로 전년 대비 0.5% 늘어나는 데 그쳤다. 물가 상승률을 뺀 실질 소비 지출로 보면 증가율은 마이너스 0.2%를 기록했다. 사실상 소비가 줄었다는 의미다. 가계가 돈을 쓰지 않았는데, 자영업자의 소득이 늘어날 수는 없다.

가계가 허리띠를 졸라맨 흔적은 평균 소비성향에서도 나타났다. 평균 소비성향은 71.9%로 전년(72.9%)보다 1.0% 포인트 하락했다. 평균 소비성향도 집계가 시작된 2003년 이후 가장 낮았다. 평균 소비성향이란 가처분 소득(세금을 제외한 소득)에서 소비 지출액을 나눈 것이다. 평균 소비성향이 70%면 100원을 벌어 70원을 썼다는 의미다. 평균 소비성향이 낮을수록 소득에 비해 그만큼 돈을 쓰지 않았다는 의미이다.

놀부는 흥부를 보고 왜 배가 아팠을까?

《흥부와 놀부》 속에 숨겨진 부정적 외부 효과

놀부는 그날따라 잔뜩 화가 났다. 어떻게 이럴 수가 있느냔 말이다. 밥풀떼기 하나 없던 동생 흥부가 부자가 되다니. 말도 안 되는 일이다.

샘이 나서 슬슬 배가 아프기 시작했다. 놀부는 그길로 박차고 일어나 흥부네로 갔다. 흥부의 재테크 비밀을 캐기 위해서였다.

흥부의 집 앞에서 놀부는 기가 죽을 지경이었다. 으리으리한 대들보에 황금기왓장. 이 정도면 로또도 아주 큰 로또에 당첨된 게 분명하다.

"야! 이놈 흥부야. 나 형이다. 이리 나와라."

놀부는 짐짓, 기세 좋게 흥부를 불렀다. 흥부가 반색하며 뛰어나왔다.

"어이쿠 형님 오셨습니까. 안 그래도 집들이를 하려고 했습니다."

"아, 집들이는 됐고, 난 네가 어떻게 돈을 번 것인지 너무 궁금해서 물어보러 왔다."

흥부의 낯빛이 바뀐다.

"에이 형님, 맛집 비법은 자식에게도 안 가르쳐 준다는데, 재테크 비밀을 어떻게 가르쳐 줍니까?"

흥부의 능글능글한 답변에 놀부가 급 당황한다.

"아! 동생아. 우리 형제가 무슨 그런 사이였나. 그러지 말고 이 형에게 비법을 좀 가르쳐 줘."

흥부는 단호했다.

"안 됩니다."

놀부는 무릎을 꿇고 흥부의 다리를 붙잡는다.

"너무하네. 내가 너를 어떻게 돌봤는데 이러느냐. 네가 부자가 되니 내가 내 마누라와 애들 볼 면목이 없다. 수를 좀 가르쳐다오."

형이 다리를 붙잡고 읍소하니 흥부도 조금 난감해졌다.

"아니, 형이 저를 도와준 것도 아닌데, 정말 왜 이러십니까?"

"비법을 못 배우면 집에도 못 들어가. 네 형수가 원래 욕심이 많잖아. 너는 왜 괜히 부자는 되어 가지고…….

하는 수 없이 흥부는 제비 뒷다리를 고쳐 준 이야기를 놀부에게도 해 줬다. 놀부는 그제야 신이 나서 집으로 뛰어갔다. 그런데 어째 좀 불안하다.

사촌이 땅을 사면
배가 아픈 이유

사촌이 땅을 사면 배가 아프다. 왜 그럴까. 사촌이 땅 샀다고 내가 금전적으로 손해를 보는 것은 없다. 사촌이 잘 되면 내가 급할 때 도움이 되면 도움이 됐지 나쁠 일은 없을 것이다. 그런데도 배가 아프다. 이유는 누구나 안다. 질투 때문이다. 나랑 가까운 사촌이 땅을 사서 부자가 되는 걸 지켜보자니 심사가 뒤틀린다. 나는 왜 이 꼴인가 싶은 마음에 갑자기 땅을 산 사촌을 대하는 태도가 냉랭해진다. 사촌은 좀 황당하다. 쟤가 왜 저러지?

내가 한 어떤 행위가 다른 사람들에게 의도하지 않은 이익이나 불편을 줄 때가 있다. 두 사람 사이에 이익 혹은 손해가 발생했는데 서로 대가를 지불하지도 않는다. 한 사람의 행위가 제3자에게 영향을 미치고, 그러면서 이에 대한 보상이 이뤄지지 않는 것을 '외부 효과externality'라고 한다. 사촌은 내 질투를 유발하기 위해 땅을 산 게 아니다. 집을 짓거나 땅에 투자하거나, 어쨌든 자신의 이득을 위해 집을 샀다. 그는 전혀 나를 의식하지 않았다. 그런데 사촌이 땅 샀다는 소식에 공연히 내 맘만 상한 것이다. 나는 사촌에게 "너 때문에 기분 나빴으니 밥을 사라"고 요구할 수 있을까?

경제는 많은 경제 주체들이 어울려서 돌아간다. 그래서 한 경제 주체의 행동이 하나의 결과만으로 끝나는 경우는 거의 없다. 어떤 식으로든 서로에게 영향을 준다. 의사 부모를 둔 집에 의사 아들이 나오고, 변호사 부모를 둔 집에 변호사 아들이 나오는 경우가 있다. 농구 스타 허재의 아들 허웅은 농구선수다. 탁구 스타 안재형과 자오즈민의 아들 안병훈은 골프선수다. 이들은 부모를 보고 자신의 꿈을 키웠을 것이다. 부모가 자녀에게 특정 직업을 가지라고 강요하지 않았다면 이를 '외부 효과'라 부를 수 있다. 상대에게 끼치는 영향은 좋은 것일 수도, 나쁜 것일 수도 있다. 나의 행동이 제3자에게 좋은 영향을 끼쳤다면 '긍정적 외부 효과', 부정적 영향을 끼쳤다면 '부정적 외부 효과'다. 영국 경제학자인 로널드 코스가 제안한 개념이다.

긍정적 외부 효과든 부정적 외부 효과든 외부 효과는 자원이 시장에서 적절하게 분배되는 것을 막는다. 대가를 주지 않고 제3자에게 편익이 발생했으니까, 사회 전체적으로 보면 대가를 지불하지 않은 만큼 더 생산하거나 덜 생산한 부분이 생기기 때문이다. 그래서 외부 효과는 '시장 실패'라고도 한다. 시장이 적절하게 분배해 주는 데 실패했다는 의미다.

놀부가
기가 막혀

《흥부와 놀부》는 연대를 알 수 없는 고전소설이다. 오랫동안 입에서 입으로 구전돼 내려오다 조선시대에 누군가에 의해 집필된 것으로 판소리에서는《흥보전(興甫傳)》이라고 하기도 하고《놀부전》이라고 하기도 한다.

흥부와 놀부가 사는 곳은 경상도와 전라도가 맞닿은 어느 고을이다.

사실 흥부가 처음부터 가난했던 건 아니었다. 하지만 부모님이 돌아가시면서 상황이 변했다. 형이 모든 재산을 가져가 버린 것이다. 상속도 못 받고 쫓겨난 동생 흥부는 자식까지 많아서 가난에서 벗어나지 못한다. 판소리 〈흥보전〉에는 아이가 스물아홉이나 된다고 나온다.

밥을 빌러 형네 갔다가 밥주걱으로 뺨을 맞는 일화는 유명하다. 흥부는 볼에 붙은 밥풀이라도 떼어서 먹지 않으면 안 될 정도로 가난하다.

그런 흥부가 부자가 됐다. 그것도 상상하지 못할 정도로 큰 부자가…… 놀부로서는 기가 막힐 노릇이다. 다들 알겠지만 흥부의 비법은 '제비 다리 고쳐 주기'였다. 어느 날 흥부의 초가집 처마에서 살던 어린 제비가 날기 연습을 하다 떨어져 다리가 부러지고 말았다. 흥부는 부러진 다리를 명주실로 친친 동여매 치료해 줬다. 이듬해 봄 제비는 박씨를 물고 왔고, 이를 심어서 키웠더니 온갖 금은보화가 튀어나오는 '대박'이 터졌다.

흥부가 부자가 되는 데 놀부는 전혀 관여하지 않았다. 도와주지도, 방해하지도 않았다. 하지만 흥부가 부자가 됐다는 소식은 놀부의 기분을 나쁘게 했다. 흥부도 기가 막힌다.

흥부가 부자가 되는 바람에, 놀부의 배가 아픈 것, 이것이 부정적 외부 효과다. 경제학에서는 긍정적 외부 효과보다 부정적 외부 효과를 더 주목한다. 어찌 되었던 이득이 생기면 제3자가 항의하지 않지만 손해가 생기면 거칠게 저항하기 때문이다. 저항은 사회적인 문제로 커지고, 사회적 이슈가 된다.

부정적 외부 효과는
과다 생산을 부른다

부정적 외부 효과는 사회가 필요로 하는 최적 수준보다 생산을 과다하게 늘린다. 플라스틱을 만드는 석유화학 공장이 있다고 치자. 이들이 제품을 생산하는 과정에서 다량의 폐수가 발생한다. 폐수는 강을 오염시켰다. 생산자 입장에서 환경은 자신의 소유물이 아니다. 신경 쓸 필요가 없다. 플라스틱 생산량을 최대한 늘리는 것이 관심사다. 플라스틱 생산을 많이 할수록 수익이 늘어나기 때문이다. 반면 그가 생산량을 늘릴수록 폐수는 더 많아지고, 다른 사람이 받는 피해는 커진다. 그 비용은 사회가 대야 한다. 사회가 바라보는 생산의 적정량은 '생산자의 사적 편익+타인의 편익'의 합이다. 즉 플라스틱 생산에 따른 개인의 이득이 늘어나더라도 폐수 처리를 해야 하는 사회적 비용이 더 크다면 사회는 손해다.

상황이 그렇다면 기업은 플라스틱을 과도하게 생산하면 안 된다. 사회가 이를 막는 방법은 생산자에게 폐수 방류에 따른 비용을 부담시키는 것이다. 지금까지 생산자는 플라스틱 생산으로 생기는 수익을 몽땅 챙겨 갔다. 만약 플라스틱 생산에 세금을 매긴다면, 사업자에겐 추가비용이 발생한다. 폐수의 양이 많을수록 세금도 더 많이 내야 한다면 생산자는 플라스틱의 과다한 생산을 고민하게 될 것이다.

도민준은 수업시간이나 수업시간이 끝난 뒤 교실에서 종종 떠든다. 공부하기가 싫어서다. 민준의 인기가 좋다 보니 합세하는 친구가 많아졌고 그러다 보니 반 분위기는 점점 나빠졌다. 반 분위기가 흐려지자 전교 1등 천송이도 수업에 집중하기 힘들어졌고, 마침내 성적이 크게 떨어졌다. 도민준은 반의 분위기를 흐리게 할 생각이 전혀 없었다. 그저 공부하기 싫어 자기 하고 싶은 대로 했을 뿐이다. 그런데 다른 친구의 성적이 떨어졌다.

경제 분야에서는 이런 일이 잦다. 내수 경기를 살리기 위해 자동차 판매를 늘리기로 했다. 세금을 내렸고, 얼마 뒤 판매가 폭발적으로 늘어 자동차 산업이 호황을 맞았다. 그런데 점차 도심이 뿌옇게 변하더니 지독한 스모그가 발생했다. 도로에 자동차가 자주 돌아다니게 되면서 대기오염이 발생한 것이다. 자동차 판매의 '부정적 외부 효과'다.

사회 입장에서는 자동차가 적정치 이상으로 판매됐다. 이제 자동차를 줄여야 한다. 그러기 위해 다시 세금을 올리기로 했다. 나아가 자동차회사에 환경부담금을 물리기로 했다. 그런데 문제가 있다. 부정적 외부 효과는 간접 피해이기 때문에 책임을 정확히 산정하기가 힘들다. 천송이의 성적이 떨어졌다고 해서 도민준에게 책임을 전적으로 물을 수 없다. 천송이가 느슨해진 탓도 있다. 도민준이 "제가 언제 송이더러 공부하지 말라고 했나요?"라고 되물으면 마땅히 반박하기 힘들다.

스모그가 심해지자 언론은 자동차회사에 책임을 물었다. 하지만 해당 회사는 "정유공장과 화학공장, 제철소도 대기 오염을 유발하는 만큼 우리가 주범이라고 볼 수 없다"라고 주장했다. 환경부담금은 감면됐고, 자동차 판매량은 크게 줄지 않았다. 그 때문에 환경오염은 여전했고, 사람들의 건강은 나빠졌다. 이들의 치료를 위해 건강보험은 더 많은 돈을 지출해야 했다.

정부는 규제를 풀겠다고 한다. 혹자는 규제 개혁이라고 하고 혹자는 규제 완화라고도 말한다. 규제를 풀면 경제가 쉽게 성장한다는 것이다. 그런데 간과해서는 안 될 것이 있다. 그 규제가 생긴 데는 다 이유가 있다는 점이다. 기업 규제의 상당수는 기업 활동으로 인한 부정적 외부 효과를 줄이기 위해 도입된 것이다. 예를 들어 학교 옆에 호텔이나 모텔을 짓지 못하게 하는 것은 이런 숙박업소가 등하교 길에 학생들에게 부정적 외부 효과를 미칠 가능성이 크기 때문이다(맹자의 어머니는 맹자를 가르치기 위해 세 차례나 이사를 다녔다.). 그린벨트나 농지 등에 공장을 짓지 못하도록 한 것도 녹지대나 농지가 파괴돼 생길 부정적 외부 효과를 막기 위한 조치다. 이런 규제를 없앨 경우 부정적 외부 효과가 극대화 될 우려가 있다. 학교 옆에 호텔을 지어 관광 수입은 늘어났지만 면학 분위기가 흐려져 학생들의 성적이 떨어지면 사회 전체적으로 더 큰 손해를 불러올 수 있다. 그린벨트에 공장 증설을 마구잡이로 허용했더니 인근 주민이 짓는 농산물에 중금속이 다량 함유되거나 주민들의 암 발생률이 높아져 논란이 된 실제 사례도 많다.

피구세,
부정적 외부 효과를 줄여라

부정적 외부 효과를 치유하는 방법은 외부 효과를 유발하는 행위를 하지 않도록 하는 것이다. 만약 행위를 멈출 수 없다면 피해자가 없는 곳으로 멀리 떠나면 된다. 하지만 경제활동을 완전히 멈출 수는 없다. 딴 곳으로 이전하는 것도 쉽지 않은 일이다. 주민들 입장에서도 해당 기업이 문을 닫거나 완전히 떠나 버리면 지역경제가 위축된다.

이럴 때 타협이 필요하다. 우선 정부가 나서서 직접 규제하는 방법이 있다. '하루 오염수 배출량은 100톤, 100ppm 이하'라는 식으로 환경기준을 설정해 강제하는 것이다. 두 번째는 세금을 부과하는 방식이다. 기업이 생산하는 물품에 세금을 매기면 상품 가격이 올라가서 소비자는 소비를 줄이게 된다. 사회가 부담하는 비용만큼 정확하게 세금이 부과되면 생산량과 소비량은 사회가 필요로 하는 적정 수준에서 결정될 것이다. 부정적 외부 효과를 바로잡기 위해 매기는 세금을 '교정적 조세'라고 부른다. 경제학자 피구가 제안했다고 해서 '피구세Pigovian Tax'라고도 한다.

술과 담배, 도박도 부정적 외부 효과를 일으킨다. 과도한 음주로 인한 사회 폭력, 음주운전, 그리고 간암에 따른 사망률 증가는 음주의 외부 효과다. 흡연으로 인해 암 발병률이 높아지면 건강보험 지출이 늘어나고, 노동력 상실에 따른 사회적 비용이 커질 수 있다.

술과 담배, 사행산업에 높은 세금을 물리는 이유는 '교정적 조세'로 설명할 수 있다. 술과 담배에 높은 세금을 매기면 술값과 담뱃값이 상승해 소비를 줄이게 된다는 것이다. 또 술과 담배에 붙은 세금 일부는 건강기금으로 쓰여 사회가 부담해야 할 비용을 분담하는 결과가 된다. 2015년 정부가 담뱃세를 2,000원 올릴 때도 같은 논리가 적용됐다. 술, 담배를 일절 못하게 할 수는 없으니 교정적 조세, 즉 피구세를 통해 부정적 외부 효과를 줄이겠다는 것이다.

휘발유나 경유에 붙는 높은 세금도 교정적 조세로 설명이 가능하다. 자동차 운행이 많으면 도심이 혼잡하고 매연이 심할 수 있으니 기름 값을 높게 해 이를 교정한다는 것이다. 아무래도 기름 값이 비싸면 운전을 덜 하게 된다.

이처럼 외부 효과를 일으키는 대상에게 부담을 줘 외부 효과를 줄이는 것을 '외부 효과의 내부화'라고 부른다. 사람들에게 새로운 인센티브를 부여해 자신에게 초래한 외부 효과까지 감안해 판단하도록 하는 것이다. 탄소 배출권 거래제는 외부 효과의 내부화 중 대표적인 사례가 된다.

그전에는 누구도 탄소 배출에 대해 부담을 갖지 않았지만 탄소 배출권을 현금화하면서 이야기가 달라졌다. 생산을 많이 하려면 돈을 주고 탄소 배출권을 사야 하기 때문에 이제는 마구 잡이로 기름이나 석탄을 써서 생산할 수 없게 된 것이다.

엘사가 아렌델 왕국을 떠난 이유는?

디즈니의 애니메이션 '겨울왕국'을 보자. 아렌델 왕국의 공주, 엘사는 손에 닿는 것은 무엇이든 얼려 버린다. 엘사는 어릴 적 자신의 초능력 때문에 여동생 안나를 다치게 한다. 뜻하지 않았던 '부정적 외부 효과'였다. 어른이 되자 세상을 얼려 버리는 능력은 더 강해졌다. 자신의 손에 닿은 아렌델 왕국의 모든 것은 곧바로 얼어 버린다. 이래서는 아렌델 왕국 사람들이 정상적인 경제활동을 할 수가 없다. 엘사의 선택은 '고립'이었다. 그녀는 아렌델 왕국을 떠나 홀로 북쪽 산으로 간다.

부정적 외부 효과에 대해 세금을 부과하여 교정하는 것은 한계가 있다. 우리 동네에 들어선 것이 플라스틱 공장이 아니라 관리가 잘 되지 않는 핵발전소라고 생각해 보자. 매번 고장이 나고 방사능이 유출되는 핵발전소라면 세금을 부과하는 정도로는 문제가 해결되지 않는다. 핵발전소를 폐쇄하거나 이전하는 수밖에 없다. 엘사도 '아무리 많은 비용을 쓰더라도 세상을 얼리는

자신의 능력이 다른 이를 다치게 하자 엘사는 고립을 택하고 떠나 버린다.

(이미지 출처: enchanted_fairy / Shutterstock.com)

부정적 외부 효과를 줄일 수 없겠다'라고 생각했을 것이다. 그래서 그녀는 '이전'을 선택했다.

북쪽 산에 도착한 엘사는 얼음왕국을 짓고 혼자 살기로 한다. 그러면서 'Let it go'를 외친다. "내버려 둬"라는 얘기다. 이제 자신으로 인해 피해받을 사람이 없으니 엘사는 맘껏 살면 된다.

그런데 엘사가 떠난 뒤 아렌델 왕국에 혹독한 겨울이 찾아온다. 또 다른 외부 효과다(엘사로서는 기가 찰 노릇이다). 아렌델 왕국은 엘사가 통치하지 않으면 안 되는 나라였다. 동생 안나는 엘사를 만나러 간다. 대화를 통해 언니 초능력의 부정적 외부 효과를 최대한 줄이면서 부모님이 물려 주신 왕국을 잘 통치하는 묘책을 찾고 싶었다. 민간의 협상이 시작된다. 안나의 이 같은 행동은 '코즈의 정리'에 해당한다.

거래비용을 줄이면
협상이 시작된다

코즈의 정리란 경제학자 로널드 코즈Ronald Coase가 제시한 해법으로, 외부 효과에 의해 문제가 생기더라도 민간이 자율적인 협상을 하면 문제를 해결할 수 있다는 것을 말한다. 단 전제가 있다. 민간끼리 협상할 때 추가비용이 생기지 않아야 한다. 이때

드는 추가비용을 거래비용이라 부른다. 거래비용이 많이 들면 협상은 파기되고 정부가 개입해야 한다.

예를 들어 보자. 둘리는 개를 키운다. 개가 아침저녁으로 짖어대자 그 옆집에 사는 마이콜은 죽을 노릇이다. 공연 준비를 할 수 없기 때문이다. 둘리가 개를 키우는 과정에서 '소음'이라는 외부 효과가 발생했다. 마이콜은 그 피해를 입고 있다. 마이콜이 강하게 항의하자 두 사람은 협상에 나섰다. 둘리가 개를 키우면서 얻는 만족감은 3,000원. 마이콜이 입는 피해는 1,000원이다. 마이콜이 항의하자 둘리는 2,000원을 제시했다. 마이콜은 자신의 피해보다 1,000원을 더 받게 되니 만족한다. 둘리는 자신이 얻는 이득보다 1,000원 적게 지불하니 만족한다. 이렇게 되면 두 사람의 합의가 이뤄진다. 그런데 두 사람은 계약을 해야 한다. 변호사 도우너를 불렀다. 도우너는 공증비용으로 1,000원을 요구했다. 둘리 입장에서는 1,000원을 내게 되면 자신이 부담해야 할 비용은 3,000원(마이콜에게 줄 돈 2,000원+도우너 공증비 1,000원)이 되어서 별 이득이 없다. 둘리로서는 합의해 주기 어렵다. 코즈의 가정에도 불구하고 현실에서는 거래비용이 분명 발생한다.

주변에서 말렸지만 안나는 직접 엘사를 만나러 간다. 거래비용을 줄이기 위해서다. 만약 안나가 다른 사람을 보냈다면 자신의 뜻이 잘못 전달될 가능성이 있다. 즉 거래비용이 커진다는 의미다. 남자친구인 한스 왕자와 같이 갔어도 똑같다. 왕자가 간섭하다 보면 협상은 더욱 어려워진다. 바다에 원유를 유출시킨 선박과 주변 어민들 간의 합의가 쉽지 않은 것과 같다. 이해 당사자가 많으면 거래비용이 늘어난다(안나는 참 경제학을 잘 공부한 공주임에 틀림없다).

긍정적 외부 효과도 싫어요

나의 행동으로 인해 제3자가 이득을 본다면 좋은 일 아닐까? 경제학에서는 "그것도 나쁘다"고 단언한다. 긍정적 외부 효과는 사회가 필요료 하는 생산보다 더 적게 생산하는 부작용이 생긴다. 과잉생산을 유발하는 '부정적 외부 효과'와는 반대다.

애플이 스마트폰인 '아이폰'을 만들었다. 새로운 기기는 사람들의 생활을 바꿨다. 이동통신 시장도 가입자가 크게 늘면서 호황을 맞게 됐다. 아이폰의 '긍정적 외부 효과'다. 그런데 아이폰을 삼성전자와 화웨이 등 후발주자가 베끼기 시작했다. 아이폰의 시행착오를 지켜본 후발주자는 금세 비슷한 성능의 스마트폰을 생산하기 시작했다. 아이폰의 수익이 급감했다. 아이폰은 더 이상 스마트폰에 대한 투자를 하지 않겠다고 선언했다.

이는 가상의 상황이다. 하지만 충분히 생각해 봄직한 시나

리오다. 특허권이 없는 세상이라면 말이다. 새로운 테크놀로지가 상용화 될 때 긍정적 외부 효과가 자주 발생한다. 이때 새 기술을 개발한 연구진에게 충분한 보상이 주어지지 않는다면 사회는 필요로 하는 수준의 생산물을 더 이상 얻을 수 없게 된다. 충분한 보상을 해주는 방법은 2가지다. 민간에서라면 특허권을 철저히 보장해 주는 것이다. 특허권은 신기술 개발자에 대해 배타적인 수익을 인정해 준다. 따라서 긍정적인 외부 효과로 인해 발생한 이득을 회수할 수 있는 강력한 제도적 장치가 된다. 그런데 특허권에는 문제가 있다. 너무 강력하게 특허를 인정해 주면 기술이 사회적으로 확대되지 못하고, 후발주자가 따라오지 못해서 독점이 생길 수 있다. 이런 상황이라면 정부가 보조금을 지급해 개발자에게 보상을 해 줄 수 있다. 농업 분야를 생각해 보자. 한 개발자가 쌀 품종을 연구해 단위 수확량이 많은 신품종을 개발했다. 정부는 이 품종을 농민에게 저가로 보급하고 싶다. 가격이 비싸면 농민들이 구입할 수 없기 때문이다. 정부는 개발자에게 연구개발R&D 보조금을 주기로 했다. 그 대가로 가격을 낮춰 농민들에게 신품종을 보급했고, 그 해 대풍을 이룰 수 있었다. 정부는 계속해서 보조금을 개발자에게 지원해 더 좋은 품종을 개발할 수 있다. 개발자도 정부로부터 충분한 보상을 받으니 일할 맛이 난다.

　정부가 공공기관을 운용하는 것도 긍정적 외부 효과로 설명된다. 물, 전기, 공공교통 등을 저가로 국민에게 공급할 필요가 있을 때 정부는 공공기관을 만들어 생산과 관리를 맡긴다. 물, 전기, 공공교통은 긍정적 외부 효과가 뛰어난 품목이다. 식수가 충분히 공급되어야 대규모 도시 건설이 가능하다. 공장은 공업용수가 필요하고, 농민은 농업용수가 필요하다. 전기가 잘 들어가야 생산설비를 확대할 수 있다. 정전이 없어야 아이스크림가게나 횟집을 할 수 있다. 도로와 철도가 잘 놓이면 도시가 발달하고 싼 가격에 물류를 전달할 수 있다. 사회간접자본SOC은 긍정적 외부 효과가 매우 크지만, 개발자에게 충분한 이득을 보장해주지 않으면 투자는 이뤄지지 않는다.

인생 역전
심청이와 벨은 닮은꼴

외부 효과가 반드시 '긍정적'이거나 '부정적'으로 고정되는 것은 아니다. 부정적이라고 생각했던 일이 알고 보면 긍정적이고, 긍정적이라고 생각했던 일이 부정적일 경우도 있다. 인생은 그런 거다.

효녀 심청의 스토리를 보자. 심봉사는 눈을 뜨고 싶었다. 그래서 스님에게 물어봤더니 공양미 삼백 석이 필요하단다. 그런데 심봉사가 재산이 어디 있나. 불똥은 딸 심청이에게 튀었다. 심청이가 뱃사람들에게 몸을 팔아야 공양미 300석이 생긴다. 심청이 입장에서는 '황당한' 부정적 외부 효과가 생겼다. 딸이 죽어야 하는 상황인데도 개안(눈을 뜸)에 대한 심봉사의 갈망은 크다. 심청이는 전설적인 효녀라 부정적 외부 효과를 일으킨 아비에 대해 결정 철회나 보상을 요구하지도 않는다. 그런데 인당수에 빠지자 반전이 일어난다. 용왕은 심청을 어여삐 여기고, 연꽃에 태워 지상으로 올려 보낸다. 그리고 심청은 황제의 아내가 된다. 심봉사의 탐욕은 심청에게 '긍정적 외부 효과'를 일으켰다. 심봉사가 개안에 욕심을 내지 않았다면 심청은 황후가 될 수 없었을 것이다.

인생 역전 사례는 또 있다. 딸을 셋 둔 아버지는 야수의 성에서 꽃을 꺾다 야수에게 잡힌다. 딸 중 한명을 야수에게 줘야 아버지는 풀려날 수 있다. 첫째 딸과 둘째 딸은 기겁을 하지만 셋째인 벨은 '마음이 약해' 야수의 성으로 들어간다(요즘은 아이가 없거나 하나밖에 없는 가정도 많다. 꽃을 함부로 꺾으면 안 되겠다). 그런데 괴물인 줄 알았던 야수가 실은 마법에 걸려 있던 왕자였다. 딸은 뜻하지 않게 왕자와 결혼하는 행운을 얻는다. 〈미녀와 야수〉 이야기다.

세금 인상을 했더니
소비가 줄었다

'외부 효과'를 다른 경제용어로 설명하면 '풍선 효과'와 비슷하다. 풍선 효과란 풍선처럼 이쪽을 누르니 저쪽이 튀어나오는 현상인데, 경제활동에 따른 간접 효과라는 점에서 의미는 같다. 시중 경기가 나빠서 정부가 돈을 많이 풀기로 했다. 세금을 듬뿍 올려서 재원을 마련했다. 그랬더니 되레 시중 경기가 더 나빠졌다. 정부가 세금을 더 걷겠다고 하니 기업도, 개인도 위축이 되어서 소비하지 않게 된 것이다. 세금 인상의 부정적 외부 효과다. 2014년 일본이 소비세(우리로 치면 부가가치세)를 올린다고 하자 경제성장률이 곤두박질쳐 버렸다. 물론 세금 인상이 부정적 외부 효과만 불러오는 것은 아니다. 세금 인상을 통해 마련된 재원이 복지에 쓰이고, 이로 인해 국민들의 생활이 안정된다면 자살률이 떨어질지도 모른다. 한국은 십수 년째 경제협력개발기구 OECD 중 자살률 1위 국가다.

모든 결정에는 긍정적이건 부정적이건 외부 효과가 발생한다. 김연아의 성공은 한국 피겨스케이팅의 붐을 가져왔다. 피겨스케이팅 스타를 꿈꾸는 '김연아 키즈'가 잇달아 생겨났다. '긍정적 외부 효과'다. 반면 프로농구에서 발생한 승부 조작은 관중을 농구장에서 떠나게 했다. 끔찍한 '부정적 외부 효과'였다.

한반도 미세먼지는
중국 경제 성장의 '부정적 외부 효과'

맑은 날에도 도심이 뿌옇게 보이는 경우가 잦아지고 있다. 미세먼지 때문이다. 미세먼지는 해롭다. 기관지가 약한 사람이 들이마시면 만성 천식이나 폐렴을 일으킬 수 있다. 특히 미세먼지는 대기 중 오염물질과 반응하면 2차 오염물질을 생성한다. 미세먼지는 자연적으로도 발생하지만, 화석연료를 태울 때도 발생한다. 예전에 비해 미세먼지가 끼는 날이 많아진 것은 중국 때문일 가능성이 높다.

베이징의 초미세먼지는 악명이 높다. 2015년 12월 베이징의 초미세먼지 농도는 $300\mu g/m^3$를 넘었다. WHO의 기준치($25\mu g/m^3$)의 12배가 넘는 수치였다. 이 정도면 길 건너에 있는 건물이 보이지 않는 수준이다. 중국에서는 매년 260만 명이 넘는 사람이 미세먼지로 인한 질병으로 사망한다.

중국발 미세먼지가 많아진 것은 중국의 경제 성장 때문이다. 자동차에서 나오는 매연과 화력발전에서 소각할 때 발생한 수많은 미세먼지는 바람을 타고 서해를 넘어와 한반도를 덮친다. 서울시 보건환경연구원에 따르면 2011년 서울 지역의 초미세먼지(PM-2.5) 중 49%가 중국에서 날아온 것으로 추정된다고 한다.

중국이라는 이웃을 둔 덕에 한국은 중국 경제 성장의 부정적 외부 효과를 톡톡히 당하고 있는 셈이다. 일각에서는 국제소송이라도 벌여 중국 정부에 미세먼지로 인한 피해 보상을 요구해야 한다는 주장도 있다. 국제사법재판소는 "한 국가의 관할권 및 통제 내에서의 행위는 타국의 또는 자국 영토 외의 환경을 존중할 일반적 의무가 있다"라고 밝혔다. 하지만 국제법상 보면 소송은 쉽지 않다. 중국발 미세먼지에 대한 피해를 증명하고 그 규모를 확정하기가 어렵기 때문이다. 예를 들어 폐렴을 앓고 있는 환자가 있다고 치자. 이 폐렴에 미세먼지가 어느 정도나 영향을 미쳤는지를 증명하고 측정하기가 쉽지 않다. 개인마다 미세먼지에 반응하는 정도가 다를 뿐더러 폐렴을 유발하는 다른 변수도 많기 때문이다.

중국에 대한 직접적인 피해 보상을 요구하기 힘들다 보니 우회적으로 마련한 대안이 중국 사막 지역에 나무를 심는 것이다. 중국의 공업화로 확대되고 있는 내륙지역의 사막을 줄여 '부정적 외부 효과'를 축소시켜 보자는 것이다. 이곳에서 발생한 황사가 한반도에 더 많은 미세먼지를 투하한다는 점에서 녹지화는 중국발 미세먼지 폭탄을 줄일 수 있는 간접적인 대안이 될 수 있다.

유비는 왜 적벽에서
조조랑 싸웠을까?

《삼국지》 속에 숨겨진 게임 이론

서기 208년 중국대륙에서 위, 촉, 오 3국이 대립하던 때 마침내 유비와 손권이 조조와 적벽에서 만났다. 촉오 연합군과 위의 운명을 건 한판이다. 연합군은 10만 명, 위는 100만 명이다. 조조가 대륙의 반 이상을 차지한 상황. 조조가 적벽에서 촉오 연합군을 깨부수면 사실상 천하는 통일된다.

유비는 옆에 선 손권을 보며 말했다.

"더는 물러설 곳이 없습니다. 험준한 적벽을 이용해 조조군을 반드시 무찔러야 합니다."

손권도 화답했다.

"여기까지 온 거 승부를 봐야지요. 피한다고 피할 수 있는 것이 아니니까. 오늘은 이길 것 같습니다."

유비도 특유의 미소를 지으며 말한다.

"저도 어제 꿈을 잘 꿨습니다. 반드시 우리가 이길 것 같습니다."

그때였다 친히 100만 대군을 끌고 온 조조가 큰소리로 외쳤다.

"꿈을 잘 꿨다고? 망하는 꿈이었겠지. 내가 분노한 것은 너희 둘이 손을 잡았다는 소식 때문이었다. 정벌하지 않고는 참을 수가 없다. 나는 본시 피를 싫어한다. 지금이라도 연합을 파기하고 투항한다면 안전을 보장하겠다. 단 가장 먼저 투항을 선언하는 한 나라만 구제할 것이다. 투항하지 않은 나라는 왕족은 물론이고 백성까지 모두 도륙하겠다."

혁, 갑자기 손권의 안색이 변한다.

'이거 조조가 너무 화가 났는걸? 조조는 화가 나면 되게 잔인한데…… 손 씨 집안의 씨라도 유지하려면 지금 항복해야 할까? 그러면 적어도 멸문지화(가문 전체가 화를 입는 것)는 면할 것 같은데.'

유비는 손권의 마음이 흔들리는 것을 느꼈다.

"여기서 흔들리면 안 됩니다. 우리가 여기서 물러서면 훗날 사람들은 우리를 '치킨'이라고 비웃을 것입니다. 이기든 지든 대결을 해야지요. 겁쟁이가 될 수는 없습니다."

"아, 뭐 철수한다는 게 아니고요, 여기서 물러설 수는 없죠. 맞습니다. 네."

마음을 읽혀 깜짝 놀란 손권이 횡설수설한다.

사실 유비의 마음도 비슷했다. 어젯밤 유비는 조조의 밀사를 만났다. 밀사는 "이번 전쟁은 오의 손권이 부추긴 것으로 압니다. 조조는 전쟁을 싫어하니 지금이라도 투항하면 촉의 왕실은 보존될 것입니다. 내일 전투 전까지 저희에게 살짝 알려 주시면 저희는 오로지 오만 공격할 것입니다. 오가 사라지면 촉은 오의 땅 일부를 얻을 수도 있습니다."라고 투항을 권했다.

이런 제안을 어디 유비에게만 했을까. 어젯밤 손권도 똑같은 제안을 받았다. 조조가 보낸 또 다른 밀사는 오나라가 이번 전쟁에서 빠지면 오의 안위를 보장해 주겠다고 했다. 시한은 전투 전까지였다.

이대로 싸우자니 질 것 같고, 도망치자니 세간의 여론이 두렵다. 배신하면 확실한 안위가 보장되지만, 힘을 합쳐 적을 무찌르는 것보다는 못하다. 두 나라는 과연 어떤 선택을 했을까?

'밀당의 법칙'
게임 이론

일상은 선택의 연속이며, 사람들은 자신에게 주어진 시간과 돈을 잘 활용해 최적의 선택을 한다. 그런데 일상에서의 선택 중 상당수는 타인의 영향을 받는다. 상대방이 어떻게 생각하고 판단하느냐에 따라 나의 선택이 달라진다. 나는 자장면을 먹고 싶어도 형이 김밥을 먹고 싶어 하면 분식집에 가야 할 때가 있다.

기업과 개인, 정부 등 경제 주체들은 상대방의 움직임에 따라 선택도 달라진다. 때로 밀기도 하고 때로 당기기도 한다. 세상에서 일어나는 모든 일은 마치 게임을 벌이는 것과 같다. '2인 이상의 주체가 내리는 의사 결정과 행동을 분석하는 이론'을 게임 이론이라고 한다. 게임 이론은 상대편의 행동을 감안하면서 나의 이익을 얻기 위해 합리적으로 선택한 것을 수학적으로 분석한다. 게임 이론에서는 세상에서 일어나는 모든 일을 '게임'이라고 본다. 상사와 부하직원, 남편과 아내, 학생과 선생님, 구인자와 구직자, 기자와 취재원, 학교와 학생, 남자친구와 여자친구 등 세상 모든 관계는 게임이다. 이뿐 아니다. 호황이나 불황 같은 경

| 세상에서 일어나는 모든 일은 마치 게임을 벌이는 것과 같다.

기 상황, 부양이나 긴축 같은 재정정책, 보호와 개발 같은 환경
정책, 대결과 평화 같은 외교정책, 인수 합병 같은 경영 판단, 국
회와 행정부와 같은 권력관계 등에도 밀고 당기기가 필요하다.
심지어 회사 실적이 오르지 않는 문제, 내 성적이 떨어지는 이
유, 그가 나를 사랑하는 이유 등도 게임 이론으로 설명할 수 있
다. 매순간 대립(밀고)과 협력(당기기)이 필요하다.

게임 이론을 배우는 목적은 크게 3가지다. 첫째, 상황을 올
바르게 파악하고 둘째, 미래에 일어날 수 있는 일을 예측하며 셋
째, 상황을 개선하는 적절한 해결책을 찾기 위해서다.

게임 이론은 폰 노이만이 1928년 수학논문지에 발표했지만
큰 관심을 끌지는 못했다. 그러다 1944년 오스카 모르겐슈테른
과 함께 쓴《게임 이론과 경제활동Theory of Games and Economic Behavior》을
펴내면서 주목받기 시작했다. 제2차 세계대전 당시 미국 물리학
자인 P. 모스는 게임 이론을 잠수함 전투에 적용했다. 게임 이론
을 이야기할 때 존 내쉬 박사를 빼놓을 수는 없다. 내쉬 박사는
1950년 협력모델 등을 연구하며 '내쉬의 균형'을 제기했다. 내쉬
의 균형이란 상대방의 각 전략을 보고 각 참여자가 자신에게 가
장 유리한 선택을 해서 더 이상은 다른 선택할 수 없는 상황을
말한다. 내쉬 박사의 일대기를 담은 영화 〈뷰티풀 마인드A beautiful
mind〉가 뜨면서 '내쉬의 균형'은 일반인에게도 널리 알려지게 됐
다. 러셀 크로우가 주연한 〈뷰티풀 마인드〉는 2001년 아카데미

상을 수상했다.

게임 이론은 종류가 많다. 현실에는 수많은 상황들이 벌어지기 때문이다. 게임 이론은 초기에는 2인 게임에서 시작됐다. 두 사람의 갈등을 해결하는 방식이다. 그러다 3인 이상의 유한 게임이 나왔고, 심지어는 참여자를 셀 수 없는 무한 게임으로 확대됐다. 또 미리 게임의 내용을 설명하는 '협조적인 게임'과 아무 설명 없이 진행하는 '비협조적인 게임'도 나왔다. 사람은 미리 상황을 알려 줄 경우 행동을 바꿀 수 있다. 각자 한 번만 선택을 할 수 있는 정적인 게임과 선택을 한 뒤 결과를 보고 다시 선택을 할 수 있는 동적인 게임도 있다. 또 상대방에 대한 충분한 정보를 주고 진행하는 완전 정보 게임과 일부 정보만 주는 불완전 정보 게임이 있다. 각 참여자의 선택의 합이 0이 되는 제로섬 게임과 그렇지 않은 비제로섬 게임도 있다.

적벽대전은
치킨 게임

적벽대전은 《삼국지연의》의 하이라이트다. 역사상 최고의 전투로도 손꼽힌다. 유비로서는 피할 수 없는 싸움이었다. 북방을 통일한 조조는 거침없이 내려와 형주를 인수했다. 촉의 유비군은 조조에 쫓겨 퇴각을 거듭하다 마지막 보류였던 신야성마저 빼앗긴다. 이제는 오나라에 기탁해야 하는 처지까지 몰렸다. 적벽에서 100만 조조군을 무찌르지 않는다면 반전의 기회가 없어 보였다. 조조 역시 마찬가지였다. 형주를 집어삼킨 기세를 살려 촉을 멸망시키고, 오나라의 항복을 받아내고 싶었다. '빨간벽'(적벽)에서의 싸움은 서로 물러설 수 없는 '치킨 게임'의 전형이다. 치킨게임은 게임 이론 중 가장 많이 알려진 게임이다. 겁쟁이(치킨)를 정하는 게임으로 어느 한쪽이 양보하지 않는 경우 양쪽 모두 파국에 이를 수 있다. 결과야 어찌 되었던 갈 때까지 가 본다.

두 대의 자동차 A, B가 서로를 향해 돌진한다. 4가지의 경우가 나올 수 있다. ① A도 꺾고 B도 꺾는다 ② A는 꺾는데 B는 꺾지 않는다 ③ A는 꺾지 않는데 B가 꺾는다 ④ A도 안 꺾고 B도 안 꺾는다. 선택의 순간을 효용(만족감)으로 보고 점수를 줘 보자. ① 둘 다 핸들을 꺾으면 둘 다 잃는 게 없다. 0점이다. ② 그

		자동차 B	
		꺾는다	꺾지 않는다
자동차 A	꺾는다	0, 0	-5, 5
	꺾지 않는다	5, -5	-10, -10

| 자동차 A의 선택은 검정색을 따라 읽으면 된다. 자동차 B는 푸른색이 자신의 효용이다.

런데 A가 꺾었다. 파국은 피했지만 자존심이 상한 A는 -5점, 득의양양한 B는 +5점이 된다. ③ 반대로 B가 꺾었다. A가 +5점, B는 -5점이다. ③ 둘 다 꺾지 않으면 정면충돌이다. 둘 다 -10점이 된다.

게임 이론 전문가들에 따르면 이 게임을 숱하게 하면 '① 상대방이 꺾으면 나는 꺾지 않는다. ② 상대방이 꺾지 않으면 나는 꺾는다'로 수렴된다고 한다. 둘 다 꺾지 않으면 둘 다 죽기 때문에 파국을 피하기 위해 둘 중 누구든 꺾는다는 얘기다. 이런 결론을 '내쉬의 균형'이라고 한다. 수없이 반복했을 때 선택하게 되는 가장 합리적인 결과다.

내쉬의 균형은 '둘 중 하나는 꺾는다'이다. 그렇다면 이 게임에서 승리할 수 있는 방법이 있다. '나는 절대 꺾지 않는다'라는 신호를 상대방에게 보내는 것이다. 즉 나는 선택권이 없으니 네가 선택하라는 의미다. 자신의 손을 핸들에 묶은 뒤 차를 돌진해 보자. 선택권을 가진 상대가 과연 정면 충돌을 택할까? 뻔히 죽는다는 것을 아는데 어지간해서는 정면 대결을 선택하기 힘들다.

2016년 1월 북한이 제4차 핵실험을 단행하자 한국 정부는 개성공단을 폐쇄했다. 이어 북한에 한 번이라도 기항한 배는 6개월간 한국의 항만을 이용하지 못하게 하고, 북한 계좌에 대해서는 일절 거래하지 못하도록 했다. 그러면서 사드THAAD(고고도 미사일방어체계)를 한반도에 설치하겠다고 했다. '우리는 물러서지 않겠다'는 시그널을 북한 정부에 줘서 북한의 변화를 꾀하겠다는 '치킨 게임'의 법칙이 뒤에 숨어 있다. 하지만 정부의 승부수가 통할지는 좀 더 두고 봐야 한다. 치킨 게임에는 큰 가정이 있다. 게임에 임하는 두 사람이 '합리적'이어야 한다는 것이다. 둘 중 한 명이 '또라이'라면 결과를 예측하기 힘들다. 북한은 합리적인 정권일까 똘아이 정권일까.

쿠바 미사일 위기, 겁쟁이는 누구인가?

치킨 게임이 가장 크게 부각됐던 사건으로 쿠바 미사일 위기가 있다. 1962년 미국 CIA는 '미국의 앞마당' 쿠바에 소련이 미사일 기지를 설치하고 있다는 사실을 확인했다. 쿠바에 소련 미사일 기지가 설치되면 유사시 미국 본토를 직접 타격할 수 있다. 1959년 혁명으로 공산화 된 쿠바에 대해 미국의 침공이 시작될 때였다. 쿠바는 소련을 끌어들여 체제를 보호하려 했다. 미국은 크게 반발했다. 당시 미국은 존 F. 케네디 대통령이, 소련은 흐루시초프 서기장이 이끌고 있었다. 케네디 대통령은 TV 연설을 통해 "쿠바 해상을 봉쇄하겠다"고 발표했다. 즉각적인 미국의 행동에 소련은 당황했지만 쿠바로 보내던 선단의 방향을 바꾸지는 않았다. 선단에는 핵미사일이 있을 것으로 추정됐다. 핵을 가진 두 강대국의 치킨 게임에 세계는 벌벌 떨었다. 미국 내 강경론자들은 쿠바를 선제공격할 것을 제안하기도 했다. 일촉즉발의 위기에서 소련은 "미국이 쿠바를 침공하지 않겠다는 약속을 하면 철수하겠다"라는 제안을 던졌다. 이어 "터키에 있는 나토군의 미 미사일 기지를 철수하라"고 요구했다. 케네디도 정면 대결만을 고집할 수는 없었다. 숙고 끝에 '쿠바를 침공하지 않는다'라는 첫 번째 제안만 받아들였다. 소련도 그 선에서 합의해, 선단의 뱃머리를 돌렸다(쿠바 위기는 한반도 사드 배치와 닮은 구석이 너무 많다. 중국은 미국이 설치하는 사드가 자국의 안전을 위협한다며 강하게 반발하고 있다).

미국과 소련이 서로 양보하면 각각 0점이다. 원래 상태로 돌아가기 때문이다. 하지만 둘 다 양보하지 않아 핵전쟁이 일어난다면 -10점이다. 만약 미국이 양보하고 소련이 양보하지 않는다

		소련	
		양보한다	양보하지 않는다
미국	양보한다	0, 0	-5, 5
	양보하지 않는다	5, -5	-10, -10

면 미국은 '-5점'을, 소련은 득의양양하게도 '5점'을 얻는다.

쿠바 미사일 위기를 해결할 수 있었던 가장 큰 이유는 미국이 보여 준 초강경자세 덕분이었다. 즉각적으로 쿠바 항구의 입출항을 막고 쿠바로 들어오는 모든 선단을 감시 검열할 줄은 소련도 상상하지 못했다. 거기다 "최악의 상황(핵전쟁)까지 불사할 수 있다"라는 케네디의 발언은 선택권을 소련 측에 넘겨 버렸다.

여기서 짚고 넘어가야 할 함의는 미국 케네디 대통령과 소련 흐루시초프 서기장은 '합리적인 사람'이었다는 점이다. 이들은 세계가 핵전쟁으로 공멸하는 것은 막아야 한다는 상식을 갖고 있었다. 만약 두 사람 중 한 명이라도 '또라이'였다면 인류는 이미 파국을 맞았을지도 모른다.

미소 대결에서 보듯 치킨 게임은 자존심 싸움을 할 때 잘 발생한다. 자유진영 최고 국가였던 미국과 공산진영을 대표하는 소련은 쉽게 물러서기 어려웠다. 치킨 게임을 설명할 때 가장 많이 나오는 영화가 제임스 딘 주연의 〈이유 없는 반항〉이다. 이 영화에서 짐(제임스 딘)은 친구들과 '치킨런' 게임을 벌인다. 자동차를 몰고 절벽을 달려가다 가장 늦게 뛰어내리는 아이가 승자가 되는 게임이다. 늦게 뛰어내리면 죽을 수도 있다. 위험한 게임이지만 짐은 또래 집단에서 '치킨' 소리를 들을 수 있어 대결 제의를 거부하지 못한다. 짐은 제대로 뛰어내리지만 친구 버즈는 옷이 차문에 껴 뛰어내리지 못해 절벽으로 떨어진다.

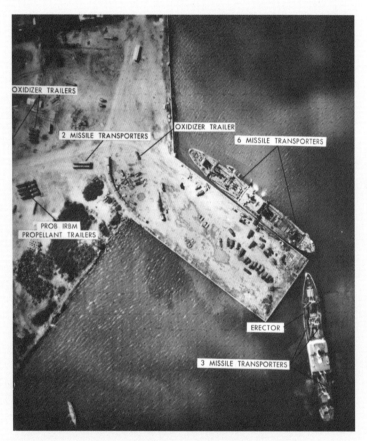

OXIDIZER TRAILERS

2 MISSILE TRANSPORTERS

OXIDIZER TRAILER

6 MISSILE TRANSPORTERS

PROB IRBM
PROPELLANT TRAILERS

ERECTOR

3 MISSILE TRANSPORTERS

| 쿠바 미사일 위기는 세계 3차 대전을 일으킬 수도 있었을 아주 위험했던 사건이었다.

내 손모가지를
건다

타짜의 세계에서도 치킨 게임이 자주 일어난다. 도박의 최고수라는 자존심이 걸려 있기 때문이다. 영화 〈타짜〉는 치킨 게임의 결정판이다. 배짱이 필요한 도박판에 자존심까지 걸리면 치킨 게임은 일상이 된다. 이기는 놈은 다 먹고, 진 놈은 다 잃는다. 고니는 아귀와 일생일대의 한판을 벌인다. 아귀는 고니가 밑장빼기를 해서 꼼수를 쓴다고 믿었다. 고니는 "내 손모가지를 건다"며 물러서지 않는다. 아귀와 고니가 손을 묶고 까본 마지막 패는 정상이었다. '오함마'는 아귀의 손을 박살낸다.

거대 기업 간에도 종종 치킨 게임이 일어난다. 과거에는 기업 간 자존심에서 비롯된 게 많았지만 요즘은 경영전략으로 많이 쓰인다. 승자는 시장을 장악하며 엄청난 수익을 쓸어담을 수 있기 때문이다. 금융위기 직후 반도체 업계에서는 가격 인하를 둘러싼 치킨 게임이 벌어졌다. 삼성전자와 하이닉스, 엘피다 등은 반도체 가격을 극단적으로 낮췄다. 가격 인하 치킨 게임은 규모가 크고, 경영 상태가 탄탄한 기업이 절대 유리하다. 박리다매가 되면 생산비용이 줄어들고, 이익이 줄더라도 상대가 망할 때까지 버틸 돈이 있어야 하기 때문이다. 이 전쟁에서 승자는 삼성전자와 하이닉스였다. 이후 한국 기업들의 점유율이 대폭 상승했고, 여전히 시장 지배 효과를 누리고 있다.

글로벌 해운사 간 운임료 인하 치킨 게임도 업계를 흔들고 있다. 금융 위기의 여파로 물량이 줄어든 반면 대형 상선을 도입해 선복량이 늘어나면서 대형 선사인 머스크가 해운 운임을 크게 낮췄다. 한진해운, 현대상선 등 국내 해운사도 운임 인하 경쟁에 뛰어들었지만 곧 대규모 적자를 기록해 존폐 위기에 섰다. 반도체 산업에서 한국이 치킨 게임의 승자였다면, 해운에서는 패자가 될 가능성이 커 보인다.

한때 국내 통신사 간에도 보조금 치킨 게임이 벌어졌다. SK, KT, LG 등 거대 통신사들 간 자존심이 맞붙은 결과였다. 이들은 고객을 서로 유치하기 위해 엄청난 지원금을 퍼부으며 스마트폰 가입을 독려했다. 시장이 혼탁해지면서 업계 수익성이 급락했다. 결국 정부가 나서 단말기 유통구조 개선법(단통법)을 만들어 보조금을 일정 금액 이상 주지 못하도록 막았다. 하지만 단통법은 소비자가 더 싸게 휴대폰을 구입할 기회를 박탈했다는 측면에서 기업 위주의 정책이라는 비난도 동시에 받고 있다.

불까? 말까?
죄수의 선택은?

'죄수의 딜레마'는 게임 이론 중 가장 널리 알려진 대표적인 게임이다('용의자의 고민'이라고도 한다) 게임 이론에서 '죄수의 딜레마'를 빼고는 진도를 나갈 수가 없다.

죄수의 딜레마는 '두 사람이 최선의 선택을 하더라도 결과는 최선이 아닐 수 있다'는 함의를 담고 있다.

범죄를 저지른 두 죄수 A와 B가 잡혔다. 두 사람은 기소가 되기에는 아직 증거가 부족하다. 경찰은 두 사람을 따로 불러서 심문하기로 했다. 경찰은 두 사람에게 각각의 조건을 제시했다.

① 네가 자백하고 공범이 침묵하면 너는 무죄다. 공범은 징역10년.
② 네가 침묵하는데 공범이 자백하면 공범은 무죄다. 너는 징역 10년.
③ 너와 공범이 동시에 자백하면 징역 3년.
④ 너와 공범이 동시에 침묵하면 징역 1년이다.

이 상황을 표로 나타내면 다음과 같다.

	죄수 B		
죄수 A		**침묵한다**	**자백한다**
	침묵한다	1년, 1년	10년, 0년
	자백한다	0, 10년	3, 3년

| 상대방의 전략에 대해 두 사람이 취할 수 있는 최고의 전략이 바로 '내쉬의 균형'이다.

자, 이제 죄수 A의 관점에서 보자. B의 형태를 기준으로 한다.

만약 B가 자백했다면 침묵한 A는 10년형을 받는다. A도 자백했다면 3년이다(10년간 복역하는 것은 너무 끔찍하다!). 이럴 땐 망설임 없이 자백해 3년형만 받도록 노력해야 된다.

반면 B가 침묵을 유지하고, A가 자백했다면 A는 무죄다. B가 침묵할 때 A도 침묵했다면 1년형을 받는다. A는 이때도 자백하는 게 가장 낫다.

결국 B가 자백할 때도, 침묵할 때도 A는 자백하는 것이 최선의 행동이다. 이런 상황은 B도 마찬가지다. A가 자백하든 침묵하든 B도 자백하는 게 젤 낫다. 이 같은 분석 결과로 A와 B가 '둘 다 자백할 것'이라고 예측할 수 있다. 상대방의 전략에 대해 두 사람이 취할 수 있는 최고의 전략이 바로 '내쉬의 균형'이다.

여기서 의문이 생긴다. 두 사람이 최선의 수라고 생각한 판단이 과연 최선의 결과를 가져오느냐는 것이다. 두 사람이 자백하게 되면 징역 3년을 받게 된다. 만약 두 사람이 침묵을 했더라면 1년밖에 안 받는데 말이다. A와 B는 자신을 위한 최선의 판단을 내렸다고 생각했지만 최선의 결과를 가져오지는 못했다.

최선을 다했지만
최고의 결과는 아니다

'죄수의 딜레마'는 과점 기업 간 담합이 얼마나 어려운지를 보여 준다. 2016년 유가가 배럴당 20달러대까지 떨어지자 중동의 산유국들 사이에서 석유 감산에 대한 주장이 나오기 시작했다. 원유 생산을 줄여 유가를 끌어올리기 위해서였다. 문제는 어느 나라가 얼마나 줄일 것인가였다. 사우디아라비아, 카타르, 이란, 이라크, 시리아 등 중동 산유국의 주 수입은 원유 판매다. 원유 생산량을 줄이면 국가 수입이 줄어든다. 이제 막 전쟁에서 벗어나기 시작한 이란, 이라크, 시리아 등은 원유를 많이 팔아야 전후 복구 자금을 마련할 수 있다. 사우디아라비아, 아랍에미리트공화국 등도 몇 년간 지속된 저유가로 나라 곳간이 텅텅 빈 상태였다. 원유 감산 카드를 꺼내 들기는 상황이 좋지 못했다. 나이지리아, 베네수엘라 등 아프리카와 남미 산유국도 상황은 마찬가지였다. 국가 수입이 부족해져 복지를 축소한 베네수엘라는 정권 교체의 위기까지 몰렸다. 이들의 공동기구인 석유수출국기구OPEC가 원유 감산 카드를 꺼내기 쉽지 않았다.

산유국의 합의가 잘 안 되는 또 다른 이유는 서로에 대한 신뢰가 부족한 탓도 있다. 나는 생산량을 줄이는데, 상대가 그렇지 않는다면 나만 피해를 볼 수 있기 때문이다. 산유국의 상황을 사우디와 이란으로 설명해 보자. 두 나라는 감산을 하기로 합의했다. 그런데 감시가 약해서 실제로 누가 얼마나 생산할지 알 수 없다고 가정한다. 사우디와 이란이 택할 수 있는 경우의 수는 4가지다.

① 사우디와 이란이 증산할 경우 : 두 나라 10만 달러씩의 수익을 거둔다(원유 가격이 대폭 하락했다).
② 사우디 증산, 이란 감산의 경우 : 증산한 사우디는 20만 달러, 감산한 이란은 5만 달러 수익을 얻는다(원유 가격은 그대로다).

		이란	
		증산	감산
사우디	증산	10만 달러, 10만 달러	20만 달러, 5만 달러
	감산	5만 달러, 20만 달러	18만 달러, 18만 달러

③ 사우디 감산, 이란 증산의 경우 : 감산한 사우디는 5만 달러, 증산한 이란은 20만 달러 수익을 얻는다(원유 가격은 그대로다).

④ 사우디와 이란이 감산하는 경우 : 두 나라 모두 18만 달러의 수익을 얻는다(원유 가격이 대폭 올랐다).

사우디의 입장으로 보자. 이란이 증산할 경우 사우디도 증산하면 10만 달러, 감산하면 5만 달러의 수익을 얻는다. 반대로 이란이 감산할 경우 사우디가 증산하면 20만 달러, 감산하면 18만 달러를 번다. 어느 경우에도 사우디는 '증산'을 택하는 것이 유리하다. 이 생각은 이란도 똑같다. 사우디와 이란은 결국 증산을 택하고, 원유 가격은 더 떨어질 수 있다. 물론 두 나라의 경제 상황도 한동안 나아지기 어렵다.

북한이 죄수의 딜레마를
알았더라면

죄수의 딜레마는 손자병법에서 말하는 '이간계(離間計)'가 왜 가능한지를 설명해 준다. 이간계란 상대를 이간질해서 적군을 와해시키는 계략이다. 사우디와 이란이 극적으로 감산에 합의하려고 할 때 사우디에는 "이란이 아무래도 이득을 많이 볼 것 같다"고, 이란에는 "사우디가 이득을 볼 것 같다"라고 이간질을 하면 두 나라의 합의가 실패로 돌아갈 수 있다.

적벽대전을 맞는 조조도 마찬가지다. 유비와 손권의 연합군을 이간질 했다면 조조는 굳이 손에 피를 묻히지 않고도 손쉽게 승리할 수 있었다. 조조에게 공격을 받아 벼랑 끝에 몰린 유비와 달리 아직은 세가 있던 손권에겐 굳이 적벽대전을 치를 이유가 없었다. 흔히 조조를 '여우 같다'고 표현한다. 계략을 많이 썼기 때문이다. 조조는 이간계에 능했다. 조조는 중원을 차지했지만 한수와 마초가 걱정됐다. 한수와 마초는 여전히 세력이 있어 얕잡아볼 수 없었다. 조조는 한수와 마초를 이간질해 둘을 갈라서게 한 다음 차례로 격파했다. 그런 조조가 적벽대전에서 굳이 이간계를 쓰지 않은 것은 절대 질 리가 없다고 믿었기 때문이다. 100만 명이 10만 명과 싸우는데 꼼수를 생각할 이유는 없었을 것이다.

'죄수의 딜레마'를 이용해 만든 정책도 있다. 공정거래위원회의 리니언시(자진 담합 신고) 제도다. 공정위가 과점 기업의 담합을 조사할 때 담합을 먼저 실토한 기업은 과징금을 면제해 주는 제도다. 담합에 참여한 기업들을 이간질하는 정책이다. 리니언시가 확산되면 과점 기업들은 서로 믿지 못해 담합을 추진하기 힘들다.

한국 정치의 고질병인 지역주의도 죄수의 딜레마로 설명된다. 죄수의 딜레마에 따르면 영남이나 호남이나 한 정당에 몰표를 주지 않는 것이 정답이다. 하지만 영남 사람들은 영남이 지역주의를 푸는데 호남이 지역주의를 유지하면 영남이 손해를 볼 것이라고 생각한다. 반면 호남 사람들은 호남이 지역주의를 푸는데 영남이 풀지 않게 되면 호남만 피해를 보게 된다고 생각한다. 결국 두 지역은 지역주의를 계속 유지하게 된다는 것이다.

북한이 4차 핵실험을 하자 미국이 사드를 한반도에 배치하겠다고 나섰다. 미국에 대응해 중국도 전투기와 항공모함, 잠수함을 늘린다. 한국도 북한에 맞대응하기 위해 무기 수입을 늘리고 있다. '죄수의 딜레마'를 적용한다면 군비 경쟁은 한번 시작하면 결코 멈출 수 없는 게임이 된다. 자신을 방어하기 위해 군사력을 증강하는 것은 최선의 방책이지만 다른 국가의 군비도 늘리게 만들어 결과적으로 자신의 안전은 더 위험해진다. 군비 경쟁으로는 상대방을 압도할 수 없다는 것은 1950~1980년대 냉전 시대가 증명했다. 핵을 보유하면 체제 안정을 누릴 것이라는 북한의 생각은 그래서 틀렸다.

해운업계 저가 운임의 비밀,
공급 과잉의 치킨 게임

2015년 세계 해운업계는 최악의 불황에 빠졌다. 몇몇 선사는 파산 위기에 몰렸다. 화물 운임료가 턱없이 떨어진 것이 원인이었다. 해운업계 최고 성수기라는 3분기도 예외는 아니었다. 2015년 6월 상하이-유럽 노선의 평균 운임은 1TEU(20피트 컨테이너 1개)당 284달러로 역대 최저 수준을 기록했다. 1월만 해도 이 노선의 컨테이너 1개당 운임은 1,256달러였다. 6달 만에 가격이 77%나 하락했다. 통상 해운업계 컨테이너 시장은 1분기가 비수기다. 물동량이 가장 적기 때문이다. 그러다 2분기부터 좋아져 3분기에는 최고 성수기를 맞게 된다.

최고 성수기에 이렇게 가격이 떨어진 것은 선사들이 대형화한 선박을 투입하면서 공급 과잉이 됐기 때문이다. 선사들은 금융 위기에 따른 어려움을 탈출하기 위해 선박의 규모를 키웠다. 큰 배로 많은 화물을 운반하면 운임료가 낮아져 화물을 유치하기 좋아진다. 2005년 가장 큰 컨테이너 배는 9,200TEU였다. 한 번에 나를 수 있는 컨테이너가 9,200개라는 의미다. 그러다 2015년에는 1만 9,200TEU로 덩치가 2배가량 커졌다. 한 번에 나를 수 있는 화물 수가 2배가 됐다는 의미다. 하지만 전세계의 수출입 물동량은 그만큼 증가하지 못하면서 컨테이너선은 과잉이 됐다. 실어 나를 물건은 적고, 실어 나를 배는 많아지니 가격이 폭락할 수밖에.

그럼에도 머스크 등 북유럽 대형 선사들은 덩치를 더 키웠다. 계속 운임이 낮아지면 자본력이 없는 선사들은 망할 수밖에 없다. 물론 대형 선사들의 리스크도 크다. 자본력이 무한한 것은 아니기 때문이다. 하지만 대형 선사들은 자국 정부의 지원을 받으며 치킨 게임을 계속했다. 한진해운, 현대상선 등 한국 해운 선사는 수익성이 떨어지면서 위기를 맞았다. 전문가들은 누가 승자가 됐던 전 세계 해운업은 덩치가 큰 3~4개 대형 선사를 중심으로 재편될 것으로 예상했다. 해운업계의 최종 승자는 누가 될까?

도로시는 왜
은구두를 신었을까?

《오즈의 마법사》 속에 숨겨진 환율 전쟁

서울, 광화문, 포시즌스 호텔 앞. 벽안의 외국인이 'Give me, One Buck(1달러만 주세요)'이라 적힌 문구를 내걸고 앉아 있다. 깡통 앞에는 유니언잭 깃발이 꽂혀 있다. 이날은 구글 딥마인드의 알파고와 이세돌 9단이 세기의 대국을 벌이는 날. 국내외 많은 취재진이 몰려들었다. 호텔로 들어가던 한 남자가 서양 노숙자에게 말을 붙였다.

"앗! 혹시 필리어스 포그 씨 아닌가요? 한창 세계여행을 하는 중이라고 알고 있는데 여기서 뭘 하시는 겁니까?"

필리어스는 고개를 들어 그를 쳐다봤다.

"아! 저를 아시는군요, 반갑습니다. 세계일주 도중에 돈이 떨어졌어요. 80일 안에 런던으로 돌아가야 하는데 큰일 났습니다. 그 안에 못 돌아가면 남아 있는 재산도 다 날릴 텐데……."

"제가 듣기론 출발할 때 충분한 돈을 갖고 떠나신 것으로 알고 있는데요. 혹시 어디서 강도라도 만난 겁니까?"

필리어스는 한숨을 푹 쉬었다.

"강도라뇨, 그건 아니고요. 아시다시피 저는 집과 클럽만 아는 사람 아닙니까. 아침을 먹은 뒤 리폼 클럽에 가고, 거기서 점심을 먹고 신문을 본 뒤 또 저녁까지 먹고 밤 12시까지 카드놀이가 끝나면 집으로 돌아왔지요. 그러니 제가 언제 해외여행을 가 봤겠습니까. 저는 여행비를 모두 파운드로 갖고 갔었죠. 그런데 영국이 유럽연합EU에서 탈퇴를 해 버리는 바람에 파운드가 반쪽이 되어 버렸어요. 그러니 제 경비도 반쪽이 되어 버렸다는 말입니다. 브렉시트Brexit, 이건 완전 칼만 안 든 강도예요. 2만 파운드로도 빠듯한데 1만 파운드로는 반밖에 여행을 못 합니다. 그래서 딱 중간인 한국에 도착한 뒤 구걸하고 있는 겁니다. 여행비가 없어서 말이죠. 일본을 거쳐 미국으로 가야 하는데……. 한국도 경기가 안 좋은지 적선을 잘 안 하네요."

"아이고. 포그 씨 같은 분이 어려움에 처하시다니. 그럼 저희가 스폰서를 해 드리겠습니다. 나머지 여행은 돈 걱정 말고 하세요. 자, 이거 10만 달러입니다."

포그는 눈이 휘둥그레졌다.

"혹시 누구신지요? 누구신데 이렇게 많은 돈을."

그는 빙그레 웃으며 말했다.

"저는 데미스 하사비스입니다. 구글 딥마인드의 최고경영자죠. 저희도 어려울 때 구글의 펀딩을 받았습니다. 단 포그 씨의 여행기를 저희 구글에서 단독 중계할 수 있도록 해 주세요. 그거면 됩니다. 도전을 멈추지 마세요. 아, 저는 지금 가 봐야 합니다. 곧 대국이 열리거든요. 오늘도 알파고가 이세돌을 이길 것 같아요."

하사비스는 헐레벌떡 호텔로 뛰어 들어갔다. 포그는 멀어지는 하사비스를 보며 눈물을 찔끔 흘렸다.

그 광경을 멀리서 픽스 형사가 지켜보고 있었다. 그리고는 나직이 독백했다.

"은행 절도에 이어서 이제는 백중 대낮에 일반인을 협박했다. 이말이지? 포그 씨, 반드시 당신을 잡고야 말겠습니다."

황희 정승은
외국에서 안 받아 줘요

해외여행을 준비 중인 사람이라면 가장 먼저 챙겨야 할 것이 있다. 여권이다. 이어 빠뜨리지 말아야 할 것이 돈이다. 미국에 간다면 달러를, 일본으로 간다면 엔화를, 중국으로 간다면 위안화를 준비해야 한다. 한국 돈을 그냥 내밀어서는 외국에서는 받아 주지 않는다(우리도 중국 위안화나 독일 마르크화를 주면 안 받는다). 그런데 한국 돈을 외국 돈으로 바꿀 때 1대 1로 바꾸지 않는다. 나라마다 자국 돈으로 물건을 살 수 있는 가치가 다르기 때문이다. 자국 돈과 타국 돈의 교환 비율을 환율이라고 한다. 우리나라 돈 1,000원을 줘서 1달러를 받을 수 있다면 원달러 환율은 1,000원이 된다. 다른 모든 조건이 똑같다는 전제 하에 미국에서 맥도날드 햄버거를 3달러에 사 먹을 수 있다면 한국에서도 3,000원에 사 먹을 수 있다고 보면 이해하기 쉽다.

쥘 베른의 《80일간의 세계일주》는 근대적 의미의 세계여행을 테마로 한 최초의 소설이라고 할 만하다. 도시와 도시 사이를 철도가 잇고, 여객선이 연결하면서 비로소 인류는 지구를 한 바퀴 도는 꿈을 꾸게 됐다. 주인공인 포그는 수많은 국가를 방문한다. 영국 런던에서 출발한 그는 수에즈(이집트), 뭄바이(인도), 홍콩, 요코하마(일본), 샌프란시스코와 뉴욕(미국)을 거쳐 다시 영국(리버풀과 런던)으로 돌아온다. 대충 방문한 국가만 5개국이다. 최소한 5번은 돈을 바꿔야 한다는 의미다(환전할 때는 공짜가 아니다. 일정 금액을 환전수수료로 뗀다. 이 경우 수수료만 해도 엄청나다).

환율을 표시하는 데는 두 가지 방법이 있다. 하나는 자국통화표시환율이다. 또 하나는 외국통화표시환율이다. 자국통화표시환율은 1달러를 기준으로 자국의 통화교환비율을 표시하는 환율이다. '1달러=1,200원'으로 표시한다. '원달러 환율이 1,200원이다'라고 표현한다. 대부분의 나라에서 달러에 대한 환율을 이런 식으로 표시한다. 달러가 기축통화이기 때문에 다른 나라 환율과 비교할 때 편하다. 외국통화표시환율은 1원이 기준이 된다. 1달러에 1,000원이면 1원이면 0.001달러다. '1원=0.001달러'로 표시한다. '달러원 환율이 0.001달러다'라고 말할 수 있다.

각 나라마다 환율은 서로 다르다. 교환비율이 서로 다르기 때문이다. 복잡하기는 하지만 환율이 고정돼 있다면 그래도 이해하기 쉽다. 문제는 그렇지 않다는 점이다. 환율은 한곳에 박힌 말뚝이 아니라 살아 움직이는 생물에 가깝다. 환율은 오르기도 하고, 내리기도 한다. 거북이처럼 엉금엉금 변화가 있는가 하면 고삐 풀린 망아지처럼 출렁거리기도 한다. 외국과 상품 거래를 해야 하는 사람으로서는 환율이 이렇게 흔들려서는 머리가 아프다. 상품 가격을 얼마로 정해야 할지 아리송해지기 때문이다.

환율이 무서운 진짜 이유는 국가 간 거래의 틀을 흔들기 때문이다. 인플레이션은 자국 내 돈의 가치가 변하는 것이지만 환율은 다른 나라와의 상대적 돈 가치가 변한다. 돈 가치가 어떻게 결정되느냐에 따라 수출입이 직접적인 영향을 받게 된다. 환율을 모르고는 거시경제를 이해할 수 없다고 해도 과언이 아니다.

헷갈리는 환율
절상? 절하?

환율을 이해하려면 절상과 절하의 의미를 알아야 한다. 절상은 돈의 가치가 오르는 것을 말한다. '원화 절상'이라고 하면 원화의 가치가 다른 나라 돈(주로 달러)에 비해 올라갔다는 말이다. 여기서 주의할 점은 가치 상승을 원달러 환율로 표기하면 '내린 것'이 된다는 것이다. 예전에는 1,000원을 주면 1달러를 받았다. 그런데 원화가 강세가 됐다. 그래서 500원만 줘도 1달러를 받게 됐다. 즉 원달러 환율이 1달러=1,000원에서 1달러=500원이 됐다. '원화 강세'는 '원달러 환율 하락'을 의미한다.

절하는 그 반대다. '원화 절하'는 원화의 가치가 떨어졌다는 의미다. 예전에는 1,000원 주면 1달러를 받았는데, 이제는 1,500원을 줘야 1달러를 구할 수 있다. 원화의 몸값이 떨어지니 돈을 더 줘야 하는 것이다. 정리하면 다음과 같다

1달러＝1,000원 → 1,500원 (원화 절하, 원달러 환율 상승)
1달러＝1,000원 → 500원 (원화 절상, 원달러 환율 하락)

환율은 왜 이렇게 변하는 것일까? 가장 단순한 이론으로는 '구매력 평가설'이 있다. 구매력 평가설은 한 나라의 화폐는 모

든 나라에서 똑같은 수량의 상품을 구입할 수 있어야 한다는 이론이다. 이 이론은 '하나의 상품에는 하나의 가격이 존재한다'는 일물일가의 법칙law of one price을 근거로 한다. 예를 들어 생수 한 병 가격이 서울에서 1,000원이고 부산에서 500원이라고 하자. 부산에서 500원을 주고 생수 한 병을 사서 서울에 팔면 500원을 벌 수 있다. 이처럼 시장 사이의 가격 차이를 이용해서 돈을 버는 것을 차익 거래arbitrage라고 한다. 한 유통업자가 이런 식으로 돈을 벌었다. 생수 차익 거래가 돈이 된다는 소문이 나면 다른 유통업자도 부산에서 생수를 사려고 할 것이다. 그러면 수요가 늘어나서 부산의 생수 가격이 600원, 700원 이런 식으로 점점 올라간다. 반면 서울에는 부산에서 갖고 온 저가 생수가 많이 공급된다. 생수 공급이 많아지면서 서울 생수 가격은 900원, 800원으로 점점 떨어진다. 그러다 서울과 부산의 생수 가격이 750원에서 만나게 된다. 이때 유통업자는 부산에서 생수를 사서 서울에 파는 일을 중단한다. 구매력 평가설은 국가 간 거래로도 확대할 수 있다. 같은 승용차의 판매 가격이 나라마다 다를 경우 가격이 싼 나라에서 가격이 비싼 나라로 수출이 될 것이다. 무역이 계속되면 어느 순간에는 두 나라에 판매하는 같은 승용차의 가격이 같아진다.

그런데 각 나라의 물가는 똑같지 않다. 어떤 나라는 물가가 많이 상승하고, 어떤 나라는 물가가 적게 상승한다. 통화량을 많이 풀어서일 수도 있고, 임금이 많이 올라서일 수도 있다. 혹은 갑자기 특정 제품의 수요가 늘어나서 물가가 오를 수도 있다. 비가 많이 오거나 날씨가 좋지 못해서 농산물의 가격이 폭등하는 바람에 전체 물가가 오를 수도 있다. 한국의 생수 가격은 1,000원, 미국의 생수 가격은 1달러라고 가정하자. 이때 원달러 환율은 1,000원이었다. 그런데 한국에 가뭄이 들어서 생수 가격이 올랐다. 생수 한 병 가격이 1,200원이 된 것이다. '일물일가'가 적용된다면 1달러는 1,200원이 되어야 한다. 그래야 1달러로 생수 한 병을 한국에서 사 먹을 수 있다. 반대로 겨울이 되어 한국에서 생수 판매량이 줄었다. 생수 가격이 800원으로 떨어졌다. 환율도 1달러에 800원이 되어야 한다. 즉 구매력 평가설에 따르면 각국의 다른 물가로 인해 환율은 계속 변동된다.

햄버거에도
환율이 적용된다

일물일가와 구매력 평가설을 이용해 만든 환율로 '빅맥 지수'가 있다. 세계 거의 모든 나라에서 맥도날드사의 빅맥을 판다. 빅맥을 기준으로 각 나라의 실질 환율을 계산한 것이 '빅맥 지수Big Mac index'다. 전 세계에서 판매되는 맥도날드 빅맥 햄버거를 달러로 환산한 뒤 서로 비교한다. 빅맥 가격을 서로 비교하면 각국의 환율 수준을 알 수 있고, 또 적정 환율이 얼마인지도 가늠할 수 있다.

예를 들어 우리나라 빅맥 가격이 3,000원이라고 하자. 당시 환율이 1달러당 1,000원이면 3달러가 된다. 같은 날 미국에서 빅맥이 4달러였다면 한국 빅맥 가격이 미국보다 1달러(25%) 더 싸다. 물가 기준으로 보자면 미국 물가가 한국보다 25% 비싸다고 볼 수 있다. 빅맥 가격은 어디에서나 같아야 한다(일물일가)는 가정 하에서 보면 원화가 저평가돼 있다고 판단할 수도 있다. 한국의 빅맥 가격을 4달러로 맞추려면 원화 가치를 25% 절상해야 한다. 원달러 환율을 1,000원이 아닌 달러당 750원으로 낮추면 된다. 그러면 3,000원=4달러가 된다. 즉 적정 환율은 1달러당 750원이다(국제무역에서는 이 경우 미국이 한국에 대해 적정 환율을 맞추자며 25% 원화 절상을 요구할 가능성이 크다).

빅맥 지수를 본따 여러 가지 지수가 나오고 있다. 스타벅스가 판매하는 '카페라떼 그란데' 가격은 '라떼 지수' 혹은 '스타벅스 지수'라고 불린다. 김치 지수도 있다. 2005년 파이낸셜타임스(FT)는 김치찌개 가격지수인 '김치 지수'가 새로운 지표로 부상하고 있다고 소개했다. 초코파이 지수, 신라면 지수도 있다. 코카콜라, 하인즈 케첩, 기네스 맥주 등도 지수로 종종 거론된다. 아이폰이 전세계적으로 많이 팔리다 보니 최근에는 '아이폰 지수'

도 나왔다. 이런 지수의 특징은 글로벌하게 많이 팔리는 것이라는 특징이 있다. 'OO지수'라는 명칭이 붙는 자체가 해당 제품으로서는 영광이 될 수 있다.

하지만 구매력평가지수는 현실에 반드시 적용되지 않는다. 몇 가지 큰 가정이 맞지 않기 때문이다. 먼저 모든 상품은 거래가 가능한 교역재가 아니다. 파리의 커피 가격이 한 잔에 2,000원, 서울의 커피 가격이 4,000원이라고 해서 커피 한 잔 마시러 파리까지 갈 수는 없다. 또 이 세상에는 완전한 대체제는 별로 없다. 파리의 한 카페에서 파는 에스프레소 맛과 서울 광화문 커피전문점의 에스프레소 맛이 같다고 보기는 어렵다. 커피 원가에 포함되는 세금이나 매장 임대료, 판매량, 재료 조달 비용, 인건비도 국가에 따라 다르다. 프랑스는 소비세가 25%지만 서울은 10%라면 파리의 커피 가격이 비쌀 수밖에 없다. 파리의 매장보다 서울 광화문 매장의 임대료가 비싸다면 광화문 커피가 더 비쌀 수 있다. 빅맥도 빅맥에 대한 선호도, 세금, 인건비, 매장 임대료 등에 따라 나라마다 가격이 다를 수 있다. 이런 것을 고려한다면 '빅맥 지수'를 신봉하기는 어렵다.

환율도 수요와 공급으로
결정된다

환율은 외환시장에서 외환의 수요와 공급에 따라 결정된다. 외환시장이란 자국 돈과 외국 돈을 사고파는 시장을 말한다. 외화시장이라고 하지 않고 외환시장이라고 하는 이유는 외환이 범위가 크기 때문이다. 외화는 외국의 화폐만을 얘기하지만 외환은 외국 화폐와 화폐의 가치를 가진 수표, 어음, 예금 등도 모두 포함한다. 외화는 영어로 'Foreign currency' 외환은 'Foreign exchange'다. 외환시장에서 달러(앞으로는 외국 돈을 편의상 달러라고 한다)를 사고 싶어 하는 사람이 많으면 달러의 가치가 올라간다.

달러 가치가 올라간다는 말은 원화의 가치는 떨어진다는 의미다. 즉 원달러 환율은 오른다. 반대로 외환시장에서 달러를 사려는 사람이 적어지면 달러 가치가 떨어진다. 원화 가치는 상승한다. 원달러 환율은 내린다.

환율제도는 크게 고정환율제도와 변동환율제도가 있다. 과거에는 대부분 고정환율제였지만 지금은 변동환율제 국가가 압도적으로 많다. 한국도 1997년 외환위기를 겪으면서 고정환율제에서 변동환율제로 바꿨다.

고정환율제란 글자 그대로 환율을 고정시키는 제도다. 중앙은행이 1달러에 1,000원이라고 정하면 경제 상황이 어떻든 1,000원이 유지된다. 고정환율제는 환율이 확정돼 기업과 가계 등 경제 주체가 마음 놓고 경제활동을 할 수 있다는 장점이 있다. 하지만 정부가 환율 변동의 위험을 떠안는 형태인지라 경제가 나빠지거나 좋아질 때 정부의 부담이 너무 커진다. 경제가 나빠지면 외환시장에 달러가 부족해진다. 수출이 줄어들 경우 국내에 들어오는 달러가 적기 때문이다. 또 한국에 투자했던 외국인들이 빠져 나가면 달러는 외환시장에서 더욱 적어진다. 달러가 적어지면 달러 가치가 높아져 원달러 환율이 오르게 된다. 예컨대 1달러 1,000원 하던 것이 1,500원으로 뛸 수 있다. 정부는 이럴 때 갖고 있던 외환보유액을 통화시장에 풀어야 한다. 정부가 보유한 달러를 시장에서 팔고 원화를 매입한다. 그러면 시장에서 달러가 풍부해져 원달러 환율이 급상승하는 것을 막을 수 있다. 문제는 정부가 가진 외환 보유액이 얼마 없을 때다. 정부가 내놓을 달러가 없으면 정부는 파산하게 된다. 정부는 다른 나라에서 빌린 돈도 상환을 할 수 없기 때문에 디폴트(채무를 갚지 못한다고 선언하는 일) 혹은 모라토리엄(채무 상환을 연기하거나 유예하겠다고 선언하는 일)을 선언할 수밖에 없다. 1998년 외환위기가 딱 그랬다.

이세돌 9단도
피해 가지 못한 환율

변동환율제는 환율을 외환시장에 맡겨 자유롭게 변동하도록 하는 제도다. 정부가 1달러에 1,000원이라고 규정할 수 없다. 1달러에 1,000원이 됐다가 2,000원이 될 수도 있고, 500원이 될 수도 있다. 정부의 부담은 없지만, 가계와 기업이 과도한 환율 변동에 노출되는 것이 문제다. 1달러에 1,000원일 것으로 생각하고 물건을 수출했던 기업이 환율이 급락해 1달러에 500원이 되면 낭패를 겪게 된다. 매출액이 1,000원에서 500원으로 반토막 나기 때문이다. 향후 환율이 얼마가 될지 알지 못하면 기업은 마음 놓고 수출할 수 없다. 만약 환율이 폭등하면 수입 가격도 뛰게 된다. 1달러에 1,000원이라고 가정하자. 원유 1리터를 수입하는 데 1달러를 썼다면 국내에서 1,000원에 판매할 수 있다. 그런데 1달러에 2,000원으로 환율이 뛰었다. 원유 1리터를 수입하는 데 1달러를 썼다고 하더라도 국내 가격은 2,000원이 된다. 운전자로서는 휘발유 1리터를 1,000원에 넣는 대신 2,000원을 주고 넣은 셈이 됐다. 당연히 울상이 될 수밖에.

2016년 구글 딥 마인드의 알파고와 세기의 대결을 벌였던 이세돌 9단은 변동환율제의 피해자다. 이세돌 9단은 알파고와 대국을 벌이기 전 대국료를 결정할 때 우승 상금을 한화로 받기로 했다. 구글 딥마인드 측이 내건 우승상금은 100만 달러. 이 9단은 '1달러=1,100원'으로 사전에 환율을 결정했다. 이에 따라 이 9단이 우승하게 될 경우 받는 상금은 11억 원. 하지만 대국 당시 환율은 1달러당 1,160원이었다. 만약 달러로 그냥 받아서 환전을 했다면 11억 6,000만 원이 됐다. 이 9단은 앉아서 6,000만 원을 손해 보는 꼴이 됐다. 이 9단은 바둑에서는 인간 최고 수준의 집계산을 하지만, 환율 계산 능력은 이에 미치지 못했다(물론 미래 환율 예측은 알파고도 못했을 것이다).

이세돌 9단의 손해는 이대호 선수에 비하면 '새발의 피'다. 이대호 선수는 아베노믹스의 최대 피해자다. 아베 신조 일본 총리가 의도적으로 엔화 약세를 유도하면서 이대호 선수는 큰 피해를 봤다. 이대호 선수의 2014년 연봉은 4억 엔. 당시 환율은 100엔당 1,000원이었다. 이를 한화로 바꾸면 40억 원이다. 2015년 이대호 선수는 연봉 25%가 올라 5억 엔을 받았다. 그런데 엔화가 약세(원화 강세)를 보이면서 환율은 100엔당 900원으로 떨어졌다. 이를 한화로 바꾸면 45억 원이다. 2014년 환율이었다면 50억 원이 됐을 것이다. 이대호 선수는 환율 때문에 5억 원을 손해 봤다. 이것 참 아베 신조 총리에게 하소연할 수도 없고.

사랑만 변해?
통화제도도 변해!

산업혁명 이후 각국의 무역이 활발해지면서 국제 통화제도도 발달을 거듭했다. 최초는 금에 화폐를 고정시키는 '금 본위제'였다. 금 가격에 화폐 가치를 고정시킨다는 점에서 고정환율제로 분류된다. 1816년 영국은 금 본위제를 법제화했다. 금을 대가로 화폐를 발행하되, 화폐를 가져오면 거기에 상당한 금을 돌려주는 조건이었다. 1871년 독일이 금 본위제를 채택했고, 네덜란드, 미국 등이 뒤를 이었다. 일부 국가는 '금은 본위제'를 한동안 시행하기도 했다. 1914년 제1차 세계대전을 앞두고 각국이 잇달아 금 본위제 포기를 선언하기 시작했다. 생산이 폭발적으로 늘면서 각국 간 화폐 수요가 늘어났다. 그런데 금 생산량은 급격히 늘지 않았다. 금 본위제에서는 금의 양에 따라 화폐를 발행할 수 있다 보니 화폐가 계속 부족하게 됐다. 그런 와중에 세계 1차대전이 발발했다. 1918년까지 4년간 전쟁을 치르면서 전쟁무기를 조달하기 위해 많은 돈이 필요했다. 유럽 각국은 많은 화폐를 찍어야 했다. 금 보유량에 고정시켜서는 많은 화폐를 찍을 수 없었다. 각국은 금 보유량을 무시한 채 화폐를 찍어냈다. 전쟁을 치르며 풀려나간 화폐가 너무 많아 화폐를 갖고 오더라도 더 이상 금으로 바꿔 주기 힘들게 됐다. 금 본위제가 크게 흔들렸다. 대공황과 2차 세계대전을 거치면서 영국이 몰락했다. 세계의 주도권은 미국이 쥐게 됐다. 두 번의 세계대전을 거치면서 유럽에 있던 많은 금도 뉴욕으로 옮겨 왔다. 1944년 44개 연합국 대표는 미국의 브레턴우즈에서 모여 '브레턴우즈 체제'를 합의한다. 금 1온스를 35달러에 고정하는 고정환율제였다. 금은 미국의 달러만이 교환 가능했다. 다른 나라의 돈은 달러를 통해서만 금으로 바꿀 수 있었다. 또 3국의 돈은 미국 달러에 고정됐고 3국 간의 환율은 달러 환율과 비교해 결정됐다. 예를 들어 미국 1달러가 영국 5파운드라고 하자. 또 미국 1달러는 일본 10엔이다. 이 경우 영국과 일본은 1파운드에 2엔이 되는 식이었다.

1930년대 발행된 100달러 지폐. '법률에 의해 요구를 하면 100달러를 금으로 바꿔줍니다(One Hundred Dollars in Gold Payable to bearer on Demands Authorized By Law)'라는 문구가 쓰여 있다. 1971년 닉슨 선언 이후 이 표현이 사라졌다. (자료: 미국역사박물관)

하지만 고정환율제를 유지하기에는 미국의 부담이 컸다. 미국 경제가 1960년대 이후 위축되기 시작했기 때문이다. 미국 정부는 베트남전쟁을 치르면서 많은 달러를 찍었고, 이제는 달러를 갖고 와도 금으로 바꿔 줄 수 없는 처지가 됐다. 달러 폭락이 예상되자 독일과 일본 등은 미국에 금으로 바꿔 줄 것을 요구했다. 1971년 미국 닉슨 대통령은 '닉슨 선언'을 통해 "앞으로는 달러를 갖고 와도 금으로 바꿔주지 않겠다"라고 선언한다. 미국의

국제 통화제도의 역사

1816년 영국, 금 본위제 법제화

1871년 독일, 금 본위제 채택

1873년 네덜란드 등으로 금 본위제 본격 확산

1914년 금 본위제 소멸. 각국별 자체 태환제도 수립

1929년 각국 평가절하 경쟁 국제금융시장 혼란

1944년 미국 달러화 기준 브레턴우즈체제 설립

1971년 미국, 달러와 금태환 정지 선언, 브레턴우즈체제 해체

1976년 변동환율제도 인정한 킹스턴 체제 출범

(자료: 한국은행)

신용을 믿고 달러를 빌려 가던지, 아니면 달러를 쓰지 말라는 사실상의 협박이었다. 현실적으로 미국 달러를 쓰지 않고는 무역을 할 수 없었다. 세계 각국은 닉슨의 제안을 받아들인다. 미국 중앙은행인 연방준비제도Fed가 마음 놓고 돈을 찍을 수 있는 것은 '닉슨 선언'때문이다. 닉슨 선언으로 브레턴우즈체제는 붕괴된다.

이처럼 통화제도는 고정된 것이 아니다. 당시의 경제 상황과 국제질서에 따라 가장 적합한 환율제도를 채택하게 된다. 지금은 미국이 기축통화국이지만 중국 경제가 발전하면 위안화가 기축통화가 될지도 모른다. 지금은 변동환율제지만 유동성 함정(전 세계적으로 돈이 너무 많이 풀려 이젠 돈을 더 풀더라도 실물경제가 살지 않는 상황)이 계속될 경우는 금 본위제로 다시 복귀할 수도 있다.

도로시는 왜
은 구두를 신었을까?

프랭크 봄의 소설 《오즈의 마법사》는 1800년대 후반 미국의 통화제도 개편을 요구하는 우화였다는 주장이 있다. 도로시와 친구들이 걷는 노란 벽돌길은 금 본위제도를 말하고, 도로시가 신은 은 구두는 은 본위제도를 말한다. 도로시는 노란 벽돌길을 따라 마법사에게 가지만 마법사는 자신을 집으로 돌려보내지 못한다. 반면 자신의 은 구두를 한번 툭 차면 자신을 텍사스 집으로 돌려보낼 수 있었다. 문제의 해결은 금이 아니라 은에 있다는 의미였다.

당시 미국은 금 본위제였다. 하지만 금은 많이 생산되지 않았다. 《맨큐의 경제학》에 따르면 당시 미국은 금 본위제를 고수하면서 시중에 화폐 유통을 줄였다. 통화량이 줄어들면서 1880년부터 1896년까지 미국의 물가는 23%가량 하락했다. 서부 농민들은 은행 빚이 많았는데, 물가가 하락하자 실질 부채가 더 늘어나 고통을 받았다. 반대로 은행은 부자가 됐다(예를 들어 사과 1개에 100원이다. 그런데 물가가 떨어져 50원이 됐다고 치자. 이제 100원으로 사과 2개를 살 수 있다. 돈 빌린 사람은 사과 1개 값을 빌렸는데 물가가 떨어져서 사과 2개 값을 갚아야 한다. 반대로 돈을 빌려준 사람은 사과 1개 값을 빌려줬는데 사과 2개 값을 받게 됐다).

1891년 창당된 대중당은 농민을 살리기 위해 은화 유통을 요구했다. 금과 함께 은이 유통되면 시중에 돈이 많이 풀려 물가가 올라간다는 것이다. 이는 정치 쟁점이 됐다. 1896년 민주당 대통령 후보로 지명된 윌리엄 제닝스 브라이언William Jennings Bryan은 은화 주조를 강력 지지했다. 브라이언은 "노동자들의 이마에 가시 면류관을 씌우지 마라. 인류를 황금의 십자가에 못 박지 말라"고 주장했다. 하지만 대통령선거에서 공화당 윌리엄 매킨리에게 패하면서 미국은 금 본위제를 고수하게 된다.

경제사학자 휴 로코프에 따르면 도로시는 미국의 서민을 의미한다. 허수아비는 순진한 농부를, 깡통나무꾼은 인간성을 상실해 가는 산업근로자를, 겁쟁이 사자는 브라이언을 의미한다. 난쟁이는 동부사람들. OZ는 금의 무게단위인 온스를 줄인 말이다. 마법사는 공화당 의장이던 한나Marcus Alonzo Hanna이고, 에메랄드 성은 수도인 워싱턴 D.C다. 도로시는 험난한 여정을 거치는데 금 본위제로 인해 혼란을 겪은 미국사회를 뜻한다고 한다. 통화정책은 이처럼 사회적으로 강한 논쟁을 불러오기도 했다.

환율에
울고 웃고

환율은 오르는 게 좋을까, 내리는 게 좋을까. 한마디로 말하기 어렵다. 국민경제에 미치는 영향이 각기 다르기 때문이다. 하지만 크게는 수출과 수입의 상황으로 나눠서 볼 수 있다. 환율이 오르는 경우 각 산업에 미치는 영향을 보자. 1달러=1,000원에서 1달러=2,000원이 됐을 경우다.

수출 기업 : 수출에는 환율은 오르는 것(원화 약세)이 유리하

다. 삼성전자가 스마트폰 한 대를 100달러에 판매한다고 가정하자. 스마트폰 한 대를 팔았을 때 삼성의 수익은 100달러다. 삼성은 이 돈을 국내로 가져와 원화로 바꿔야 한다. 그래야 재무제표에 매출액을 기재할 수 있고, 임금을 주고 세금을 낼 수 있다. 1달러에 1,000원일 때 삼성의 수익(100달러)은 10만 원이 된다. 1달러가 2,000원이 되면 수익(100달러)은 20만 원이 된다. 즉 스마트폰 한 대를 팔 때 이전에는 10만 원의 수익이 있었는데 지금은 20만 원이 생긴다. 수익성이 높아진 것이다. 여력이 생긴 삼성은 차제에 스마트폰 판매가를 100달러에서 50달러로 낮출 수도 있다. 50달러로 팔아도 국내 수익은 10만 원이 되기 때문이다. 삼성 스마트폰 가격이 100달러에서 50달러로 낮아지니 미국에서 판매량이 더 늘게 된다. 중국의 위안화 절하, 일본의 아베노믹스, 유럽 중앙은행의 양적 완화 등의 최종 목적은 자국 돈의 절하다.

관광수입 : 환율이 오르면 역시 '땡큐'다 외국 관광객이 한국에 관광을 오려면 자국 돈을 원화로 바꿔야 하기 때문이다. 미국에 사는 스미스가 한국 3박 4일 관광을 하는 데 100달러를 쓴다고 가정하자. 원달러 환율이 1,000원일 때 100달러를 원화로 바꾸면 10만 원이 생긴다. 10만 원으로 밥도 사먹고 쇼핑도 했다. 원달러 환율이 2,000원이 되면 100달러를 한국 돈으로 바

꾸면 20만 원이 된다. 쓸 돈이 두 배가 됐으니 밥을 두 끼 먹어도 되고, 쇼핑을 두 배로 해도 된다. 관광객이 늘어날 것이다. 외국인의 한국관광이 급증한다.

반면 한국인의 해외관광은 줄어든다. 예전에는 10만 원을 바꾸면 100달러를 받을 수 있었는데 이제는 50달러밖에 못 받기 때문이다. 미국에서 식사도, 쇼핑도 절반밖에 할 수 없다. 해외관광상품이 팔리지 않으니 여행사도 울상이 된다.

내수 기업 : 환율이 오르면 '폭망'이다. 국내 판매가격이 오르기 때문이다. 밀가루 한 포대를 수입하는 데 100달러가 든다고 가정하자. 예전에는 수입 밀가루 한 포대 가격이 10만 원이었다. 그런데 원달러 환율이 1,000원에서 2,000원으로 오른다고 가정하자. 수입 밀가루 가격은 20만 원이 된다. 밀가루 가격이 뛰어오르니 빵, 과자, 라면 값도 덩달아 오른다. 가격이 오르니 국내 소비자들은 소비를 줄인다. 해외 저작권을 사 와야 하는 소설, 영화, 뮤지컬 등도 가격이 오른다. 환율이 과도하게 오르면 내수 경제가 죽을 수 있다. 금융위기 당시 리터당 1,600원대이던 휘발유 가격이 2,000원에 육박했던 것도 환율 상승 때문이었다. 이렇게 가격이 오르면 소비자들이 승용차 사용을 기피하고, 그러면 승용차 판매가 줄어든다.

해외 투자 : 환율이 오르면 해외 투자가 줄어든다. 해외 부동산이나 해외 공장 투자는 달러로 한다. 1,000원을 줘서 1달러를 살 수 있던 것이 2,000원을 줘서 1달러를 살 수 있다면 국내 투자자의 부담은 2배가 된다. 즉 과거에는 1만 달러를 투자하려면 1,000만 원을 갖고 오면 되지만 이제는 2,000만 원이 필요해졌기 때문이다. 같은 이유로 해외 투자자의 국내 투자는 늘어난다. 이들은 달러를 가져와서 원화로 바꾼 다음 한국에 투자한다. 과거의 2만 달러를 한국에 투자한 효과가 나는 셈이다.

한국에서 가장 이익 보는 산업과 손해 보는 산업은?

환율이 한국경제에 미치는 영향은 크다. 한국은 수출 중심 국가여서 환율에 민감할 수밖에 없다. 한국수출입은행에 따르면 원·달러 환율이 1,053원에서 1,150원으로 약 10% 상승할 경우 수출액은 평균 3.9%가 영업이익은 평균 2.8%가 증가된다고 예상했다.

환율 상승으로 가장 수혜가 예상되는 업종은 자동차다. 현대기아차의 경우 2014년 기준 원달러 환율이 10원 하락하면(원화 강세) 현대차 1,200억 원, 기아차 800억 원 등 약 2,000억 원의 매출액이 줄어든다. 반대로 환율이 상승할 경우(원화 약세) 매출은 그만큼 늘어난다.

반대로 항공 부문은 원화 약세가 달갑지 않다. 대한항공 관계자는 "환율 10원이 올라가면 약 920억 원의 외화평가 손익이 발생한다"라고 말했다. 항공 부문의 수익성은 유가의 영향을 많이 받는다. 원달러 환율이 상승하면 비싼 항공유를 수입해 온 꼴이 돼 경영이 나빠진다.

석유화학 업계는 원료를 수입하고 제품을 수출하는 비중에 따라 업체 간 희비가 엇갈린다. LG화학의 경우 분기 기준으로 환율이 10% 상승하면 약 600억 원 정도의 손해를 보는 것으로 파악된다.

원자재 수입 비중이 높은 철강업계도 손익 계산이 엇갈린다. 환율이 상승할 경우 재료 수입(철광석, 석탄 등) 비용이 증가해 생산비용이 늘어난다. 하지만 국내 철강업체들은 수출 비중을 늘리고 있어 수출할 때는 이득이 된다. 2015년 기준 포스코의 수출 비중은 40%, 현대제철은 30%에 달한다. 특히 수출 품목 상당수가 자동차 강판 등 고부가가치 제품이어서 환율이 상승하면 매출액이 늘어나 도움이 될 수 있다.

이처럼 산업마다, 기업마다, 상황마다 환율이 주는 효과는 뚜렷이 다르다. 그럼에도 대부분의 나라는 저환율을 반긴다. 이유가 뭘까? 국가 전체적으로 보자면 많이 밖으로 내다 파는 것이 많이 수입하는 것보다 경제에 도움이 되기 때문이다. 직접적으로는 무역수지에 영향을 준다. 수출이 많아지면 무역수지가 흑자가 되고, 수입이 많아지면 적자가 된다.

각 나라가 자국 화폐를 평가시키려고 경쟁에 나서는 것을 '통화전쟁'이라고 한다. 미국은 1980년 이후 잃어버린 제조업의 경쟁력을 통화전쟁을 통해 극복해 왔다고 해도 과언이 아니다. 대표적인 사례가 1985년 플라자 합의Plaza agreement다. 1985년 뉴욕에 위치한 플라자호텔에서 미국, 프랑스, 독일, 일본, 영국 등 G5의 재무장관이 모였다. 미국은 이 자리에서 재정적자와 무역적자의 '쌍둥이적자'를 더 이상 견딜 수 없다며 달러화 강세를 시정해 달라고 요구한다. 이들은 일본 엔화와 독일 마르크화를 절상하기로 합의한다.

이후 달러화는 2년간 30% 이상 급락했다. 미국 제조업은 가격경쟁력을 되찾았지만, 일본은 엔고로 수출이 위축되고, 버블이 터지는 이중고를 겪게 됐다. 일본의 잃어버린 20년은 여기서 출발했다고 보는 시각이 많다.

자국의 통화를 절하시키면 상대적으로 다른 나라들이 어려워진다. 자국의 수출이 늘어난 만큼 이웃나라의 수출은 줄어들기 때문이다. 자국의 통화가치를 낮춰 옆 나라의 경제를 어렵게 만드는 것을 '근린궁핍화beggar my neighbour policy(이웃나라 거지 만들기 정책)'이라고 한다. 1930년 대공황 때 각국이 환율 절하, 보호무역주의 등을 시행하면서 처음 언급됐다. '환율 전쟁'의 속성은 '이웃나라 거지 만들기'다.

김진명의 소설 《사드》를 보자. 소설 《사드》는 미국이 한국에 배치하려는 사드 문제를 정면으로 다룬다. 이 소설의 배경이 되는 갈등이 미국과 중국 간 무역적자다. 싼 임금으로 물건을 만들어 파는 중국을 미국은 당해 낼 수가 없다. 대중 무역적자는 나날이 커간다. 한국계 세계은행 직원인 리처드 김은 양국 간의 갈등을 줄이기 위해 '환율'을 이용할 것을 제안한다.

"양국 정부는 미국 무역수지 적자의 기준점을 정해 달러 환율을 거기에 연동시킨다면 미국의 무역수지 적자가 기하급수적으로 늘어나는 걸 막을 수 있다고 생각합니다. 기준점보다 무역수지 적자가 늘어나면 달러화 환율은 자동으로 내려가는 시스템입니다. 적자가 줄어들 경우 역시 자동적으로 달러화 환율이 올라가도록 하면 미국은 무역수지 적자로 지나친 고통을 받을 일이 없어지고 국가의 안정성이 담보됩니다."

예를 들어 미국과 중국이 무역수지 균형이라는 목표를 세웠다고 치자. 무역수지 균형이란 적자도 흑자도 보지 않는 상태다. 미국이 현재 10억 달러 적자를 보고 있다면 달러를 일부러 약세로 만든다. 그러면 미국 수출이 늘어나서 무역수지 흑자액이 증가한다. 무역수지가 균형을 이룰 때까지 달러 약세를 유지한다.

만약 미국이 10만 달러 흑자를 보고 있다고 하자. 이때는 미국 달러화를 일부러 강세로 만들면 된다. 미국 수출이 줄어들어 무역수지 흑자액이 줄어든다. 균형이 되는 시점까지 미국달러화를 강세로 만든다.

리처드 김은 이 같은 제안을 하지만 미국은 거부한다. 미국은 이 상황을 한 번에 타개할 대책을 찾는다. 그것이 무엇이었을까?

금리와 물가 성장률은 환율을 춤추게 한다

환율은 외환시장에서 원화와 달러의 수요과 공급에 따라 결정된다고 했다. 그렇다면 원화와 달러 공급을 알기만 하면 되니 환율 예측은 아주 쉬워 보인다. 문제는 원화와 달러의 공급에 영향을 미치는 대외적 변수들이 너무 많다는 점이다.

금리 ↑　환율 ↓

다른 조건은 모두 같은데 금리(이자율)가 오른다면 환율은 하락한다. 금리가 오르면 해외 투자자가 한국 투자를 늘리게 된다. 한국에 투자했을 때 이자를 많이 주기 때문이다. 외국인이 한국에 투자하는 과정에서 외환시장에서 달러를 팔고 원화를 사 가게 될 것이다. 그러면 달러 공급이 늘어나 달러가 흔해진다. 달러 가치가 떨어진다는 말이다. 반대로 원화는 적어지니 원화 가치는 높아진다. 즉 원달러 환율이 하락한다.

물가 ↑ 환율 ↑

다른 조건은 모두 같은데 물가가 오르면 환율도 오른다. 물가가 오르면 국내 인건비와 원자재 가격이 올라 수출품의 가격이 인상된다. 수출 가격이 인상되면 해외에서 물건이 적게 팔린다. 수출이 감소하면 국내 달러 유입도 감소한다. 반면 국내 물가가 올랐기 때문에 해외에서 들어오는 물건은 상대적으로 싸진다. 수입이 늘어나면 많은 달러가 해외로 유출된다. 들어오는 달러는 줄고, 나가는 달러가 많아지니 달러가 귀해진다. 달러의 가치가 오른다. 원달러 환율이 상승한다.

경제성장률 ↑ 환율 ↓

다른 조건이 모두 같은데 성장률이 오른다면 환율은 내리게 된다. 경제성장률이 높아졌다는 것은 그 나라의 경제가 좋아졌다는 말이다. 경제가 좋아지면 외국인이 투자하기에 매력적인 조건이 된다. 임금이 올라 소비력이 커지고, 투자했을 경우 수익을 올릴 가능성도 크다. 외국인 투자가 많아지면 달러 공급이 많아진다. 달러가 많아지면 달러 몸값이 떨어진다. 반대로 원화의 몸값은 오른다. 원화 강세는 곧 원달러 환율 하락을 의미한다.

환율은 기본적으로 외환시장에서 원화와 달러가 얼마나 많이 공급되느냐에 따라 결정된다. 환율을 예측하기 가장 쉬운 방법은 그 나라의 경제력을 보는 것이다. 변동환율제에서 돈의 가치는 해당 국가의 경제력과 비례한다. 즉 한국경제가 좋으면 원화도 강해진다. 미국경제가 강해지면 달러가 강해진다. 다시 말해 한국경제가 좋을 때는 원달러 환율이 떨어진다. 반면 한국경제가 나쁘다면 원화가 약해진다. 원화 가치가 떨어진다는 말이다. 원달러 환율이 상승한다.

만약 한국경제가 좋고, 일본경제가 나쁘다고 하자. 향후 원화 가치는 높아지고, 엔화 가치는 낮아진다. 원화 강세, 엔화 약세다. 이 경우 원엔화 환율은 낮아진다. 즉 100엔당 1,000원에서 100엔당 700원이 될 것이다.

반대로 한국경제가 나쁘고 일본경제가 좋다고 하자. 그러면 향후 원화 약세, 엔화 강세로 간다. 원엔화 환율이 상승한다. 100엔당 1,000원에서 100엔당 1,300원으로 오를 수 있다.

브렉시트는 왜
파운드화를 떨어뜨렸나

영국 파운드화는 브렉시트(영국의 유럽연합 탈퇴)가 가결되는 순간 큰 폭으로 하락했다. 이유가 뭘까? 대부분의 경제 전문가는 영국이 유럽연합에서 나와 제 살림을 차리는 순간 경제가 어려워질 것으로 생각했기 때문이다. 당장 영국은 유럽연합과 교역할 때 무관세 혜택을 적용받지 못한다. 영국은 수출입의 70%를 유럽과 하고 있다. 또 유로화 거래의 70%가 런던에서 이뤄진다. 유럽과의 각종 교역에서 부담이 생기면 수출입이 줄어들고, 금융 산업도 런던이 아닌 다른 도시로 떠날 수 있다. 시장 참여자는 영국 경제가 향후 어려워질 것으로 예측했고, 그러면서 파운드를 외환시장에서 내다 팔았다. 파운드화의 가치는 급락했다. 반면 미국과 일본은 반사이익을 볼 것으로 전망되면서 달러와 엔의 강세가 이어졌다.

포그가 해외여행을 시작했을 때 환율은 1달러에 1파운드였다. 그런데 브렉시트로 파운드의 가치가 추락하면서 1달러에 2파운드가 됐다. 당초 2만 파운드를 달러로 바꾸면 2만 달러를 받던 것이 이제는 1만 달러밖에 되지 않는다. 경비가 절반으로 줄었다는 얘기다.

다만 이 같은 메커니즘은 '다른 조건이 모두 같은 경우'에 적용된다는 것을 잊지 말아야 한다. 하나라도 다른 대외변수가 생기면 환율은 전혀 엉뚱한 데로 흐르게 된다. 금리가 올랐는데도 환율이 내리고, 경제성장률이 좋은데도 환율이 오르는 상황이 벌어질 수 있는 것이다. 예를 들어 브렉시트로 뜬금없이 일본 엔화가 강세를 보인 것이 대표적인 예다. 일본은 아베노믹스로 3년 간 계속 돈을 풀면서 엔화 약세를 유도했지만, 브렉시트로 단번에 엔화 강세가 돼 버렸다. 환율은 다른 나라와 돈을 교환하는 것이기 때문에 타국의 상대성이 영향을 끼칠 때가 많다.

외환시장에 투기꾼이 많은 이유는 이런 변수로 인해 환율 예측이 어렵기 때문이다. 외환시장에 단기적으로 들어와 환율을 망가뜨리는 자금을 핫 머니hot money라 부른다. 조지 소로스와 같은 헤지펀드는 환율을 교란시킬 수 있다는 점에서 통화 당국은 언제나 이들의 움직임을 주목한다.

한입 경제

한국도 일본만큼 잘 살게 됐다?
알고 보니 환율 덕분

2015년 현대경제연구원이 조사해 보니 깜짝 놀랄 만한 일이 일어났다. 한국의 1인당 GDP는 2만 7,226달러. 일본은 1인당 3만 2,432달러. 두 나라의 격차는 5,200달러에 불과했다. 한국의 1인당 GDP가 일본의 84%에 육박했다. 양국 간의 격차가 이렇게 좁혀진 것은 1981년 국제통화기금IMF이 각국 1인당 GDP 통계를 집계한 이후 처음이다.

1960년대 일본은 한국을 '1할 경제'라고 놀렸다. 일본 경제의 10분의 1에 불과하다는 의미였다. IMF의 통계가 있는 1981년만 해도 한국의 1인당 GDP는 2,000달러가 안 됐지만 일본은 1만 달러가 넘었다. 하지만 한국이 1980~1990년대 고속성장을 계속하고, 일본이 1990년대 중반부터 잃어버린 20년을 겪으면서 양국의 격차는 줄어들기 시작했다. 그럼에도 2015년 현재 한국과 일본의 경제력 격차는 3배가 넘는다. 인구를 감안하더라도 일본이 1.5배 경제력이 크다.

비밀은 환율에 있었다. 각국의 GDP는 달러로 비교된다. 그래서 똑같은 생산을 하더라도 자국 화폐 가치가 약세를 보이면

(환율이 올라가면) 달러 단위의 GDP는 내려간다. 예를 들어 지난해와 올해 똑같은 1만 원의 GDP를 기록했다고 치자. 환율이 지난해 1달러당 500원이었다. 그러면 GDP는 20달러가 된다. 그런데 올해 원화 약세로 인해 1달러당 1,000원으로 환율이 올라갔다. 그러면 GDP는 10달러가 된다. 실제 국내에서 생산해 낸 GDP는 지난해와 올해 다름이 없지만 국제사회가 달러 대비로 보는 한국의 GDP는 20달러에서 10달러로 반토막 났다. 한국의 GDP성장률도 -50%가 된다.

일본 아베 신조 총리는 엔화 약세를 유도했다. 수출을 늘리기 위해서였다. 2012년 달러당 엔화는 80엔이었지만, 2013년에는 97엔, 2014년 106엔, 2015년 121엔으로 올라갔다. 2012년에 비해 달러당 일본 엔화는 50%나 올랐다. 바꿔 말하면 달러로 표기된 1인당 GDP는 50%가량 줄었다는 얘기다.

IMF는 한국의 1인당 GDP가 2017년 3만 달러를 넘고 2020년 3만 6,750달러에 달할 것으로 추계했다. 일본에 대해선 2017년 3만 4,268달러, 2020년 3만 8,174달러로 전망했다. 2020년께 양국의 1인당 GDP가 엇비슷해진다는 의미다. 이 같은 전망에는 GDP성장률과 함께 환율 추정치도 감안됐다. 제아무리 1인당 GDP로 일본을 제쳤다고 해도 환율의 도움이 있다면 실제로 일본보다 잘 산다고 보기는 어렵다. 환율은 여러 곳에서 마법을 부린다.

아이언맨 수트는
얼마에 살 수 있을까?

초판 1쇄 발행 2016년 9월 5일
초판 5쇄 발행 2022년 9월 20일

지은이 박병률
펴낸이 이범상
펴낸곳 (주)비전비엔피 · 애플북스

기획 편집 이경원 차재호 김승희 김연희 고연경 박성아 최유진 김태은 박승연
디자인 최원영 한우리
마케팅 이성호 이병준
전자책 김성화 김희정
관리 이다정

주소 우)04034 서울시 마포구 잔다리로7길 12 (서교동)
전화 02)338-2411 | **팩스** 02)338-2413
홈페이지 www.visionbp.co.kr
인스타그램 www.instagram.com/visionbnp
포스트 post.naver.com/visioncorea
이메일 visioncorea@naver.com
원고투고 editor@visionbp.co.kr

등록번호 제313-2007-000012호

ISBN 979-11-86639-29-0 03320

도서에 대한 소식과 콘텐츠를
받아보고 싶으신가요?